부동산
절세의
기술

ⅠⅠⅠⅠⅠⅠⅠ
일러두기

본 책은 2026년 3월 현재의 부동산 세법을 기준으로 집필되었습니다. 부동산 관련 세법은 수시로 개정되기 때문에, 실무에 실제 적용할 때에는 법제처 등에서 현행 법령을 꼭 확인하시기 바랍니다.

부동산 절세의 기술

초 판	1쇄 발행	2016년 11월 28일
	23쇄 발행	2017년 12월 04일
개정 1판	1쇄 발행	2018년 5월 15일
	17쇄 발행	2018년 12월 17일
개정 2판	1쇄 발행	2019년 5월 30일
	20쇄 발행	2020년 7월 01일
개정 3판	1쇄 발행	2022년 4월 08일
	17쇄 발행	2023년 11월 07일
개정 4판	1쇄 발행	2026년 4월 27일

지은이	김동우(투에이스) · 최왕규
감 수	송희창
책임편집	최상진
편집진행	노영현
펴낸곳	도서출판 지혜로
디자인	**표지** 송봉업 · **내지** 봉찬우

출판등록 2012년 3월 21일 제 387-2012-000023호
주 소 경기도 부천시 원미구 길주로 137, 6층 602호(상동, 상록그린힐빌딩)
전 화 032-327-5032
팩 스 032-327-5035
이 메 일 book@jihyerobook.com
　　　　　(독자 여러분의 소중한 의견과 원고를 기다립니다.)

ISBN 979-11-87799-45-0 (13320)
값 20,000원

도서출판 지혜로는 경제 · 경영 서적 전문 출판사이며, '독자들을 위한 책'을
만들기 위해 객관적으로 실력이 검증된 저자들의 책만 엄선하여 제작합니다.

{ 한 권으로 끝내는 세금 필독서 }

부동산 TAX
절세의 기술

김동우(투에이스)·최왕규 세무사 지음
송희창 감수

추천의 글

부동산 투자자들이 그토록 찾던
실무와 이론을 모두 담은 부동산 절세 책

송희창(송사무장)

『엑시트 EXIT』, 『송사무장의 경매의 기술』,
『송사무장의 공매의 기술』, 『송사무장의 실전경매』,
『부동산 계약 이렇게 쉬웠어?』, 『셀프 소송의 기술』 저자

솔직히 전업 투자자인 필자에게도 세금이라는 분야는 만만치 않다. 초보 시절 부동산 공부를 할 때부터 지금까지 어떻게 하면 부동산을 더 저렴하게 매입할 수 있는지에만 집중했을 뿐, 세금에 대한 부분은 비교적 소홀했던 게 사실이다. 그나마 필자의 경우는 일이 있을 때마다 담당 세무사와 충분히 상담한 후 처리를 했기에 지금껏 큰 실수 없이 투자를 할 수 있었다.

그러나 그동안 주변에서 세금에 관해 소홀히 하다가 참담한 결과를 당하는 경우를 종종 보았다. 상가를 매도하면서 부가세를 따로 받지 않아서

1억 이상을 손해 본 사례도 있었고, 보유기간 2년을 채우지 않아 중과세를 부담한다거나 지출경비를 제대로 처리하지 못해서 더 많은 수익을 올릴 수 있는 기회를 놓치는 경우도 있었다. 이외에도 투자는 잘 해놓고 세금에 관한 지식이 부족해 큰 손해를 보는 경우는 생각보다 많다.

초보자는 몇 번의 시행착오를 거치며 고수가 되어간다. 특히 세금만큼 시행착오를 많이 겪는 분야도 드물 것이다. 그래서 부동산 고수들은 물건을 매입하기 전부터 미리 세금에 관한 계획까지 꼼꼼하게 검토하여 '누구의 명의로 할 것인지', '단기로 투자할지, 중장기로 투자할지' 등에 대한 결정을 한 후 투자를 진행한다.

투자를 오래 하다 보면 세전수익은 전혀 중요하지 않다는 사실을 깨닫게 된다. 세금까지 모두 납부한 후 내 손에 들어오는 돈이 진정한 수익이기 때문이다. 그래서 고수들은 철저하게 '세후수익'으로 수익률을 따진다. 세금을 잘 알고 절세를 잘하는 사람이 더 나은 수익을 거두는 것은 부정할 수 없는 진리다.

이렇듯 부동산 투자자에게는 세금이 매우 중요하지만, 세금은 보통의 노력으로 쉽게 정복할 수 없었던 것이 사실이다. 관련 강의를 듣거나 서적을 읽어봐도 바로 활용할 수 없는 지식이거나 내용이 너무 어려워서 도중에 포기하는 사람들이 많고, 그러다 결국 세무사에게 도움을 요청해 보지만 세무사가 무슨 말을 하는지조차 알아듣지 못해서 답답해하는 경우가 부지기수다.

그런 이유로 부동산 투자자라면 세금에 관해 속 시원하게 풀어줄 책을 오래도록 기다렸을 것이다. 전업 투자자인 필자도 평소 곁에 두고 계속해서 참고할 만한 세금 책이 있으면 정말 좋겠다는 생각을 해왔으니 말이다.

그러던 중에 네이버 행복재테크 카페를 통해 투에이스 님과 인연이 닿게 되었다. 그는 그 당시 이미 13년 동안 투자를 해오면서 220여 건의 부동산에 투자한 경험이 있고 수많은 주택과 건물, 상가 등을 보유하고 임대사업을 하며 '부동산 부자'의 반열에 오른 사람이었다. 그런 사람이 자신이 몸소 겪으며 쌓은 경험과 배운 세금 지식을, 그것도 투자자의 눈높이에 맞게 풀어준다는 사실이 정말 반가웠다. 오랜 투자 경험 속에서 직접 부딪혀온 다양한 문제들을 토대로 하여 부동산 투자자의 입장에서 정말 필요한 부분만을 담을 수 있었다고 생각한다.

게다가 세무사들조차 어려워한다는 양도소득세를 전문으로 하는 19년 경력의 최왕규 세무사님이 공동저자로 집필에 참여하며 「부동산 절세의 기술」은 실무와 이론을 모두 잡은 더욱 완벽한 절세 책으로 거듭나게 되었다.

책을 감수하면서 초보 시절부터 그토록 찾아 헤맸던 세금 책을 드디어 만났다는 사실에 기쁜 마음을 감출 수 없었다. 부동산 투자로 재산을 늘려가는 사람들은 알겠지만, 어느 순간 수익을 더 내는 것보다 세금을 덜

내는 것이 중요해지는 때가 온다. 그런 상황에 있는 독자들이라면 분명 필자와 같은 반가움을 느낄 것이라 생각한다.

현명한 투자자라면 세금 문제에 직면했을 때 문제를 회피하기보다는 적극적으로 대처하여 해결해야 한다. 그 과정이 쉽지만은 않겠지만, 그럴 때마다 이 책이 당신의 든든한 지원군이 되어줄 것으로 믿어 의심치 않는다.

Contents

네 번째 전면개정판을 출간하며

김동우(투에이스)

초판이 출간되고 9년이 지난 지금까지도 이 책은 세금 분야의 베스트셀러로 굳건히 자리매김하고 있다. "『부동산 절세의 기술』은 국민 세금 책"이라는 독자분들의 평가가 아직도 쑥스럽긴 하지만, 마치 오랜 시간 깨지 않는 꿈을 꾸는 것처럼 굉장한 영광인 건 사실이다. 이는 필자가 실전 투자자들의 눈높이에 맞춰 쉽게 풀어 설명하려 했던 노력을 많은 분들이 알아주신 결과가 아닐까 생각한다.

그 사이 부동산 시장은 많은 우여곡절이 있었다. 문재인 정부 시절 폭등했던 주택시장은 윤석열 정부 들어 하락세로 돌아섰으나, 이재명 정부 출범 이후 서울을 중심으로 다시금 상승세를 보이고 있다. 2017년 '8·2 부동산 대책'부터 정부의 강력한 규제를 시작으로 수많은 부동산 대책이 발표되었으며, 그럴 때마다 세법은 날로 복잡해졌고 규제도 심해졌다. 세무사들조차 더욱 복잡해져 가는 세법에 혀를 내두를 정도였고, 일반인들은 복잡한 세법을 따라가기가 더욱 힘들었을 것이므로 이번 개정판 출간은 필연적이었다.

그동안 수없이 많은 부동산 정책과 세법이 바뀌며 몇 번의 개정판을 내기도 했지만, 이번 전면개정판에서 가장 크게 달라진 것을 꼽으라면 2022년 5월 윤석열 정부 취임과 동시에 시행된 양도세 중과유예가 끝나고 2026년 5월 10일부터 양도세 중과가 다시 시행된 점이다. 이에 따라 양도세 중과에 관한 내용을 대폭 보강했다. 또한 효과적인 절세를 위해선 조정대상지역과 중과주택이라는 개념을 알아야 할 뿐 아니라 그것이 상황별로 어떻게 적용되는지까지 구체적으로 알고 있어야 하기에 최대한 다양한 사례와 상황을 담으려 노력했다.

정부는 부동산 경기의 활성과 침체를 정책으로 조절하는데, 이때 정부가 사용하는 주요 무기가 바로 세금이다. 세금 정책이 바뀌면 부동산 시장의 판이 바뀐다. 그러므로 우리의 투자 전략은 정부 정책에 따라 지혜롭게 유동적으로 변해야만 한다. 이번 전면개정판에서는 정부의 바뀐 정책의 맥을 짚어내고, 그에 따른 절세 방안을 심도 있게 다뤘으니 이를 자신의 것으로 소화한다면 매우 도움이 될 것이다.

실전 투자자만이 알려줄 수 있는 '절세의 기술'이 있다

엄밀히 말하면 필자는 세금 전문가가 아니라 살아남기 위해 바닥부터 세금을 공부한 '실전 부동산 투자자'다. 세법 조항에 대해서라면 조세 담당 공무원이나 세무사들에게 묻는 것이 더 정확할 것이다. 그런데 부동산

세법은 조금 다르다. 부동산 세법에서는 조항의 구체적인 내용도 중요하지만, 그것을 실제 투자에 어떻게 적용할 수 있느냐가 더욱 중요하다.

예를 들어 똑같은 오피스텔에 대해 세금을 내더라도 1주택자와 다주택자가 다르고, 주거용이냐 업무용이냐에 따라 다르며, 임대사업자와 비사업자가 다르다. 어떤 상황에서는 부가가치세를 환급받을 수 있고 어떤 상황에서는 환급받은 부가가치세를 다시 반납해야 하는 경우도 있으며, 필요경비 항목 중 어떤 것들은 공제를 받을 수 있고 어떤 것들은 안 되는지에 따라 취해야 할 전략이 달라진다.

이런 부분은 실제로 오피스텔에 투자하여 관련 세금을 납부해 보고 세무조사도 받아 본 실전 투자자의 경험이 많은 도움이 된다. 이것이 바로 실전 투자자만이 알려줄 수 있는 '절세의 기술'인 것이다.

중요한 것은 세법 조항 하나하나를 외우고 기억하는 게 아니라, 부동산 세금이 어떤 틀 위에서 어떻게 운용되고 있는지를 이해하는 것이다. 이것만 이해하고 있으면 세부적인 법 조항은 필요할 때마다 찾아보며 활용하면 된다. 부동산 관련 세법은 수시로 개정되기 때문에 실무에 적용할 때에는 법제처 등에서 현행 법령을 확인해봐야 한다는 점은 꼭 기억하기 바란다.

최종 수익률을 결정짓는 것은 '세금'이다

부동산 투자를 하면 할수록 공격(투자) 못지않게 방어(절세)가 중요하다는 것을 깨닫게 된다. 전쟁터에서는 아무리 백발백중의 명사수라도 날아오는 총알로부터 제 몸을 지키지 못하면 아무 소용이 없듯 부동산 세금도 마찬가지다. 아무리 높은 수익률을 올리는 투자자라도 세금이라는 총알로부터 나를 지키지 못한다면 아무런 소용이 없다.

강의를 할 때마다 필자는 강조한다. 투자 계획을 세울 때 세금을 고려하지 않으면 반드시 무시무시한 공포를 맛보게 된다고. 세금 문제에 대처를 잘못하면 몇 년간 애써 벌어들인 수익금을 고스란히 날릴 수 있다. 우리나라 조세제도의 특성상 일이 터지고 나서는 수습하기가 무척 어렵다.

투자의 기본은 투자금을 최소화하고 수익을 늘리는 것이다. 절세를 통해서 100만 원이라도 아낄 수 있다면 그 돈을 다른 곳에 재투자하여 더 큰 부가가치를 만들어낼 수 있다. 지금 당장은 얼마 되지 않아 보일지 모르나, 십수 년간의 투자 경험을 통해 절세한 자금을 꾸준히 재투자하면 어떤 차이를 만들어내는지 필자는 너무도 잘 알고 있다. 앞으로 계속 투자를 하고자 하는 사람이라면 절세의 차이가 수익률의 차이로 이어진다는 사실을 반드시 기억하기 바란다.

투자자들은 입을 모아 "세금은 너무 어렵다"고 말하곤 한다. 그러나 실전 투자자의 눈높이에 맞춰 풀어낸 이 책에 담겨있는 구체적인 사례를 바탕으로 자주 활용되는 지식 중심으로 공부한다면 생각보다 쉽게 접근할 수 있을 것이니 걱정하지 않아도 된다.

독자들의 큰 기대에 부응하기 위해 이번 전면개정판에 온 힘을 실은 만큼 앞으로 펼쳐질 당신의 오랜 투자 인생에서 이 책이 반드시 큰 도움을 주는 존재가 될 것이라 믿는다.

변화하는 부동산 세제의 파도에서 살아남기

최왕규 세무사

필자가 「부동산 절세의 기술」의 공동 저자로 참여한 이후 어느덧 세 번째 정부를 맞이하게 되었다. 불과 몇 년 사이에 대한민국의 부동산 세제와 정책은 크게 요동쳤고, 그 변화의 중심에는 언제나 주택과 세금이 있었다.

문재인 정부 시기에는 다주택자에 대한 강도 높은 규제가 본격적으로 시작되었다. 양도소득세 중과가 도입되고 임대주택 제도가 대폭 정비되었으며, 최종 1주택 보유기간 재산정이나 일시적 1세대 2주택 처분기한 축소 등 여러 제약이 가해졌다. 이처럼 부동산 세제가 그 어느 때보다 복잡해지면서 납세자는 물론, 실무자들조차 변화하는 규정을 따라가기에 벅찬 시기였다.

이후 부동산 시장의 열기가 식어가던 시점에 출범한 윤석열 정부는 규제 완화에 집중했다. 한시적 양도소득세 중과 배제, 보유기간 재산정 폐지, 일시적 1세대 2주택 처분기한 3년 연장, 종합부동산세 공제금액 인상 등을 통해 다주택자의 숨통을 틔워주었다.

윤석열 정부 출범 초기 주택가격이 하락세를 보이자 강남 3구와 용산구를 제외한 대부분의 지역이 조정대상지역에서 해제되기도 했다. 그러나 부동산 시장은 늘 예측을 빗나간다. 한강 벨트를 중심으로 집값이 다시 상승세를 보이자 2025년 10월, 서울 전 지역과 경기 12개 지역이 조정대상지역으로 재지정되었다.

이어 새롭게 출범한 이재명 정부는 전 정부에서 시행한 한시적 다주택자 양도소득세 중과 배제를 더 이상 연장하지 않기로 결정했다. 이에 따라 2026년 5월 10일부터 조정대상지역 내 다주택자에 대한 양도소득세 중과세율이 다시 적용될 예정이다.

앞으로도 변화는 계속될 것으로 보인다. 비거주용 아파트 보유세 인상, 1세대 1주택 고가 주택의 장기보유특별공제율 축소, 자동말소된 임대주택에 일정 기간 중과배제 적용 방안 등 다양한 정책들이 논의되고 있다. 과거에는 '시장을 이기는 정부는 없다'라는 말이 흔히 쓰였지만, 지금의 정부는 정책을 통해 시장을 충분히 통제할 수 있다는 강한 의지를 보여주는 듯하다.

이러한 변화 속에서 다주택자들은 선택의 갈림길에 서 있다. 규제를 감내하며 다주택을 유지할 것인지, 아니면 거주 중심의 1주택 체제로 자산을 재편할 것인지 결정해야 하는 시점이다. 실제로 상당수의 다주택자는 변화된 정책에 맞추어 자산 구조를 바꾸려는 움직임을 보이고 있다.

하지만 현실은 그리 단순하지 않다. 토지거래허가구역의 주택은 매각에 제약이 있고, 일부 지역에서는 정책 영향으로 집값이 내림세를 보이기도 한다. 여기에 양도소득세 중과 유예 종료 시점(2026년 5월 9일)이 임박했다는 시간적 압박까지 더해져 납세자들은 절대 쉽지 않은 선택을 해야 한다.

중과가 재개되면 필자와 같은 세무사들도 긴장의 끈을 조이게 된다. 한순간의 판단 착오로 1세대 1주택 비과세 요건을 잘못 해석할 경우, 중과세와 가산세까지 부담해야 하는 상황이 발생할 수 있기 때문이다.

세법은 살아 있는 생물과도 같다. 시장의 변화에 따라 끊임없이 진화한다. 과거부터 지금까지 세금이 여전히 어려운 이유가 바로 여기에 있다. 세무사인 필자 역시 변화하는 제도를 놓치지 않기 위해 끊임없이 공부하고 고민한다.

세법이 어렵다는 이유로 절세를 포기할 수는 없다. 세법 안에는 언제나 합법적인 선택지와 절세의 여지가 존재한다. 중요한 것은 편법이 아닌 정석적인 절세 전략을 이해하고 자신의 상황에 맞게 활용하는 지혜다.

이 책이 복잡한 부동산 세제 속에서 길을 찾는 분들에게 든든한 나침반이 되어주기를, 그리고 변화하는 세금이라는 거센 파도 속에서도 중심을 잃지 않고 합리적인 판단을 내리는 데 도움이 되기를 바란다.

1장

세금
지혜롭게
절세하기

투자자에게 세금 공부는
선택이 아닌 필수다

"세상에는 피할 수 없는 두 가지가 있다. 첫째는 죽음이요, 둘째는 세금이다."

미국의 독립선언문을 쓴 벤저민 프랭클린이 한 말이다. '미국 건국의 아버지'라 불리며 미국 헌법의 기초를 닦았던 사람조차 세금의 무서움을 인정한 셈이다.

모든 나라가 세법만큼은 철저하게 운용한다. 세금을 걷지 못하면 국가를 운영할 수 없기 때문이다. 그럼에도 많은 사람들이 세금의 무서움을 모른다. 심지어 부동산 투자를 하는 사람들도 세금에 대해서만큼은 "나는 아직 그 정도는 아니야"라며 나중에 닥치면 해결하겠다는 식으로 이야기하곤 한다.

투자 규모가 늘어나다 보면 반드시 세금의 무서움을 절감하게 되는 날이 온다. 미리 대비하지 않으면 투자로 번 돈을 모두 세금으로 내야 하는 것은 물론, 그보다 더 많은 금액을 세금으로 내야 할 경우도 생길 수 있다. 이것이 투자자가 반드시 세금을 공부해야 하는 이유다.

제때 신고하고, 제대로 납부하자

한두 푼도 아니고 몇억 원짜리 부동산을 거래하면서 대충 신고하는 사람이 어디 있느냐고 하는 독자도 있을 것이다. 하지만 필자는 그런 사람을 꽤 많이 봤다. 일부러 신고하지 않고 세금을 빼돌리려고 하는 사람들보다 잘 모르거나 혹은 별로 대수롭지 않게 생각했다가 나중에 피해를 보는 사람들이 더 많다.

> **신고불성실가산세**
> 정해진 기간 내에 세금을 신고하지 않았거나 금액을 적게 신고한 경우 부과되는 가산세를 말한다. 가산세율은 세금의 종류에 따라 다르다.

예를 들어 신고불성실가산세♦가 얼마나 무시무시한지 모르는 사람들이 많다. 제때 신고하면 될 것을 차일피일 미루다가 나중에 세금 폭탄을 맞게 된다. 한심스러운 것은 '나는 그렇게 많이는 못 낸다, 내가 못 낸다는데 어쩔 테냐'며 끝까지 버티는 사람들이다. 세금을 안 내면 애써 마련한 부동산은 공매로 넘어가게 된다.

세금과 싸운다는 것은 국가를 상대로 싸우는 것이다. 그렇게 어리석은 일도 없다. 그러니 정해진 법규에 따라 성실하게 납부하되 미리 준비하고 계획해서 절세하는 방법을 배워둬야 한다.

세금을 낼 수 있는 것은 축복이다

너무 비관적으로 생각할 필요는 없다. 세금을 낼 수 있다는 것은 축복이다. 세금은 소득과 재산이 있어야 매길 수 있다. 세금을 낸다는 것은 내가 어느 정도 수익을 내고, 자산을 가지고 있다는 뜻이다.

흔히 '부자세'라고 불리는 종합부동산세만 해도 그렇다. 다주택자는 주택 공시가격◆ 합산 금액 9억 원 초과, 1주택자일 경우 12억 원을 초과할 경우 부과된다.

진정한 투자자라면 세금이 무서워서 움츠러들기보다는 '그래, 나도 어서 재산을 불려서 종합부동산세 한번 내보자'라고 생각하는 것이 옳은 방향 아닐까?

> **공시가격**
> 정부가 매년 전국의 대표적인 토지와 건물에 대해 조사해 발표하는 부동산 가격을 말한다. 재산세나 종합부동산세 산정 기준으로 활용된다. 모든 부동산을 대상으로 조사한 결과가 아니므로, 실제 가격과 차이가 있을 수 있다.

투자자 입장에서 지금의 종합부동산세는 두려워할 대상이 아니다. 2023년부터 종합부동산세법이 개정되면서 공제금액이 6억 원에서 9억 원으로, 1주택자일 경우 11억 원에서 12억 원으로 인상되었기 때문이다. 또한 기존 조정대상지역 2주택 이상자(전국 3주택 이상)에게 적용되던 고율의 종합부동산세율 역시 2023년부터 감소세를 보였던 보유세 부담은 그간 상대적으로 완화된 국면을 유지해 왔다.

그러나 정부가 2026년 5월 9일을 기점으로 다주택자 중과 유예 종료를 예고함에 따라 상황은 급변하고 있다. 향후 발표될 추가 부동산 대책은 지난 문재인 정부의 수위를 상회하는, 더욱 강력한 보유세 강화 기조를 띨 것으로 전망된다.

최종 수익률은
세금에서 결정된다

부동산 투자자가 세금을 공부해야 하는 또 다른 이유는 세금이 실질 수익률과 직결되기 때문이다. 아무리 많이 벌었다 해도 세금을 많이 내고 나면 실질 수익률은 떨어질 수밖에 없다. 특히 부동산은 세금의 종류도 많고, 소득이 많을수록 세율도 높아지는 누진세율*을 적용하는 것들이 많다.

> **누진세율**
> 과세표준이 일정 구간을 넘어 가면 세율도 높아지는 조세 제도를 말한다. 소득이 많은 사람이 더 많은 세금을 냄으로써 소득 간 불평등을 보완하자는 취지로 도입되었다.

부동산은 다른 자산에 비해 내야 하는 세금이 많다. 매수 시에는 취득세, 매도 시에는 양도소득세, 보유 시에는 재산세와 종합부동산세, 여기에 부가가치세와 종합소득세까지 적용된다. 그렇기 때문에 어떻게 절세를 하느냐에 따라 실제로 내 손에 들어오는 금액의 차이가 크다.

예를 들어 2021년 6월에 재건축 아파트 조합원 입주권에 투자해서

5,000만 원의 수익을 냈다고 하자. 이제 양도소득세를 내야 하는데, 양도소득세는 보유한 기간에 따라 세율이 달라진다. 만약 매입한 지 1년 이내에 팔면 양도소득세율은 양도차익의 70%이므로 3,500만 원을 내야 한다. 반면 1년에서 2년 사이에 팔면 양도차익의 60%인 3,000만 원을, 2년이 지나면 일반세율 15%를 적용받아 624만 원(5,000만 원 × 15% - 누진공제액◆ 126만 원)을 내야 한다.

만약 이 조합원 입주권을 취득한 지 1년 9개월밖에 안 되었지만 팔아야 할 상황이라면 어떨까? 이 경우는 협의를 통해 잔금 날짜를 조금 미루는 것이 좋다. 매매계약은 지금 체결하더라도 잔금을 3개월 뒤에 받아 보유기간 2년을 채우는 것이다. 그렇게 되면 잔금을 지금

> **누진공제액**
> 누진세율은 과세표준의 금액 구간마다 세율이 계단식으로 높아지기 때문에, 여러 단계의 세율을 적용하는 경우에는 계산이 복잡해진다. 그래서 보다 쉬운 계산을 위해, 먼저 해당 구간의 세율을 곱한 후 이전 구간에서 적용된 세율의 차이만큼 금액을 빼는 방식을 사용하는데, 이때 빼는 금액이 누진공제액이다. 자세한 내용은 뒤에서 다시 다룰 예정이다.

그림1 보유기간에 따른 양도소득세 절세 효과

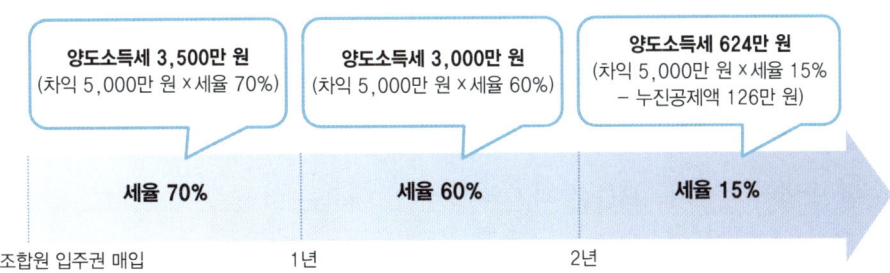

양도소득세 3,500만 원
(차익 5,000만 원 × 세율 70%)

양도소득세 3,000만 원
(차익 5,000만 원 × 세율 60%)

양도소득세 624만 원
(차익 5,000만 원 × 세율 15%
- 누진공제액 126만 원)

세율 70%   세율 60%   세율 15%

조합원 입주권 매입   1년   2년

받을 때와 비교했을 때 양도소득세가 무려 2,376만 원 정도 줄어든다. 이처럼 세법을 잘 알고 활용하는 것만으로도 수익률이 높아질 수 있다.(**그림 1 참조**)

투자 계획 세울 때 세금 계획도 함께 세워라

세금은 후불이다. 실제 수익이 발생했는지 여부를 확인한 후에 정해진다. 그래서 모든 부동산 거래를 완료한 후에 계산하는 후불제다.

만약 세금을 선불로 낼 수만 있다면 지금보다 덜 어려울 것이다. 부동산을 매입할 때마다 계산해서 납부해 버리면 나중에 곤란을 당하는 경우가 없을 테니 말이다. 하지만 현실에서의 세금은 대부분 시간이 한참 지나서 기억이 가물가물해질 때쯤 고지된다. 미리미리 챙겨두지 않으면 나중에 큰 손해를 입을 수 있다.

세금은 융통성을 발휘할 수 있는 여지도 적다. 등기부등본은 국가의 공적장부이기 때문에 개인 간의 계약과 달리 당사자 간에 융통성을 발휘하거나 정정을 할 수 없다.

방법은 하나, 부과될 세금을 예상하고 미리 준비하는 것이다. 처음 투자 계획을 세울 때부터 세금을 감안해야 한다. '일단 과감하게 지른 후 나중에 수습하면 되겠지'라는 생각은 금물이다. 나중에 수습하겠다는 사람들 중 상당수가 '안 내고 버티기'를 택하는 경우가 많다. 이것은 결코 현명한 방법이 아니다. 요즘은 과거와 달리 안 내고는 버틸 수 없는 시대이기 때문이다.

세금은 내는 방식도 다양하고 예외조항도 많다. 절세의 기본은 바로 이 다양한 납세 방식과 예외조항을 조합하는 것이다. 투자 계획을 세우고, 수익률을 결정할 때부터 이러한 방법들을 구체적으로 따져봐야 한다. 그래야 나중에 수익률을 깎아 먹는 경우가 생기지 않는다.

절세와 탈세는
어떻게 다른가

흔히 '내가 하면 절세, 남이 하면 탈세'라는 우스갯소리가 있다. 교과서적으로 말하자면 절세는 합법적인 방법으로 세금을 줄이는 것이고, 탈세는 불법적인 방법으로 세금을 줄이는 것이다.

탈세의 대표적인 유형은 다음과 같다. 첫째는 수입금액을 누락하는 것이다. 월세를 현금으로 받고 소득으로 신고하지 않는 경우가 대표적이다. 둘째는 필요경비를 거짓으로 만들거나 부풀려서 세금을 줄이는 행위다. 셋째는 실제 거래가격보다 높은 금액을 쓴 업계약서를 작성하거나 낮은 금액을 쓴 다운계약서를 작성해서 거래 가격을 거짓 신고하는 것이다. 넷째는 명의를 차용하는 것이다.

쉽게 말해 없는 사실을 허위로 만들어내 세금을 면제받거나 공제받는 것은 모두 탈세에 속한다. 과거에는 부동산 투자자들 사이에서 이러한 행위가 공공연하게 이뤄져 왔던 것이 사실이다. 그 모든 탈세 행위를 세무당국이 일일이 조사하고 적발하기 어렵다는 것을 악용해서 '안 걸리면 그 만'이라는 식으로 대응하는 사람들이 있었다. 그러나 요즘은 시대가 달라졌다. 과거처럼 숨기고 버티면 안 낼 수도 있었던 시기는 지났다.

세금 안 내고 버티는 게 이득이었던 시대

떡볶이, 호떡, 과일 등등 길거리에서 흔히 볼 수 있는 노점상들은 과연 세금을 낼까? 흔히 노점상은 세금이 없다고 알고 있는 사람이 많다. 그러나 '소득이 있는 곳에 세금이 있다'는 원칙은 누구에게나 예외 없이 적용되므로 노점상들도 세금을 내야 한다. 다만 현실적으로 노점상은 과세를 할 수 있는 근거인 매출을 제대로 확인하기가 어렵고, 날마다 이동하기 때문에 추적이 어렵다는 게 문제다. 그래서 대부분 세금이 제대로 부과되지 않는 것뿐이다.

주택임대를 통한 소득도 어떤 면에서 보면 노점상과 비슷하다. 예전에는 월세를 여러 개 놓고 있는 사람은 세무당국으로부터 세금을 신고하라는 통지를 받더라도 신고하지 않고 버티는 게 이득이었다. 이유는 노점상과 마찬가지다. 국세청에서 일하는 세무공무원의 숫자는 약 2만 명인 반면 전국의 2주택 이상을 소유한 다주택자는 무려 약 238만 명(2024년 기준 주택 소유 통계, 국가 데이터처)으로, 공무원 한 사람이 상대해야 할 다주택자는 100명이 넘는다.

모든 국세공무원이 다주택자만 관리하는 것도 아니다. 결국 담당 국세공무원 한 명이 실제로 상대해야 할 다주택자는 아마 수백 명에서 수천

명이 될 것이다. 그중에는 한 사람이 수십 채를 보유하고 있는 경우도 많다. 그 사람들의 집을 일일이 조사해서 전세인지 월세인지, 월세라면 얼마를 받는지 확인하고 과세하는 것은 현실적으로 불가능하다.

게다가 2026년까지는 전용면적 40㎡ 이하이면서 기준시가 2억 원 이하인 주택은 전세일 경우 집이 몇 채든 임대소득세를 내지 않는다(2018년까지는 전용면적 60㎡ 이하이면서 기준시가 3억 원 이하였으나 조건이 변경되었다). 만약 세무당국이 "당신은 집을 100채나 가지고 있으면서 왜 세금을 내지 않소?"라고 물었을 때 "소형주택 전세만 100채라서 소득이 나오지 않습니다"라고 답하면 과거에는 세무당국도 할 말이 없었다. 이것을 굳이 과세하려면 담당 공무원이 전세 세입자를 찾아가서 일일이 확인서를 받아야 하지만, 앞서 설명한 대로 현실 여건이 그리 녹록지 않았다. 그러다 보니 과거에는 부동산 탈세를 쉽게 생각하는 풍조가 있었던 것이 사실이다.

슈퍼컴퓨터가 당신의 소득을 지켜보고 있다

2014년부터는 상황이 바뀌었다. '과세자료 제출 및 관리에 관한 법률'이 변경되면서 전·월세 계약서의 확정일자 자료를 국세청이 행정자치부로부터 받아서 과세자료로 사용할 수 있게 됐다. 전세나 월세를 계약하면 세입자는 계약서를 들고 동사무소에 가서 전입신고를 한 후 확정일자를 받는다. 그 자료가 모두 세무당국으로 넘어가고, 신고하지 않아도 세무당국은 나의 전·월세 임대소득을 모두 파악하게 된다. 2013년 이후 모든 임대차계약 기록은 세무당국의 데이터베이스에 보관되고 있다.

국세청은 우리나라에서 손꼽히는 고성능 슈퍼컴퓨터를 가지고 있다. 전국의 임대인 및 임차인의 인적사항, 계약 시 보증금과 월세, 주민등록상 1세대 1주택자인지 아닌지 여부 등 전 국민의 납세 자료를 보관하고 처리할 수 있다. 이제는 일부러 신고를 누락해 세금을 안 내는 것이 불가능해졌다.

정부는 세입자들이 내는 월세에 대해 15%까지 세액공제◆ 혜택을 주기로 했다(단, 연봉이 5,500만 원 초과~8,000만 원 이하는 15%, 5,500만 원 이하는 17%). 예를 들어 무주택 세대주인 연봉 5,000만 원인 봉급생활자가 85㎡ 이하 또는 기준시가 4억 원 이하의 주택에 살면서 월세 50만 원을 낸다면 1년 월세 600만 원 중에서 17%인 102만 원 정도의 세금을 깎아주는 것이다. 1,000원짜리 김밥을 사 먹을 때에도 신용카드

> **소득공제와 세액공제**
> 소득공제가 벌어들인 금액 중에서 특정 항목을 뺀 후에 세율을 곱해서 세액을 계산하는 방식이라면, 세액공제는 계산된 세액 자체에서 일정 부분을 빼주는 방식이다.

를 써서 한 푼이라도 더 공제받으려고 하는 세상이다. 하물며 17%나 깎아준다니, 세입자들이 꼬박꼬박 신고하지 않을 리가 없다. 이제 세무당국은 누가 얼마의 월세를 놓아서 소득을 올리는지 다 알고 있다.

물론 '나는 신고 안 했더니 세금이 나오지 않던데?'라며 의아해하는 독자도 있을 것이다. 하지만 안심하기는 이르다. 소득세는 세무당국에서 세금을 부과할 수 있는 기간인 부과제척기간이 7년이기 때문이다. 그동안 세무당국은 참을성 있게 기다리고 있다가 7년이 다 되어 가는데도 신고를 하지 않으면 통지서를 발송한다. '세입자가 이렇게 확정일자 신고를 했는데도 귀하는 아직까지 소득을 신고하지 않았으니, ○○월 ○○일까

지 이에 대해 소명하십시오. 소명하지 않으면 ○○○○원을 과세하겠습니다'라고 말이다.

이때 제대로 소명을 하지 못하면 신고불성실가산세가 20%(무신고가산세 20%, 과소신고가산세 10%) 더해지고, 여기에 지연이자가 하루에 0.022%(2022년 2월 14일 이전까지는 0.025%)씩 붙는다. 지연이자만 해도 1년이면 약 8%, 5년이면 40%가 붙는 것이다. 결과적으로 신고를 안 하면 무려 60%의 세금을 더 낼 수도 있다. 그래서 일부에서는 이것을 보고 '숙성시킨다'고 표현하기도 한다.

금액이 클수록 세무당국은 더욱 집중해서 주시하고 있을 것이다. 세무당국을 만만하게 보고 있다가는 나중에 더 많은 세금을 내야 할 수도 있다는 걸 알아야 한다.

세금 문제가 생기면
국세청부터 찾아가라

만약 세금 문제에 부딪혔는데 해결 방법을 모르겠다면 어떻게 해야 할까? 가장 좋은 방법은 전문가를 찾아가는 것이다. 세금 문제의 최고 전문가는 누구일까? 바로 국세청이다.

세금을 거둬가는 국세청에 절세 문제를 상의하라는 게 이상하게 들릴 수도 있다. 하지만 경험에 비춰봤을 때 세금에 관한 한 국세청만큼 확실하게 문제를 해결해 줄 수 있는 기관은 없다.

국세청은 세금을 거둬가는 일만 하는 게 아니라 세금에 대해 잘 모르는 납세자들이 피해를 보지 않도록 돕는 일도 한다. 납세자를 위한 좋은 프로그램들을 적극 활용해 보기 바란다.

〉〉 국세청 126 국세상담센터
국번 없이 126번으로 전화하면 국세청이 운영하는 '126 국세상담센터'

를 무료로 이용할 수 있다. 말 그대로 세금과 관련한 부분을 전화로 물어보면 친절하게 답변을 해 준다. 부동산 세금뿐 아니라 전반적인 세금 문제도 상담받을 수 있다.

그림2 국세청 126 국세상담센터

>> 납세자보호담당관 제도

국세청에서 운영하는 납세자보호담당관 제도는 세무당국이 재량을 남용하거나 납세자의 권리가 침해되지 않도록 보호하는 역할을 한다. 납세자보호담당관은 온전히 납세자들의 세금 문제를 도와주는 일만 전담한다. 오로지 납세자를 위해 국세청의 야당 역할을 하고 있는 것이다.

실제 사례를 보자. B씨의 어머니는 부산에 홀로 계시지만, B씨가 회사에서 주는 가족수당을 받기 위해 어머니의 주민등록을 B씨가 사는 서울 집으로 옮겨놓았다. 어느 날 B씨는 큰 집으로 이사 하려고 살고 있던 집을 팔았다. 1세대 1주택자이므로 양도소득세는 비과세가 된다고 생각하고 별다른 고민을 하지 않았다. 그런데 몇 달이 지나 세무당국으로부터 양도소득세 납부 고지서를 받게 되었다. 어머니가 실제로 살고 계시는 부산의 집 때문에 주민등록상으로는 1세대 2주택자가 되었던 것이다.

B씨의 어머니는 실제로는 단독세대로서 부산에 1주택을 보유하고 있고 B씨 역시 실제로는 서울에 1주택을 보유하고 있지만, 주민등록상 매도 당시 1세대 2주택자인 것이 문제였다. B씨는 고민 끝에 납세자보호담당관을 찾아가서 사정을 이야기했다.

납세자보호담당관은 어머니의 신용카드 사용지가 전부 부산이라는 사실, 어머니의 휴대폰 발신지가 모두 부산이었다는 사실, 어머니가 고혈압과 당뇨 치료를 받은 병원이 부산에 있다는 사실, 그리고 어머니 옆집에 사시는 분들이 써준 거주확인서 등을 참고해 실질적인 1주택자로 인정받을 수 있도록 도와주었다. B씨는 결국 1세대 1주택자 비과세 혜택을 받을 수 있었다.

납세자보호담당관의 역할은 생각보다 크다. 그래서 세금 문제가 생겼을 때 납세자보호담당관을 찾아가서 상의하면 생각보다 큰 도움을 받을 수 있다. 납세자보호담당관 제도를 이용하려면 유선전화로 국번 없이 126번을 누른 뒤 3번 납세자보호담당관실을 눌러 통화하면 된다. 또는 국세청 홈페이지(http://www.nts.go.kr) 〉 국민소통 〉 납세자권익 24 〉 납세자권익보호 소개 〉 납세자보호담당관을 통해 지역별 납세자보호담당관의 연락처를 파악할 수 있다.

〉〉 국세청 홈택스 온라인 상담

그림3 국세청 홈택스 상담·불복·제보 서비스

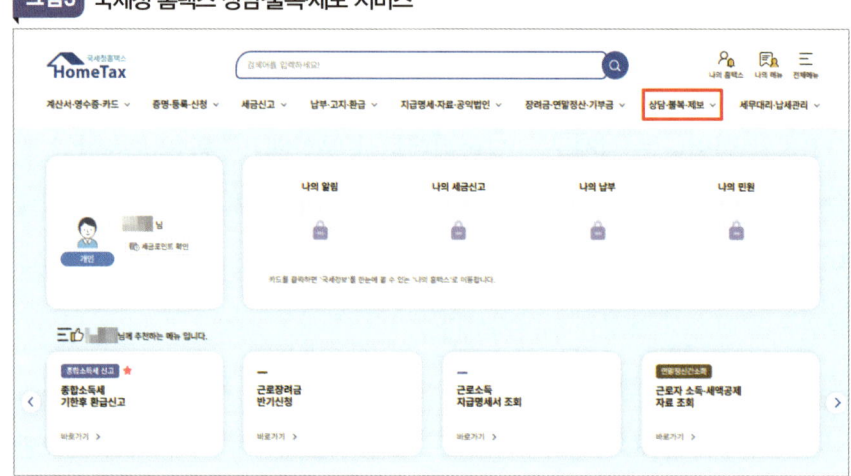

국세청 홈페이지 홈택스(http://www.hometax.go.kr)의 '상담 · 불복 · 제보' 서비스를 이용하는 것도 좋다. 이곳에서 온라인 상담을 신청하면 간단한 사안은 24시간 이내에 답변을 받을 수 있다.

전화로 상담하는 것은 바로 묻고 답할 수 있어 편리하긴 하지만, 복잡한 사안은 전화 상담만으로 힘든 경우가 많다. 홈페이지를 통한 상담은 문서로 남게 되므로 나중에 다양하게 활용할 수 있다.

예를 들어 세목별 상담 사례에서 '양도소득세 → 필요경비 → 자본적지출액'을 검색해 보면 관련 정보를 찾을 수 있다. 출처가 불분명한 포털사이트 검색보다 정보가 정확하고 풍부하다.

〉〉 국세청 국세법령정보시스템

홈택스 홈페이지에서 '법령정보'를 클릭하면 '국세법령정보시스템(https://taxlaw.nts.go.kr)'으로 연결된다. 이곳에서는 해당 세목에 대한 구체적 법규를 확인해 볼 수 있다. 심판이 완료된 사안뿐만 아니라 현재 심판 중인 내용도 검색할 수 있다. 최근 국세청 국세법령정보시스템이 사용자 중심으로 개편되면서 지능형 검색서비스가 도입되어 더욱 간편하게 법령정보를 얻을 수 있게 되었다.

예를 들어 '경매컨설팅 비용은 필요경비로 인정받을 수 있는가'라는 문제를 해결하기 위해 '경매컨설팅 비용'이라는 키워드로 검색하면 관련 내용에 대한 질의회신, 심사청구, 심판청구 등 다양한 내용을 확인할 수 있다. 이를 통해 '직접적으로 지출한 사실이 확인되는 경우에는 필요경비로 인정할 수 있다'는 사실을 확인할 수 있다. 단, 법률용어가 많이 등장하기 때문에 초보자에게는 어려울 수도 있다.

그림4 국세청 국세법령정보시스템

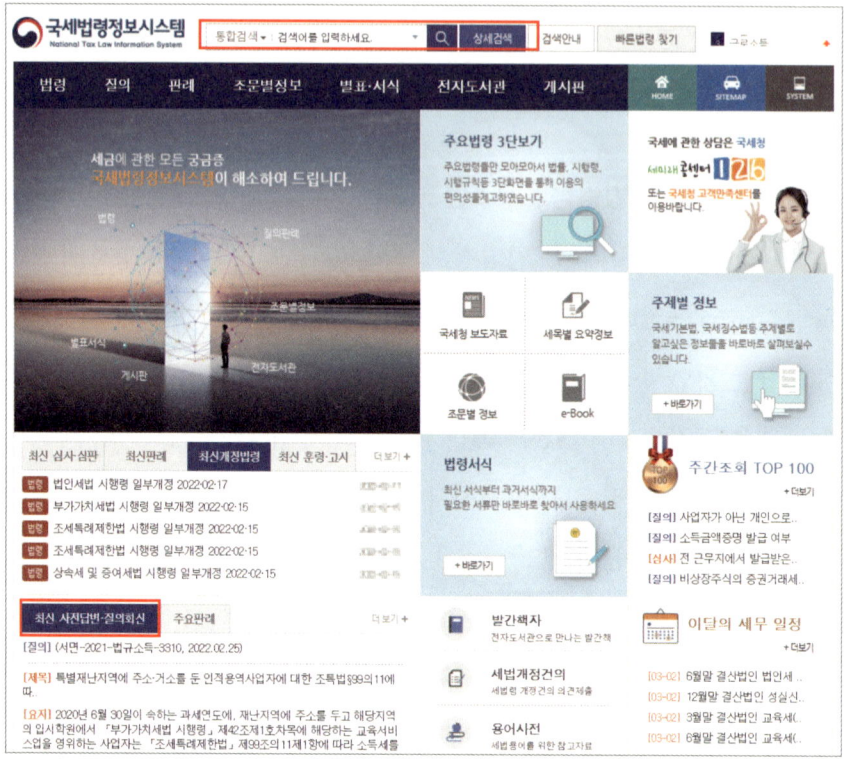

>> 세법해석 사전답변 제도

　전화나 홈페이지에서 상담을 받으면 공통적으로 마지막에 '답변에 대한 책임을 지지 않는다'는 사실을 강조한다. 그럴 수밖에 없는 것이 전화상으로 질문의 모든 내용을 파악할 수 없기 때문이다.

　이 점이 불안하다면 국세법령정보시스템의 메뉴 중에서 '세법해석 사전답변 제도'를 이용하면 된다. 이 제도를 이용해서 질문하고 답변을 받으면 나중에 세무당국이 사전답변내용을 번복할 수 없어 답변서대로 안심하고 부동산을 처분할 수 있다.

다만 세무당국에서도 신중하게 답변을 해야 하기 때문에 시간이 조금 걸리는 것은 감안해야 한다. 매우 중요한 문제에 직면했다면 처음부터 이 제도를 활용해서 분명하게 해결하는 것이 더 나을 수도 있다.

부동산 세법이 복잡해짐에 따라 부동산 세법 적용 시 유의사항을 살펴 보도록 하겠다.

첫째, 세법은 세목별로 적용 기준이 다르다. 예를 들어 등록임대주택 은 비과세 판정 시에는 주택 수에 포함이 되지 않는다. 그러나 양도소득 세나 취득세 중과 여부, 임대소득세, 종합부동산세 등을 결정할 때에는 주택 수에 포함된다. 그러므로 각 세목별로 정확한 적용 기준을 꼭 체크 해야 한다.

둘째, 기존 보유주택은 부동산 세법이 개정되더라도 당초의 혜택을 그 대로 유지하는 경우가 많다. 2023년 세법개정으로 배우자 등 이월과세 규정 적용 시 '증여일로부터 5년 이내 양도하는 경우'에서 '증여일로 10년 이내 양도하는 경우'로 요건이 강화되었다. 2023년 1월 1일 이후 증여분 부터 규정이 적용되는 만큼 2022년 12월 31일까지 증여했다면 이전 규정 을 적용받는다. 납세자에게 불리하게 개정되는 경우, 세법이 개정되기 전에 한 행위에 대해서는 이전 규정을 적용함으로써 납세자의 신뢰이익 을 보호하는데 그 의미가 있다.

셋째, 세법이 개정되면 소급 적용되는 경우도 있다. 일시적 2주택이 된 상황에서 신규주택과 종전주택 모두 조정대상지역에 소재한다면, 이

전에는 신규주택을 취득한 날부터 2년 안에 종전주택을 양도해야 비과세를 적용받을 수 있었다. 하지만 2023년 1월 12일 이후 양도분부터 2년이 아니라 3년을 적용받을 수 있도록 세법이 개정되면서, 개정 전 신규주택을 취득한 경우에도 혜택을 받을 수 있게 됐다. 이처럼 납세자에게 유리하게 세법이 개정되면 소급 적용받는 경우도 있다.

2023년 일시적 2주택에 대한 양도소득세뿐만 아니라 취득세도 함께 개정되었다. 개정 전에는 1년 또는 2년 안에 종전주택을 처분하지 못했던 납세자는 8% 중과된 취득세를 납부해야 했다. 만약 2023년 1월 23일 이후 종전주택을 양도하고, 양도한 날짜가 신규주택 취득일로부터 3년을 넘기지 않았다면, 중과 납부했던 취득세를 경정청구를 통하여 돌려받을 수 있다.

양도소득세뿐만 아니라 취득세 규정도 잘 알고 있으면 비과세 기간도 늘어나고, 이에 따라 취득세도 돌려받을 수 있으니 일거양득이다.

넷째, 부칙에 나오는 시행시기를 꼭 확인해야 한다. 민간임대주택법상 주택임대사업자가 임대의무기간을 지키지 않거나, 임대료 5% 상한 규정을 준수하지 않았을 때는 과태료를 내야 한다. 과태료는 종전 1천만 원이었다가 2019년 10월 24일부터 3천만 원으로 인상되었다.

이 개정안은 2019년 4월 5일 국회 본회의를 통과하고 2019년 4월 23일 공포되었는데, 공포되자마자 바로 시행한 것이 아니라 6개월간의 유예기간을 두었다. 개정안 부칙 제1조(시행일)에 "이 법은 공포 후 6개월이 경과한 날부터 시행한다"고 명시되어 있었기 때문이다. 이처럼 법안이 통과되면 언제부터 시행되는지 꼭 확인해보는 것도 절세를 위한 중요한 팁이다.

세금은 살아있는 생물과 같다

세금 측면만 본다면 가장 효율적인 투자는 아마 다가구주택일 것이다. 660㎡
이하, 3층 이하, 19세대 이하의 다가구주택은 소득세법상 하나의 주택으로 본
다. 다가구주택 하나만 가지고 있으면 월세를 19채 놓고 살아도 1세대 1주택자
인 것이다. 그러다 보니 과거에는 이런 뉴스가 등장했다.

> "주택임대시장엔 '소득이 있는 곳에 세금이 있다'는 조세원칙을 합법적으
> 로 무시할 수 있는 분야가 있다. 바로 다가구주택을 세놓는 임대사업이
> 다. 다가구주택은 임대소득이 아무리 많아도 소득세 걱정을 할 필요가 없
> 어 임대사업을 조금 안다는 사람들에겐 이른바 '조세천국(Tax Heaven)'으
> 로 불린다."
>
> – 「머니투데이」 2014년 2월 10일자

조세정의에 어긋난다며 정부가 비판 대상에 오르자 그해 말에는 이런 기사가 나
왔다.

> "다가구주택에 임대소득세를 물리는 방안에 대해 정부가 검토 작업에 들
> 어가면서 논란이 일고 있다. (중략) 앞으로는 2주택자의 경우 임대소득
> 2,000만 원 이상이면 임대소득세를 부과하는 것과 형평성을 맞추는 차원
> 에서 1세대 1주택 소유자라도 세금을 매기는 방안을 추진하겠다는 게 과
> 세 당국 생각이다."
>
> – 「매일경제신문」 2014년 11월 11일자

그러나 곧 다른 논쟁이 불거졌다. 임대인에게 세금을 매기면 그 세금이 고스란
히 임차인에게 전가되어 전세난이 더욱 가중될 것이라는 주장이 나온 것이다.

"임대주택 공급에는 다가구주택이 효과적인데 집 한 채에서 거둬들이는 수익이 과거처럼 크지 않은 상황에서 정부가 다가구 임대소득 과세를 강행하면 소규모 임대주택 공급을 위축시켜 전세난을 가중시킬 것이란 얘기다."

-「매일경제신문」 2014년 11월 11일자

결국 다가구주택 임대소득에 세금을 매기는 문제는 정부 당국이 "검토한 바 없다"고 선을 그으면서 일단락되었고, 다가구주택 투자자들은 놀란 가슴을 쓸어내려야 했다. 그러나 지금도 비슷한 문제 제기가 종종 이루어지고 있어서 항상 추이를 지켜볼 필요가 있다.

이처럼 세금은 언제든지 바뀔 수 있기 때문에 항상 관심을 갖고 그 추이를 지켜봐야 한다. 매년 새롭게 가르쳐야 하기 때문에, 모든 법 중에 세법을 가르치는 강사들이 제일 오래 가고 쏠쏠하다는 농담도 있다.

세금은 살아있는 생물이다. 오늘은 이렇게 움직이지만 내일은 또 모양이 바뀐다. 그러니 작년에 활용했던 방식이 올해도 통할 것이라고 호언장담 하지는 말자. 부동산 투자자가 정치적 이슈와 경기 흐름을 항상 주시해야 하는 것은 당연한 일이다. 이제부터는 세금에 대한 부분도 항상 주시하기 바란다.

투자하기 전에 반드시
세금 전문가와 상의하라

미국에서는 편안한 일생을 보내려면 세 명을 곁에 두어야 한다고 한다. 변호사, 의사, 회계사다. 미국에 비해 소송이 적은 우리나라에서는 최소한 두 명을 곁에 두어야 한다. 바로 의사와 세무사다. 세무사는 우리가 가장 대중적으로 도움을 받을 수 있는 조세전문가다.

납세자의 권리를 천명하고 있는 '납세자 권리헌장'을 보면 제3항에 '납세자는 세무조사 시 조세전문가의 조력을 받을 권리가 있다'고 쓰여 있다. 세무조사는 통상 3주 이상의 시간이 소요되므로 납세자에게 심리적·금전적 부담이 클 수밖에 없다. 조세전문가, 즉 세무사의 도움을 받지 않고 혼자 해결하기란 매우 어려운 일이다.

세무조사처럼 특별한 경우가 아니라도 세무사의 도움을 받을 일은 많다. 세무 상담을 받기 위한 돈을 아까워하지 말기 바란다. 세무 상담 비용은 그다지 많이 들어가지 않는다. 게다가 이 상담료는 나중에 종합소득세 신고 시 비용으로 차감해 준다.

〉〉 마을세무사

세무 도움을 받을 수 있는 방법 중에는 마을세무사 제도라는 것도 있다. 세무사들의 재능기부를 통해 세무 상담 등 서비스를 제공하는 정책으로, 지방세 불복청구를 무료로 지원하기도 한다. 서울과 대구에서 운영하다가 현재는 많은 도시에서 시행하고 있다.

마을세무사 제도는 행정안전부 홈페이지(http://www.mois.go.kr)의 '업무안내 → 지방재정경제실'에서 확인할 수 있다.

그림5 마을세무사 제도

〉〉 한국납세자연맹

국내 유일의 조세 관련 NGO(비정부조직)인 한국납세자연맹 홈페이지(www.koreatax.org)에서도 많은 정보를 얻을 수 있다. 이곳은 모든 납세자의 권익을 보호하고, 부당하고 과도한 세금이 징수되거나 집행되는 것을 감시하는 목적으로 설립됐다. 세무·회계 분야의 전문가 상담 및 납세자에 대한 양질의 교육을 진행하는 기관이기도 하다.

그림6 한국납세자연맹 홈페이지 메인화면

홈페이지에서는 세금에 관한 다양한 정보를 접할 수 있는데, 특히 봉급생활자를 위한 연말정산 정보와 맞벌이 부부를 위한 맞춤형 절세 정보는 대단히 유익하다. 특히 '세테크 계산기' 서비스는 몇 가지 항목을 입력하면 간단히 세금을 계산해준다. 연말정산 계산기, 맞벌이 부부 절세 계산기, 사업소득금액 간편계산기 등으로 나뉘어 있다.

한국납세자연맹은 정부 지원을 받지 않고 후원자들의 후원을 통해 운영된다. 정기후원자가 되면 1대1 맞춤 컨설팅이나 세테크 교육 무료 참가 및 할인 혜택 등을 제공하고 있으니 참고하기 바란다.

〉〉 행복재테크

네이버 카페 '행복재테크(https://cafe.naver.com/mkas1)'는 창업 및 부동산 재테크 전문 카페로, 실전 투자자들 사이에서 대한민국 최고의 재테크 커뮤니티로 평가받는 곳이다. 양질의 정보들이 빠르게 업데이트 되고 있으며 특히 세금&절세 게시판에 궁금한 점을 올리면 카페에서 활동 중인 전문가와 회원들이 성의껏 답해준다.

이곳에는 부동산 전문가들의 칼럼과 회원들의 실전 경험이 활발하게 공유되고 있고, 부동산 투자의 기초부터 전문가가 되기 위한 다양한 교육 과정이 마련되어 있으니 적극 활용해보기 바란다. 필자도 자신 있게 추천한다.

그림7 네이버 행복재테크 카페

〉〉 그 밖의 기관

그 밖에도 세금 문제를 문의할 수 있는 관공서는 생각보다 많다. 국세청 법규과, 국세청 세목소관 담당과, 행정안전부, 지방세의 경우에는 해당 시·군·구청 담당자에게 문의할 수도 있다.

엎질러진 뒤 후회 말고, 미리 물어보라

반드시 당부하고 싶은 말이 있다. '중요한 결정 전에 전문가와 먼저 상의하라'는 것이다. 세금 문제는 더욱 그렇다. 세금은 정부가 집행하는 것이라서 한번 결정되면 되돌리기가 무척 어렵기 때문이다.

필자에게 세금 문제로 연락하는 사람들 중 상당수는 일단 저지르고 나서 문제가 생기니까 다급하게 도움을 요청한다. "선생님 이번에 부동산에서 연락이 왔는데, 이거 사도 괜찮을까요?"라는 식이 아니라 "선생님, 이거 샀는데 괜찮죠?"라는 식이다. 누가 봐도 절벽 끝에 서 있다는 걸 자기만 모르고 있다가 왠지 찜찜한 기분에 연락해오는 것이다. 계약서에 도장을 찍기 전이라면 이러이러한 문제가 있으니 다시 생각해보라고 하겠지만, 이미 계약이 끝나버린 상황이라면 "그런대로 괜찮네요"라는 말 밖에는 해줄 수 있는 게 없다.

그러니 중요한 의사결정을 해야 할 때는 반드시 전문가에게 먼저 연락하기 바란다. 마지막으로 연락한 게 몇 년 전이라 민망하더라도 눈 딱 감고 뻔뻔하게 연락해야 한다. 피 같은 돈이 걸려 있는데 잠깐 민망한 것이 대수일까? 잘 해결되고 난 후에 충분히 감사를 전하면 될 일이다.

다시 한번 강조한다. 세금에 대해서만은 결정을 내리기 전에 반드시 전문가들과 상의하라. 그렇지 않으면 후회할 일이 생길 수 있다.

조세 정책을 보면
부동산 시장의 향방을
예측할 수 있다

대한민국 정부는 어떤 정권이 들어서든 부동산 시장만큼은 끊임없이 개입하고 관리해왔다. 국민 생활과 가장 밀접할 뿐 아니라 경기의 흐름과도 강한 연결성을 보여주는 재화이기 때문에, 너무 과열돼도 안되지만 너무 침체돼도 안된다. 떨어질 것 같으면 조금 풀어주고, 올라갈 것 같으면 조금 조여줘야 한다.

따라서 정부가 부동산 조세 정책을 어떻게 운영하는지만 살펴도 부동산 시장의 흐름을 어느 정도 예측할 수 있다.

오랜 불황을 끝내준 '4·1 양도소득세 특별 면제' 조치

2008년 리먼브라더스 사태◆가 터진 이후 우리나라 부동산 시장은 큰 침체기를 겪었다. 서울과 수도권의 집값은 리먼브라더스 사태 이후 급락했다. 매매가격뿐 아니라 전세가격까지도 쭉 떨어졌고, 상황이 회복되기까지는 꽤 긴 시간이 필요했다.

그 사이 부산과 대구를 비롯한 지방 시장은 반대로 상승세를 이어갔다. 그래서 엄밀히 말하면 '리먼브라더스 사태 이후 부동산 시장이 침체되었다'는 것도 완전히 맞는 이야기는 아니다. 그럼에도 대한민국 인구의 절반이 살고 있는 서울과 수도권 부동산이 엉망이다 보니 우려의 목소리가 커졌다. 정부도 귀를 기울일 수밖에 없었을 것이다. 그런데 이렇게 오랜 시간 침체되었던 부동산 시장에 반전이 찾아왔다.

> **리먼브라더스 사태**
>
> 2008년 9월 미국 투자은행인 리먼브라더스가 파산하면서 촉발된 전 세계금융위기를 말한다. '서브프라임모기지 사태'라고도 부르는데, 서브프라임모기지란 주택담보대출 중에서도 회수될 가능성이 낮은 비우량 채권을 말한다. 이 비우량 채권이 제대로 회수되지 못하면서 금융권이 연쇄 도산에 빠졌다.

그 계기는 조세 정책이었다. 2013년 발표된 이른바 '4·1 부동산 대책'의 주요 내용은 ▲신규 혹은 미분양 주택이나 1세대 1주택자가 보유한 주택을 구입할 경우 5년간 발생한 양도소득세 전액 면제 ▲부부 합산 연소득 6,000만 원 이하 가구가 그해 말까지 생애최초 주택구입 시 취득세 면제 등이었다.

가장 획기적인 조치는 지금까지는 신규 미분양주택에 대해서만 양도소득세를 감면해주는 것이었는데 4·1 부동산 대책에서는 1세대 1주택자의 주택을 매수해도 양도소득세 감면 혜택을 주었다는 것이다. 세법에 능통한 투자자들은 이때 주택을 매수하면서 다른 주택은 거들떠보지 않고 오로지 1세대 1주택자의 주택만 매수하기도 했다.

정부가 이처럼 파격적인 혜택을 내걸자, 웅크리고 있던 투자자들이 움직이기 시작했다. 그렇게 한두 번 거래가 터지자 망설이던 사람들이 하나둘 부동산 시장에 참여하기 시작했다. 덕분에 시장은 활기를 되찾았고, 이후 3~4년간 서울과 수도권의 부동산 시장은 오랜만에 호황을 맞았다.

그러나 호황을 누리던 주택 시장이 과열양상을 보이자 정부는 다시 조세 정책을 강화하기 시작했다. 2017년 8·2 부동산 대책을 통해 양도소득세 중과 제도가 시행되고, 이어 2018년 9·13 대책, 2019년 12·16 대책, 2020년 6·17 대책 등 잇단 규제책이 연이어 발표되었다.

2021년 무렵 글로벌 경기 악화로 주택시장이 급격히 위축되었다. 침체된 시장에 활력을 불어넣고자 정부가 꺼내 든 카드는 다주택자 양도소득세 중과의 한시적 유예였다. 구체적으로 2년 이상 보유한 주택을 2022년 5월 10일부터 2026년 5월 9일 사이에 양도할 경우, 조정대상지역 내 다주택자라 할지라도 중과세 적용을 배제하는 조치였다.

정부는 4년이라는 시간이 다주택자들에게 충분한 퇴로가 되었을 것이라 보고, 2026년 5월 9일을 끝으로 이 혜택을 종료할 방침이었다. 그러나 여기서 예상치 못한 변수가 발생했다. 2025년 10월 20일, 서울 전역과 경기 일부 지역이 토지거래허가구역으로 지정된 것이다. 매물을 내놓으려 해도 당국의 허가 없이는 거래 자체가 불가능해지자, 매도를 준비하던 이들 사이에서는 당혹감이 확산되었고, 정부 정책에 대한 신뢰도 크게 흔들리기 시작했다.

이러한 혼란 속에서 정부는 결국 중과 유예 기한 자체는 유지하되 실효성 있는 보완책을 마련하기에 이르렀다. 2026년 5월 9일까지 매매 계약을 체결하고 일정 요건을 충족할 경우, 예외적으로 중과세를 부과하지 않도록 「소득세법 시행령」을 개정한 것이다. 이는 정책의 일관성을 유지하면서도 시장의 퇴로를 확보해주기 위한 고육책으로 풀이된다.

부동산 시장과 조세 정책, 그 떨어질 수 없는 관계

이처럼 조세 정책은 부동산 시장을 좌우하는 중요한 기준이다. 역대 부동산 시장과 조세 정책의 연관성을 살펴봐도 그렇다. 정책이 발표된 후 시장이 어떻게 움직였는지 살펴보는 것도 의미가 있을 듯하다.

정부가 내걸었던 부동산 관련 정책은 그것이 부양책이든 억제책이든 대부분 세금과 관련된 것들이었다. 부동산 시장이 과열되는 것 같으면 양도소득세율을 올려 가격 상승을 저지했다. 반대로 부동산 시장이 침체되면 비과세 감면제도를 확대하여 경기를 부양하곤 했다. 실제로 세금 관련 정책이 다른 정책에 비해 효과도 가장 컸다. 그만큼 부동산 시장 참여자들은 조세 정책에 주목하고 있다는 뜻이기도 하다.

앞으로 부동산 가격이 떨어질지 아닐지에 대한 전문가 의견이 분분하다. 누구도 앞날을 정확히 예측할 수는 없으므로, 필자 역시 이에 대해 언급하기가 매우 조심스럽다. 다만 한 가지 분명한 사실은 최근 부동산 시장의 흐름이 과거와는 사뭇 다른 양상을 보인다는 점이다.

예전에는 '정부 정책이 시장 논리를 앞설 수는 없다'라는 인식이 지배적이었다. 하지만 요즘은 정부의 가격 안정화 대책이 시장의 흐름을 압도하고 있다는 분석이 나오고 있다. 특히 1세대 1주택으로 고가주택을 보유한 사람들을 대상으로 장기보유특별공제율 인하, 등록임대주택사업자를 대상으로 중과세 배제 축소 혹은 폐지가 거론되는 상황이다.

결국 앞으로의 부동산 시장은 정부가 세금을 어떻게 매기고 규제를 얼마나 하는지에 따라 좌우될 가능성이 더욱 커졌다. 이제 부동산 투자는 '좋은 입지'를 고르는 안목을 넘어 정부의 조세 정책이 어디로 향하는지, 그 방향을 읽어내는 능력이 무엇보다 중요한 시점이 되었다.

2장

이것만 알면
부동산 세금이
쉬워진다

첫 번째:
살 때부터 팔 때까지
한눈에 훑어보기

부동산은 매우 특별한 재화다. 분명히 사유재산이지만, 국토에 연결되어 있기 때문에 공공재의 특성을 가지고 있다. 다른 재화와 달리 부동산에 유난히 세금이 많이 붙는 이유도 이와 무관하지 않다.

부동산 세금이 어렵게 느껴지는 이유는 종류가 많기 때문이다. 부동산은 살 때는 물론 팔 때도 세금을 내고, 가지고 있을 때도 내고, 임대료를 받을 때도 낸다. 게다가 계산하는 방법도 복잡하다. 앞으로 하나씩 자세히 알아보겠지만, 그 전에 대략적인 세금의 종류를 훑어보자. **(그림8 참조)**

〉〉 살 때 내는 세금 : 취득세

부동산을 취득할 때는 취득세를 낸다. 과거에는 취득할 때 내는 취득세와 이를 등기부에 등록하는 등록세가 있었으나 현재는 취득세로 통합되었다.

본래 취득세는 부동산에만 붙는 것이 아니라 차량, 기계장비, 항공기, 선박, 입목, 광업권, 어업권, 골프 회원권, 승마 회원권, 콘도 회원권 등의 자산에도 붙는다. 말 그대로 취득할 때 내는 세금인데, 이때의 취득은 돈을 주고 사는 것만 의미하는 게 아니라 승계나 명의이전 등을 통해 소유권을 얻는 것 전체가 해당된다.

아파트 등 주택에 대한 취득세는 1주택의 경우 기본세율이 1~3%이고, 다주택자나 법인의 경우 지역 및 주택 수에 따라 최대 12%까지 적용된다. 자세한 내용은 뒤에서 다시 알아보도록 하자.

그림8 부동산 세금의 종류

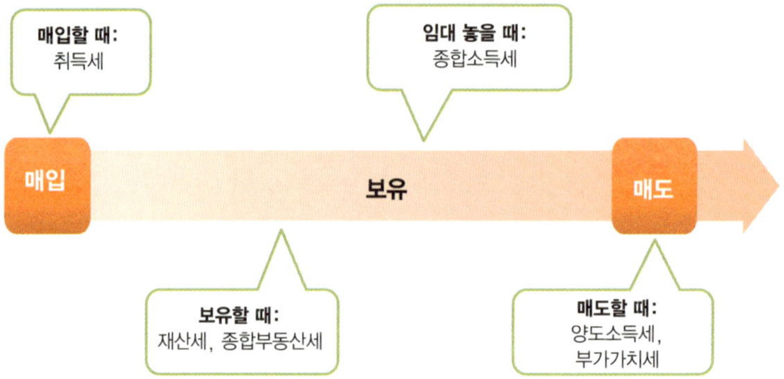

>> 가지고 있을 때 내는 세금 : 재산세, 종합부동산세

부동산을 비롯한 몇 가지 자산들은 보유하고 있는 것만으로도 세금을 낸다. 부동산의 대표적인 보유세는 재산세와 종합부동산세(종부세)다.

아파트 등 주택의 재산세는 과세표준에 따라 0.1~0.4%까지 부과된다. 종합부동산세는 과세표준에 따라 0.5~5.0%까지 부과된다. 종합부동산세는 공시가격 9억 원 초과(1세대 1주택은 12억 원 초과)의 비교적 고가주택을 소유했을 때 내는 세금이라서 '부자세'로 불리기도 한다.

>> 월세를 받을 때 내는 세금 : 종합소득세, 법인세

소득이 발생하면 세금을 낸다는 원칙에 따라 부동산 임대를 통해 얻는 소득에도 임대소득세를 매긴다. 그러나 엄밀히 말하면 임대소득세는 종합소득세(종소세)의 한 분야로, 근로소득이나 사업소득 등 다른 모든 소득을 임대소득과 합친 후에 계산된다.

종합소득세는 소득의 규모에 따라 최저 6%에서 최고 45%까지 누진세율의 상승폭이 큰 편이다. 따라서 한 사람에게 소득을 몰아주는 것보다 분산하는 것이 절세 효과가 크다. 개인이 종합소득세를 낸다면 법인은 법인세를 낸다.

>> 팔 때 내는 세금 : 양도소득세, 부가가치세

투자자들이 가장 신경 쓰는 세금이 바로 양도소득세(양도세)일 것이다. 부동산을 산 가격과 판 가격의 차이인 '양도차익'에 대해 매기는 세금이다. 양도차익에서 기타 비용을 공제한 과세표준에 따라 주택은 최소 6%에서 최대 45%까지 적용된다. 2021년 6월 1일 이후 양도분부터는 조정대상지역 내 2주택자의 경우 여기에 20%p를 더해 최저 26%에서 최대 65%까지, 3주택자 이상은 30%p를 더해 최저 36%에서 최고 75%까지 적용된다.

뿐만 아니라 주택은 양도 시 보유기간이 1년 미만일 경우 70%, 1년 이상 2년 미만일 경우 60%의 단일세율이 적용된다. 이때 조정대상지역 내 다주택자에 대한 중과세율(2주택자는 +20%p, 3주택자 이상은 +30%p)까지 적용되어야 하는 상황이라면, 두 가지 세율(단기 양도세율과 중과세율) 중 더 큰 세액이 적용된다.

이렇게 양도소득세에 대한 부담이 늘어나자 정부는 2022년 5월 31일 소득세법 시행령을 개정하여 조정대상지역 내 다주택자라도 2022년 5월 10일부터 2023년 5월 9일까지 1년간 중과하지 않기로 했다. 이후 여러 차례 시행령을 개정하며 다주택자 양도소득세 중과를 피할 수 있는 기간을 2026년 5월 9일까지 한시적으로 연장했다. 시장에서는 추가 연장을 기대하기도 했으나, 정부는 더 이상의 유예는 없다는 뜻을 분명히 밝혔다. 이에 따라 2026년 5월 10일부터 다주택자에게 양도소득세 중과세가 적용된다. 단, 보유기간이 2년 미만인 경우에는 중과배제가 되더라도 세율은 60% 또는 70%의 단기세율이 적용된다.

양도소득세는 조건에 따라 세율이 세분화되어 있고 공제받는 항목이 다양하다. 이것만 잘 알아도 절세 효과가 상당하다.

사업자의 경우는 부가가치세 대상에 해당하는 자산이나 용역을 공급하는 경우(85㎡ 초과 주택, 상가)에 10% 부가가치세를 내야 한다. 예를 들어 전용면적 85㎡를 초과하는 주택이나 상가의 공급은 부가가치세 대상이다. 부가가치세의 실질적인 부담은 재화를 공급받는 사람에게 있다. 사업자는 사는 사람에게 부가가치세를 받아 잠시 보관하고 있다가 다시 국가에 납부한다.

〉〉 명의를 넘길 때 내는 세금 : 증여세, 상속세

부동산 등의 자산을 무상으로 다른 이에게 넘겨줄 때는 증여세를 내고, 그것이 사망으로 인한 상속일 경우에는 상속세를 낸다. 증여세와 상속세는 세율이 10%에서 50%까지로 같다.

다만 공제받는 내용에서 차이가 나는데 일반적으로 상속의 공제금액이 증여의 공제금액보다 크다. 상속은 일생에 한 번만 가능한데 반해 증여는 여러 번 가능하다.

두 번째:
주택 투자 시 주의사항

우리나라 부동산 세법은 주택을 상가나 토지 같은 다른 자산과는 다르게 취급한다. 이는 주택이 투자 대상이기 이전에 국민이 살아가는 데 없어서는 안 될 생활 기반이기 때문이다. 대한민국 「헌법」 제14조에는 다음과 같은 내용이 있다.

"모든 국민은 거주 · 이전의 자유를 가진다."

이 조항은 국가에게 국민의 안정적이고 쾌적한 주거생활을 보장해야 할 책임이 있다는 것을 의미한다. 하지만 국토는 좁고 부동산 자원은 한정되어 있다 보니, 특정 지역의 주택 가격이 급등하는 현상이 반복되어 왔다. 이에 우리나라는 다른 나라에 비해 주택 정책과 세금 문제에 국가가 더욱 적극적으로 개입하는 특성을 가지게 되었다.

가장 대표적인 사례는 '다주택자 양도소득세 중과세' 제도다. 2017년 이후 주택 가격이 가파른 상승 곡선을 그리자, 정부는 시장 과열을 억제하기 위해 2018년부터 조정대상지역 내 다주택자를 대상으로 양도소득세를 중과하는 강력한 규제를 시행했다. 그러나 이후 경기 위축과 함께 부동산 시장이 침체 국면에 접어들자, 정부는 거래 활성화를 위해 2022년 5월 10일부터 한시적으로 중과세 적용을 유예하는 조치를 단행했다. 하지만 이 같은 구제책 역시 2026년 5월 9일을 기점으로 그 효력이 종료될 예정이다. 결국 2026년 5월 10일부터는 조정대상지역 내 다주택자가 주택을 매도할 경우, 유예 기간 이전과 마찬가지로 무거운 중과세율이 다시 적용된다.

반면 1세대 1주택자에게는 여전히 혜택이 유지되고 있다. 2년 이상 보유 및 거주 요건만 충족하면 비과세가 적용되며, 일시적 2주택이 된 경우에도 일정 조건만 갖추면 비과세를 적용받을 수 있는 다양한 특례가 마련되어 있다.

취득세도 반드시 고려해야 한다. 과거에는 주택 취득세율이 1~3% 수준이라 4%의 단일세율이 적용되는 오피스텔보다 훨씬 유리했다. 하지만 이제는 상황이 달라졌다. 다주택자가 집을 추가로 취득할 때도 중과세율이 적용되면서 이제는 단순히 세율 비교만으로 투자 대상을 판단하기 어려워졌다.

표1 지역에 따른 주택 수별 취득세율

구분	조정대상지역	비조정대상지역
1주택	주택가격에 따라 1~3%	주택가격에 따라 1~3%
2주택	8%(일시적 2주택 일반세율)	주택가격에 따라 1~3%
3주택	12%	8%
4주택 이상	12%	12%

무주택자가 생애 최초로 첫 주택을 살 때는 여전히 낮은 1~3%의 기본 세율이 적용되지만, 이미 1주택 이상을 보유한 사람이 추가로 주택을 취득할 때는 조정대상지역인지, 보유 주택 수는 몇 채인지에 따라 세금이 결정된다.

다만 수도권 시가표준액 1억 원 이하(지방 2억 원 이하)의 저가 주택은 조정대상지역 내에 있더라도 정비구역이 아니라면 예외적으로 일반세율을 적용받기도 하므로 투자 전에 정확한 확인이 필요하다.

표2 현행 조정대상지역 지정 현황

조정대상지역 (2025. 10. 16 추가 지정)	(서울) 25개 구 전역 (경기) 12개 지역 과천시, 광명시, 수원시 영통구·장안구·팔달구, 성남시 분당구·수정구·중원구, 안양시 동안구, 용인시 수지구, 의왕시, 하남시

세 번째:
열거주의와 포괄주의

조세회피라는 말을 들어봤을 것이다. 법적으로 문제가 없는 방법을 이용해서 말 그대로 세금을 회피하는 방법이다. 조세회피는 아무리 법적으로 문제가 없다 해도 내야 할 세금을 안 내는 것이니 사회적·도덕적 비난을 피하기는 어렵다.

전환사채

CB(Convertible Bond)라고도 한다. 회사채, 즉 회사가 발행하는 기업채권의 일종이지만, 일정 기간이 지나면 주식으로 바뀌는 특징이 있다. 전환사채를 보유한 사람은 처음에는 이 회사에 대한 채권자이지만, 주식으로 전환된 후에는 주주로서 경영상 발언권을 가지게 된다.

정해놓은 부분만 과세하는 '열거주의'

뉴스에 자주 등장하는 일부 대기업 총수들의 편법증여 및 상속이 대표적인 예다. 이들은 계열사 간에 복잡한 순환출자 구조를 만들어 놓고, 가장 꼭대기에 위치한 지주회사의 전환사채◆를 그룹 후계자에게 몰아주곤 한다.

모 기업은 60억 원어치의 전환사채를 그룹 후계자에게 몰아주면서 세금을 15억 원 냈다. 무려 25%를 세금으로 냈는데 그게 왜 잘못이냐고 할 수도 있다. 하지만 이 전환사채가 주식으로 전환되어 상장되면서 무려 5조 원의 가치가 되었다는 걸 감안하면 이야기가 달라진다. 실질적으로는 5조 원의 재산을 물려받으면서 15억 원, 즉 0.03%의 세금만 낸 셈이다. 법적 처벌 대상은 아니지만 사회적 지탄을 피할 수는 없다.

대기업들의 이러한 조세회피 행위가 법적으로 문제가 되지 않을 수 있는 이유는 소득세가 열거주의(positive system)를 따르기 때문이다. 열거주의란 여러 가지 사항을 열거해 놓고 그에 해당하는 것에만 세금을 물리는 방식이다. 세금을 물리는 분야를 정해서 열거해 놓았다는 의미다.

앞서 언급한 전환사채의 경우는 당시 세법에 표시되어 있지 않았기 때문에 세금의 대상이 아니었다. 따라서 전환사채를 통한 상장으로 막대한 수익을 올렸더라도 법적으로 문제가 되지 않았다. 하지만 이 전환사채를 계기로 증여세는 포괄주의의 적용을 받게 되었다.

정해놓은 부분만 예외로 치는 '포괄주의'

법인세는 포괄주의(negative system)를 따른다. 포괄주의란 열거주의와 반대로 여러 가지 사항을 열거하고, 여기에 해당하는 것만 예외로 두고 나머지는 모두 세금을 물리는 방식이다. 적혀있는 예외조항 외에는 모두 적용하므로 열거주의에 비해 엄격하다.

만약 어떤 법인의 재산이 1월 1일에 1억 원이었는데, 그해 12월 31일 현재 10억 원을 기록하고 있다면 법인의 재산은 9억 원이 증가한 것이다. 법인세는 이 증가한 9억 원에 대해서 부과된다. 그 증가된 9억 원이 길에서 주운 것이든 남의 돈을 빌려온 것이든 상관하지 않는다.

과거 관심을 끌어모았던 NPL*(부실채권) 투자도 마찬가지다. 개인이라면 양도차익에 대해 현재 비과세이지만, 법인이라면 포괄주의에 의거 비과세가 되지 않고 양도차익에 대해 과세하게 된다.

> **NPL**
> **(Non Performing Loan)**
> 보통 '부실채권'이라고 불린다. 채권기관에서 빌려준 돈의 원금이나 이자 상환이 연체된 경우 부실채권으로 분류된다. 금융회사는 부실채권을 유동화전문회사나 저축은행 등 제2금융권에 저렴하게 매각한다.

세금
돋보기

제척기간과 소멸시효

만약 세금을 내지 않고 버틴다면 과연 언제까지 버텨야 할까? 살인죄에도 공소시효가 있으니, 세금도 그런 것이 있지 않을까? 맞다. 제척기간 또는 소멸시효가 그것이다.

만약 세금을 내지 않은 채 제척기간이나 소멸시효가 지났는데 세무당국이 조치를 취하지 않고 넘어갔다면, 비록 뒤늦게 세무당국이 '지금이라도 세금을 납부하라'라고 독촉한다 해도 낼 필요가 없다.

제척기간과 소멸시효의 차이는 연장이 되느냐 안 되느냐에 있다. 제척기간은 연장이 되지 않는다. 중간에 변동사항이 있든 없든 상관없이 정해진 시점에 기간이 완료되는 것이다. 반면 소멸시효는 부과하는 주체가 일정한 움직임(내용증명 발송, 가압류 등)을 취하면 기간이 연장된다.

예를 들면 양도소득세는 제척기간이 적용되는 세금으로 기본적으로는 5년, 무신고인 경우 7년을 적용한다. 허위로 신고했다면 징벌적 세금까지 포함해서 10년이 적용된다. 세법상 소멸시효는 5억 원 이상 국세는 10년, 그 외의 경우는 5년이다.

만약 어떤 사람이 2020년 1월 1일에 집을 매도했는데 양도소득세를 적게 내려고 다운계약서를 썼다고 하자. 양도소득세의 확정신고일은 2021년 5월 말까지이고 과세기산일은 2021년 6월 1일이다.

제척기간은 이때부터 10년간 적용된다. 따라서 이 사람은 2031년 6월 1일까지 다운계약서 쓴 사실을 들킬까봐 발을 못 뻗고 잘 수밖에 없다. 물론 10년이 지나면 그 세금을 안 내도 된다. 하지만 만약 그 전에 들키면 징벌적 가산세까지 붙어서 어마어마한 세금을 물어야 할 것이다. 참고로 상속세의 제척기간은 10년이며, 무신고 또는 허위로 신고하면 15년이다.

이번에는 소멸시효를 살펴보자. 비록 세금은 아니지만, 아파트 관리비의 경우는 법적으로 3년의 소멸시효가 적용된다. 아파트 관리비를 안 내고 3년만 버티면 그 관리비는 결국 안 내도 되는 것으로 남는다.

단 소멸시효는 중간에 변동사항이 있으면 기간이 연장되므로, 관리소장이 중간에 조치를 취한다면 다시 소멸시효가 연장된다. 만약 2년 11개월 동안 관리비를 안 내고 있었는데 마지막 달에 관리소장이 그 집에 대해 압류나 가압류를 걸거나, 이에 대한 내용증명을 보내면 소멸시효는 다시 연장된다.

네 번째:
실질과세의 원칙과 근거과세의 원칙

세무당국이 세금을 부과할 때는 몇 가지 원칙이 있다. 그중에서 반드시 알아둬야 할 원칙은 크게 두 가지다. 첫 번째는 '실질과세의 원칙'이고, 두 번째는 '근거과세의 원칙'이다. 이 두 원칙은 부동산뿐 아니라 모든 분야에서 세금을 매기는 큰 원칙이므로 알아두면 큰 도움이 된다.

서류보다 실질적 상황을 우선하는 '실질과세의 원칙'

실질과세의 원칙이란 쉽게 말하면 법적인 서류가 어찌 되었든 실제로 사용된 용도에 준하여, 그리고 실제 수익을 본 사람을 대상으로 과세를 한다는 뜻이다.

예를 들어 오피스텔은 사무용 시설이지만 주거용으로도 쓸 수 있다. 이 오피스텔이 실제로 어떻게 사용되었느냐에 따라 부과되는 세율이 달라질 수 있다. 만약 1세대 1주택자인 H씨가 오피스텔을 매입해서 세를 놓았다고 하자. 이때 이 오피스텔을 사무실 등 사무용 공간으로 임대를 놓았다면 H씨는 여전히 1세대 1주택자이고, 그에 따른 세금혜택을 받을 수 있다. 반면 주거용으로 세를 놓았다면 세무당국은 이 사람을 1세대 2주택자로 본다. 당연히 비과세 혜택을 받을 수 없다.

지목에 따른 취득세의 경우도 마찬가지다. 농지의 취득세(농어촌특별세와 지방교육세 포함)는 1.6~3.4%지만, 일반 대지는 4.6%이다. 이를 노리고 서류상 지목은 '농지'로 되어 있지만 실제로는 농사를 짓지 않고 일반 대지로 사용하고 있는 경우가 있다. 이 땅을 매입했다면 서류상 지목이 '농지'라고 할지라도 취득세는 4.6%를 납부해야 한다.

이처럼 세금은 서류에 어떻게 되어 있든지 실제로 쓰이는 용도에 따라, 그리고 실제로 수익을 얻는 사람에게 부과하는 것이 원칙이다.

근거가 없으면 세금을 매기지 않는 '근거과세의 원칙'

두 번째는 '근거과세의 원칙'이다. 세무당국이 과세를 하려면 근거를 제시해야 한다는 것이다.

L씨는 70채의 집을 가지고 있는데 임대소득세를 신고하지 않았다. 세무당국이 L씨를 찾아가 집이 70채나 있으면서 왜 세금을 내지 않느냐고 물으니 L씨는 70채 모두 전세를 놓았다고 한다. 2026년까지는 전용면적 40㎡ 이하이면서 기준시가 2억 원 이하인 주택은 소형주택이라 하여 전세

보증금 과세대상에서 아예 제외되어 소득세 과세 대상이 아니다.

만약 세무당국에서 L씨에게 임대소득세를 매기려면 실제로 L씨가 임대를 통해 수익을 얻고 있다는 근거를 제시해야 한다. L씨의 임차인을 모두 찾아가 정말 전세를 놓았는지 임대차계약서나 통장으로 입금되는 월세 기록 등을 찾아서 그 근거를 가지고 과세를 해야 한다.

과거에는 월세를 놓았으면서도 세무당국에는 전세라고 말해서 소득세를 내지 않는 사례가 종종 있었다. 그러나 최근에는 세입자가 주민센터에 전입하면서 확정일자를 받게 되면 임대차계약서 내용이 모두 전산화되어 저장되기 때문에 그것이 거의 불가능해졌다. 이처럼 정부가 임대차계약서를 전산화하고 월세에 대한 소득공제 혜택을 점차 확대하는 이유 역시 세금을 과세하기 위한 '근거'를 마련하려는 것과 무관하지 않다.

다섯 번째:
감면과 비과세의 차이

세무당국은 특정한 정책적 목적을 달성하기 위해 세금을 깎아주는 경우도 있고, 아예 매기지 않는 경우도 있다. 깎아주는 것을 세액 감면이라 하고, 아예 매기지 않는 것을 비과세라 한다. 사람들은 감면과 비과세를 혼동하는 경우가 많다. 특히나 감면이 100%일 경우는 비과세와 다를 바 없다고 생각하게 된다. 하지만 둘 사이에는 분명한 차이가 존재한다.

감면은 과세표준에 포함시켜서 계산을 했다가 깎아주는 것이고, 비과세는 처음부터 계산에 포함하지 않는 것이다. 대부분은 두 가지 모두 결과가 비슷하지만, 간혹 그렇지 않기 때문에 낭패를 보는 경우가 생긴다.

양도소득세 감면이냐 비과세냐, 작지만 큰 차이

설명을 돕기 위해 실제 사례를 들어보자. 2013년 정부는 4·1 부동산 대책을 발표했는데, 가장 중요한 부분이 바로 양도소득세 100% 감면 혜택이었다. 2013년 4월 1일부터 12월 31일까지 미분양주택이나 1세대 1주택자의 집을 매입하면 5년 이내에 양도 시 발생하는 양도소득세를 100% 감면해 준다는 정책이었다.

앞서가는 투자자들은 이 기회를 놓치지 않았다. 그중에는 1주택자의 집만 골라서 사들이거나 낙찰받는 사람들이 있었다. 그리고는 몇 개월 후에 시세대로 파는 이른바 '단타 투자'를 했다. 원래대로라면 주택 보유기간이 1년 미만일 경우 양도차익의 40%(4·1 부동산 대책 당시 보유 기간 1년 미만에 적용되는 세율은 40%였으나, 2021년 6월 1일 이후에는 70%)를 세금으로 내야 하지만 4·1 부동산 대책이 적용된 기간에는 경매로 매수한 주택도 모두 양도세 감면 대상이 되기 때문에 가능한 일이었다.

필자는 이 기간에 재미를 톡톡히 본 사람들을 많이 알고 있다. 예를 들어 1억 원에 낙찰받은 집을 서너 달 후 1억 3,000만 원에 팔면 양도차익이 3,000만 원이다. 원래대로라면 양도소득세 산출세액이 무려 1,200만 원일 테지만, 이 정책 덕분에 1,200만 원을 모두 감면받았다. 물론 양도소득세는 100% 감면되지만, 감면된 양도소득세의 20%에 해당하는 금액을 농어촌특별세로 납부해야 한다. 그럼에도 불구하고 1,000만 원 가까이 절세했으므로 엄청난 이득이다.

이때 공격적으로 투자에 나선 사람 중에는 이른바 '부산 아지매'형 투자자들이 많았다. 이분들은 리먼브라더스 사태 이후 급락한 부산 시장에서 싸게 매물을 거둬들였다가 이후 몇 년간의 급등 시장에서 큰 이익을 본 경험이 있다. 그때의 경험을 바탕으로 서울과 수도권의 침체 역시 조만간

끝날 것을 예감하고 과감한 투자를 한 것이다. 실제로 2014년과 2015년 서울과 수도권 집값이 급등하자 이분들은 그때 사들였던 물건을 매도해 엄청난 수익을 올렸다. 물론 2013년에 매입한 1세대 1주택자의 주택 양도소득세도 모두 감면됐다.

감면 대상 주택은 주택 수에 포함되지 않는다

감면 제도를 항상 따라다니는 보너스 조항이 있다. 감면 대상 주택을 사게 되면 이 주택은 양도소득세 비과세 주택 수를 판정할 때 전체 보유 주택 수에서 제외된다는 점이다(비과세 주택 수 판정에는 제외되지만 중과 주택 수 판정에는 포함된다). 만약 주택을 100채 가지고 있는데 이것이 모두 감면 대상 주택이고, 여기에 별도로 주택이 하나 더 있다고 치면, 그 별도의 주택 하나를 2년만 보유해도 1세대 1주택으로 인정받을 수 있어 비과세가 되는 것이다.

집이 두 채인 상황에서 그중 하나를 팔 때는 혹시 감면 대상 주택이 있는지 꼭 확인해보기 바란다. 둘 중 하나가 감면 대상 주택이라면 그 집에 대한 양도소득세 감면 혜택은 물론이고, 다른 집 역시 2년 이상 보유했다면 1세대 1주택으로 비과세를 받을 수 있을 것이다.

참고로 2008년 이후부터 시·군·구청에서는 감면 대상 주택의 경우 계약서에 '감면대상기존주택임을 확인하는 날인'을 찍어주고 있으니, 계약서에 그림과 같은 날인이 있는지 확인해보기 바란다.**(그림9 참조)**

지금도 당시의 혜택을 업고 「조세특례제한법」상 감면이 적용되는 주택을 보유하고 있는 투자자들이 적지 않다. 이 특례주택들은 언제 팔더라도 양도소득세 중과가 적용되지 않는다. 게다가 취득일로부터 5년 동안 발생한 양도차익에 대해서는 100% 감면된다.

하지만 진짜 알짜 혜택은 따로 있다. 주택 수를 계산할 때 해당 주택은 아예 없는 것으로 쳐준다. 따라서 특례주택 외에 다른 일반주택을 거래할 때 1세대 1주택 비과세 혜택을 그대로 누릴 수 있다. 즉, 특례주택은 중과배제와 감면, 주택 수 제외라는 세 가지 혜택을 동시에 적용받는 셈이다.

그림9 감면대상기존주택임을 확인하는 날인

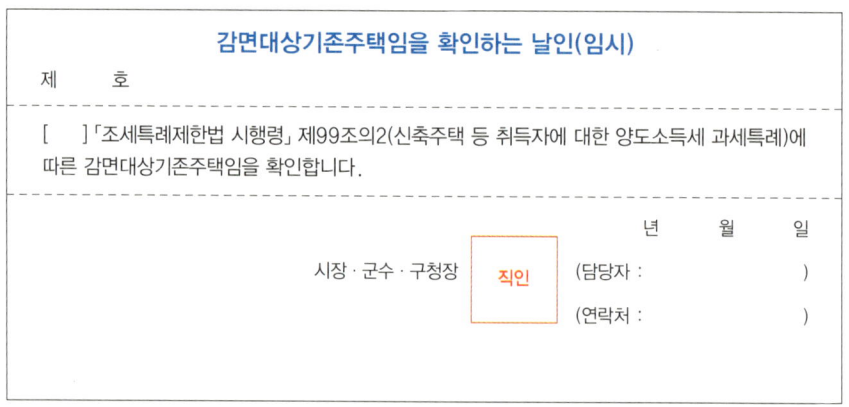

[참고] 감면 확인 날인은 언제까지 받아야 하는가?

조세특례제한법 제 99조의2 감면주택은 2013년 4월 1일부터 2013년 12월 31일 사이에 최초로 매매계약을 체결해야 하고 확인 날인도 이 기간 내에 받아야 하지만, 예외적으로 2014년 3월 31일까지 확인 날인을 받는 경우 감면주택으로 인정받을 수 있다.

　납세자 중에서 확인 날인을 받았다고 감면대상주택으로 착각하는 경우가 있는데, 계약서에 확인 날인 받은 시기가 이 기간을 벗어나는 경우 과세관청에서 인정해주지 않으므로 주의해야 한다.

세상에서 제일 좋은 절세법 '비과세'

세상에서 가장 좋은 절세법은 바로 비과세다. 비과세는 정부가 과세권을 포기한 것으로, 비과세 대상인 납세자는 세금을 한 푼도 내지 않을 뿐 아니라 신고조차 할 필요가 없다.

현재 비과세가 적용되는 분야는 다양하지만, 부동산 투자자들이 가장 눈여겨봐야 할 것은 바로 1세대 1주택자의 양도소득에 대한 비과세다. 흔히 1세대 1주택자가 2년간 보유한 주택을 팔면 무조건 비과세라고 알고 있지만, 그렇게 간단히 생각하다가는 비과세 혜택은커녕 세금폭탄을 맞을 수도 있다. 그러니 다음 사항을 제대로 숙지하고, 반드시 세무전문가의 조언을 받아보기 바란다.

체크해야 할 사항은 총 아홉 가지다. 여기에서 한 가지만 누락되어도 비과세가 되지 않는다.

그림10 과세별 세액 부담의 정도

❶ 거주자인

❷ 1세대가

❸ 양도일 현재

❹ 국내에

❺ 1주택을

❻ 2년 이상 보유했을 때(조정대상지역일 경우 2년 이상 거주요건도 포함)

❼ 부수토지와 함께

❽ 양도하여

❾ 발생하는 소득에 대해

이 아홉 가지 조건에 맞지 않아도 비과세로 인정해주는 예외 조항도 있다. 예를 들면 공익사업법에 의해 수용되는 부동산의 경우는 2년을 보유하지 않았더라도 비과세 혜택을 받을 수 있다. 이런 예외적인 경우의 수가 30여 개가 넘으니, 1세대 1주택이기 때문에 무조건 비과세라고 생각하거나 반대로 1세대 1주택이 아니기 때문에 무조건 과세라고 판단하지 말고, 반드시 전문가와 상의해 보기 바란다.

절세만 잘해도
충분한 수익을
거둘 수 있다

앞서 투자자가 부동산 세금을 공부해야 하는 이유에 대해 세금은 반드시 낼 수밖에 없는 것이므로 미리 대비해야 한다고 이야기했다. 그러나 필자는 다른 방향에서 접근해보고 싶다. 세금을 공부해야 하는 이유는 최종수익률을 높이기 위함이다.

흔히 수익률은 투입한 실투자금 대비 얻게 된 수익만으로 계산하곤 한다. 신중한 투자자들은 여기에 중개사 수수료와 법무비, 취득세까지 포함시키기도 한다. 하지만 필자는 취득세뿐 아니라 양도소득세, 종합소득세, 재산세 등 이후의 세금까지 고려해야 한다고 생각한다. 어차피 우리가 손에 쥘 수 있는 수익이란 세금을 내고 난 '세후수익'이기 때문이다. 예를 들어 7,000만 원을 대출(금리 3.0%)받아 1억 원짜리 집을 사서 보증금 2,000만 원에 월세 30만 원으로 세를 놓았다가 1억 2,000만 원에 팔았다고 하자. 초보자를 위한 부동산 투자 책에서는 이 부동산의 수익률을 계산할 때 흔히 이런 공식을 적용할 것이다.

실투자금 = 매입금액 1억 원 − (대출금 7,000만 원 + 보증금 2,000만 원) = **1,000만 원**

월세 순수익 = (월세 30만 원 × 12개월) − (대출금 7,000만 원 × 대출금리 연 3.0%) = **150만 원**

매매 수익 = 매도가 1억 2,000만 원 − 매입가 1억 원 = **2,000만 원**

임대수익률 = (월세 순수익 150만 원 / 실투자금 1,000만 원) × 100 = **15%**

매매수익률 = (매매수익 2,000만 원 / 실투자금 1,000만 원) × 100 = **200%**

이 방식이면 부동산의 연 임대수익률은 15%, 매매수익률은 200%이므로 나쁘지 않다. 그러나 실제로는 매입·매도·월세에 대한 중개수수료는 물론 등기비용, 법무비, 도배·장판 등의 수리비용으로 약 250만 원 정도가 더 필요할 것이다.

그뿐만 아니라 살 때 내는 취득세, 보유할 때 내는 재산세, 팔 때 내는 양도소득세, 월세 임대수익에 대한 종합소득세 등도 생각해야 한다. 각 세금에 대한 구체적 계산법은 이제부터 차차 배우겠지만, 여기에서는 편의상 모든 세금을 합해서 약 300만 원이라고 치자.

이처럼 각종 비용과 세금을 합쳤을 때 이 부동산에는 약 550만 원의 돈이 더 들어간다. 이 비용을 포함해서 다시 수익률을 산출하면 다음과 같다.

실투자금 = 매입금액 1억 원 − (대출금 7,000만 원 + 보증금 2,000만 원)

　　　　　 + 각종 비용 및 세금 550만 원 = **1,550만 원**

월세 순수익 = (월세 30만 원 × 12개월) − (대출금 7,000만 원 × 대출금리 연 3.0%)

　　　　　 = **150만 원**

매매 수익 = 매도가 1억 2,000만 원 − 매입가 1억 원 − 각종 비용 및 세금 550만원

　　　　　 = **1,450만 원**

임대수익률 = (월세 순수익 150만 원 / 실투자금 1,550만 원) × 100 = **9.7%**

매매수익률 = (매매수익 1,450만 원 / 실투자금 1,550만 원) × 100 = **94%**

이처럼 세금과 비용을 포함해서 수익률을 계산하면 처음보다 훨씬 낮은 수익률이 나온다. 과연 둘 중에 어떤 것이 우리가 실제로 벌어들이는 수익과 더 비슷한가? 속은 쓰리겠지만, 현명한 투자자라면 후자의 수익률을 받아들여야 한다. **(그림11 참조)**

이처럼 세금은 투자자의 최종수익률을 결정하는 중요한 요소다. 세금이 100만 원만 줄어들어도 당장 내 손에 남는 돈이 100만 원 늘어난다.

게다가 우리나라 부동산 세금 중 많은 부분이 누진세율 제도를 적용하고 있다. 금액이 올라가면 세율도 올라간다. 부동산 가격이 두 배가 되면 내야 할 세금도 두 배가 되는 게 아

니라 세 배가 될 수도, 다섯 배가 될 수도 있다는 뜻이다. 뒤집어 말하면, 부동산 규모가 커질수록 절세할 수 있는 금액도 커진다는 뜻이다.

세금의 종류와 적용 방식은 무척 다양하지만 기본 구조는 단순하다. 모든 세금은 '해당 과세표준(과표) × 해당 세율'이라는 공식으로 구해진다. 따라서 절세의 핵심 역시 단순하다. 과세표준을 줄이거나, 해당 세율을 낮추면 된다. 우리가 앞으로 배울 것들은 무척 다양하고 복잡해 보이지만, 알고 보면 모두가 이 두 가지 중 하나에 속한다.

내야 할 세금을 내지 않거나, 일부러 누락하는 탈세 행위가 아닌 적법한 방식으로 현명하게 절세하는 전략이 필요하다. 제때 신고해서 가산세를 내지 않는 것, 필요경비를 꼼꼼하게 챙겨서 공제를 많이 받는 것은 기본이다. 이제부터는 세금의 종류별로 어떻게 세금을 아낄 수 있을지 구체적으로 알아보도록 하자.

그림11 부동산 투자의 수익률 구조

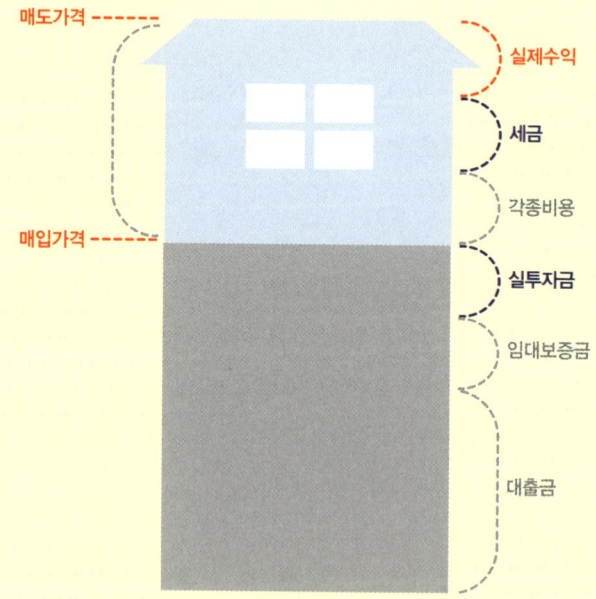

3장

취득 및 보유 시
필요한 세금
제대로 알기

부동산별
취득세 산정 요령

매매, 교환, 상속, 증여, 기부, 건축, 법인에 대한 현물출자 등 어떤 방식으로든 자산을 얻게 되면 그에 해당하는 취득세를 내야 한다. 이는 부동산에만 해당되지 않고 차량, 기계장비, 항공기, 입목, 광업권, 어업권, 심지어 골프장 회원권 등도 포함된다.

과거에는 취득세와 등록세가 따로 있었으나 이제는 취득세 하나로 통합되었다. 취득세는 지방세로 물건이 소재하는 지역의 지방자치단체가 걷어간다.

취득세는 공부상 등기·등록이 어떻게 되어 있느냐와 상관없이 사실상 물건을 취득한 사람에게 부과된다. 물건을 사고 등기·등록을 하지 않았더라도 잔금을 치르고 계약을 완료했다면 사실상 취득한 것으로 본다.

부동산 취득세는 부동산을 취득한 날로부터 60일 이내에 신고·납부해야 한다. 그렇지 않으면 무신고가산세 20%뿐만 아니라 납부지연가산세◆

를 매일 0.022%씩(연간 약 8%) 추가로 부담해야 한다.

취득세는 지방세이기 때문에 부동산이 소재한 지역의 시·군·구청에 신고해야 한다. 대부분은 부동산 계약을 하고 잔금을 치른 후, 법무사를 통해 소유권이전등기를 하면서 한 번에 맡긴다. 부동산을 거래한 공인중개사 사무실에서 소개해 준 법무사 또는 직접 섭외한 법무사에게 법무비용과 취득세를 함께 입금하면, 법무사가 등기업무를 진행하면서 대신 납부해준다. 최근에는 법무사에게 맡기지 않고 직접

> **납부지연가산세**
> 납부해야 할 세금을 납부하지 않거나 적게 납부한 경우, 징벌적 의미로 부과하는 가산세를 말한다. 가산세율은 세금의 종류에 따라 다르다.

등기를 이전하는 '셀프등기'를 하는 투자자들도 많은데, 챙겨야 할 것들이 많은 만큼 꼼꼼히 확인하는 것이 중요하다.

2020년 7.10 부동산 대책으로 대폭 강화된 주택 취득세

과거에는 주택의 취득세율도 토지나 상가와 같은 4%였다. 그런데 2008년 리먼브라더스 사태가 터진 후 주택 시장 침체가 장기화되다 보니 2014년부터는 경기 활성화를 위해 주택에 한해 취득세율을 낮춰서 적용하게 되었다. 처음에는 개인별로 6억 원까지는 1%, 6억 원 초과 9억 원 이하까지는 2%, 9억 원을 초과할 경우에는 3%의 세율을 적용했다.

하지만 이 세율은 계단형 구조이기 때문에 조세 형평성에 어긋난다는 지적이 계속됐다. 6억 원과 9억 원에서 취득가액이 조금만 상승해도 상위 구간의 세율이 적용돼 취득세액이 크게 증가했고, 이 때문에 거래가격을

실제보다 낮게 신고하는 경우나 아파트 분양 시 계약 금액을 기준액 이하로 낮추기 위해 필요한 옵션을 선택하지 못하는 경우도 생겨났다.

시간이 흘러 주택시장이 다시 과열되기 시작하자 정부는 2020년 1월 1일부터 주택 취득세율을 일부 인상했다. 개인별 과세에서 세대별 과세로 개정하고, 3주택까지는 종전과 같이 1~3%, 4주택부터는 4%의 취득세율을 적용했다. 다만 경과규정으로 2019년 12월 31일까지 계약한 주택 분양권에 대해서는 2022년 12월 31일까지 잔금을 지급하는 경우 종전대로 1~3%의 세율을 적용해주었다.

6억 원 초과 9억 원 이하 주택의 취득세율도 개정됐다. 개정 전에는 해당 구간의 취득세율이 일률적으로 2%였지만, 2020년 1월 1일부터는 취득금액에 따라 1.01%에서 2.99%까지 세분화되었다.

그림12 주택 취득세율 변경 전과 후

변경 전

변경 후

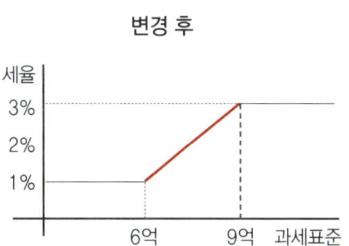

개정 전에는 취득가액이 6억 원에서 단 1원만 초과되어도 취득세율이 1%에서 2%로 두 배가 되고, 9억 원에서 1원만 초과되어도 취득세율

이 2%에서 3%로 껑충 뛰었다. 9억 원의 2%는 1,800만 원이지만, 3%는 2,700만 원이다. 1원 차이로 취득세는 무려 900만 원의 차이가 날 수도 있었기 때문에 많은 사람들이 다운계약서의 유혹을 떨치기가 쉽지 않았을 것이다.

개정 이후에는 6억 원 초과 7억 5천만 원 미만 구간일 경우 취득세율이 1.01~1.99%로 낮아지는 반면, 7억 5천만 원 초과 9억 원 이하 구간의 취득세율은 2.01~2.99%로 높아졌다.

표3 정책에 따른 취득세율 변화

구분	기간	취득시기		
		2014년~2019년	2020년 1월 1일~ 2020년 8월 11일	2020년 8월 12일 이후
개인	과세단위	인별	세대별	세대별·지역별
	세율	1~3%	① 3주택까지 1~3% ② 4주택부터 4%	1~3%에서 12%
법인	세율	1~3%	1~3%	12%

취득세율 계산 공식은 {(취득가액/1억 원 × 2/3 - 3) × 1/100}이며, 소수점 다섯째 자리에서 반올림하여 소수점 넷째 자리까지 계산한다.

예를 들어 취득가액이 6억 1천만 원이면 세율은 1.07%이고{(6억 1천만 원/1억 원 × 2/3 - 3) × 1/100}, 취득가액이 7억 5천만 원이면 2%이며 {(7억 5천만 원/1억 원 × 2/3 - 3)× 1/100}, 취득가액이 8억 9천만 원이면 2.93%이다{(8.9억 원/1억 원 × 2/3 - 3)× 1/100}.

이 같은 정책적 노력에도 불구하고 주택시장 과열이 지속되자 정부는

2020년 7월 10일 다시 한번 부동산 대책을 발표했고, 이로 인해 취득세율이 대폭 인상되었다. 2020년 8월 12일부터 취득하는 주택의 취득세는 세대별 주택 수를 합산하여 부과되며, 추가로 취득하는 주택이 조정대상지역인지 여부에 따라 기본세율 1~3%에서 많게는 무려 12%까지 인상되었다.

무주택세대가 주택을 새로 취득하는 경우의 취득세율은 종전대로 취득가액에 따라 1~3%가 적용된다. 1주택을 보유한 세대가 주택을 추가로 취득할 경우 신규주택이 비조정대상지역에 소재하면 1~3%, 조정대상지역에 소재하면 8%의 취득세율이 적용된다. 2주택을 보유한 세대가 주택을 추가로 취득할 경우 신규주택이 비조정대상지역에 소재하면 8%, 조정대상지역에 소재하면 12%의 취득세율이 적용된다. 3주택을 보유한 세대가 주택을 추가로 취득하는 경우에는 조정대상지역과 비조정대상지역에 상관없이 12%의 취득세율이 적용된다. 법인이 주택을 취득하는 경우는 주택 수에 관계없이 무조건 12%의 취득세율이 적용된다.

다만 경과규정으로 2020년 7월 10일 이전에 주택 매매계약(주택 분양권 계약도 포함)을 체결하고 계약금을 지급한 사실이 확인되면 잔금을 2020년 8월 12일 이후에 치렀더라도 종전 세율(세대별 3주택 이하 1~3%, 4주택 이상 4%)을 적용한다. 또한 조정대상지역 지정 고시 이전에 계약을 체결한 경우에는 지정 전에 주택을 취득한 것으로 보고 강화된 규정을 적용하지 않는다.

표4 2020년 8월 12일 이후 취득세율표

구분		조정대상지역 지정 여부		공시가격 1억 원 (비수도권 2억 원) 이하 주택
		비조정대상지역	조정대상지역	
개인	1주택	1~3%	1~3%	개인/법인 모두 1%
	2주택	1~3%	8%	
	3주택	8%	12%	
	4주택 이상	12%	12%	
법인		12%		

중과를 알아야 정확한 취득세를 알 수 있다

취득세율을 어떻게 계산하는지 구체적으로 알아보기에 앞서 취득세 중과에서 제외되는 주택을 살펴보자. 중과 제외 기준에 부합하는 주택들은 취득세가 1%일 뿐만 아니라 다른 주택의 취득세를 계산할 때도 주택 수에서 제외되기 때문에 양수겸장(兩手兼將)의 부동산이다. 취득세 중과 제외 주택은 다음과 같다.

첫째, 시가표준액 1억 원(비수도권 2억 원) 이하 주택은 취득세 중과에서 제외된다. 지분이나 부속토지만 취득하는 경우에는 전체 주택 가격을 기준으로 판단한다. 단, 해당 주택이 재개발·재건축 정비구역에 소재하면 중과에서 제외되지 않는다.

둘째, 농어촌주택으로 ① 대지면적이 660㎡ 이내이고, 건축물의 연면적이 150㎡ 이내 ② 건축물의 시가표준액이 6,500만 원 이내면 취득세 중과에서 제외된다. 단 광역시에 소속된 군 지역이거나 수도권지역, 도시지역, 토지거래허가구역, 투기지정지역, 관광단지는 제외된다.

　그 외 가정어린이집, 국가등록문화재 주택, 사업용 노인복지 주택, 공사대금으로 취득한 미분양주택, 주택 건설을 위해 멸실 목적으로 취득한 주택, 공사 시공자가 대물변제로 취득하는 주택(취득일부터 3년 이내 한정), 주택 건설업자가 신축하여 보유하는 주택도 취득세가 중과되지 않는다.

　이렇게 취득세 중과에서 제외되는 주택은 취득세율 중과를 위해 주택 수를 계산할 때도 제외된다. 취득세 계산 시 주택 수에 포함되는 것과 제외되는 것을 정리하면 다음과 같다.

표5　취득세 중과 시 주택 수에서 제외되는 것들

주택 수 포함	① 법 시행일(2020.8.12) 이후 취득한 주택 분양권, 조합원 입주권 ② 법 시행일(2020.8.12) 이후 취득한 주택분 재산세가 부과되는 오피스텔 ③ 동일세대원이 아닌 자와 공동투자한 주택 ④ 상속 개시일로부터 5년이 지난 공동 상속주택의 지분이 가장 큰 상속인(지분, 해당 주택 거주 여부, 연장자 순) ⑤ 신탁 주택
주택 수 제외	① 법 시행일(2020.8.12) 전 취득한 주택 분양권, 조합원 입주권 ② 법 시행일(2020.8.12) 전 취득한 주택분 재산세가 부과되는 오피스텔 ③ 오피스텔 분양권 ④ 상속 개시일로부터 5년 내 상속 주택 ⑤ 상속 개시일로부터 5년이 지난 공동 상속 주택의 소수지분권자 ⑥ 시가표준액 1억 원(비수도권 2억 원) 이하 주택(재개발구역 등 제외) ⑦ 노인복지주택(1년 경과 시까지 미사용 시 및 3년 이내 매각 등 제외) ⑧ 공공지원 민간임대주택(1년 경과 시까지 미사용 시 및 3년 이내 매각 등 제외) ⑨ 가정어린이집(1년 경과 시까지 미사용 시 및 3년 이내 매각 등 제외) ⑩ 60㎡ 이하 공동주택인 사원 임대용 주택(특수관계자·법인 과점주주 등 사용, 1년 경과 시까지 미사용 시 및 3년 이내 매각 등 제외) ⑪ 지정(등록) 문화유산 등 주택 ⑫ 공공지원 민간임대주택 개발사업 시행자가 멸실 목적으로 취득한 주택(취득일 2년 경과 시까지 멸실하지 않거나 취득일로부터 6년 경과 시까지 신축하지 않은 경우 제외)

주택 수 제외	⑬ 주택신축판매업자가 멸실 목적으로 취득한 주택(취득일 3년 경과 시까지 멸실하지 않거나 취득일로부터 7년 경과 시까지 신축하지 않은 경우 제외) ⑭ 농어촌주택 ⑮ 시가표준액 1억 원 이하인 오피스텔 ⑯ 시가표준액 1억 원 이하인 주택부속토지만 소유 시 해당 부속토지 ⑰ 혼인한 사람이 혼인 전 소유한 주택분양권으로 주택을 취득하는 경우 다른 배우자가 혼인 전부터 소유하고 있는 주택 ⑱ 소형 신축주택 ⑲ 기축 등록임대주택 ⑳ 수도권 외 미분양 아파트 ㉑ 주거용 건물 건설업 또는 주거용 건물 개발 및 공급업을 영위하는 자가 신축하여 보유하는 주택(타인이 1년 이상 거주 시 제외) ㉒ 공사 시공자가 대물변제로 취득하는 주택(타인이 1년 이상 거주 시 제외) ㉓ 저당권의 실행 또는 채권변제로 취득하는 주택(취득일 3년 경과 시까지 미처분 시 제외)

표6 소형 신축주택, 기축 등록임대주택, 수도권 외 미분양 아파트의 요건(⑱~⑳)

구분	⑱ 소형 신축주택	⑲ 기축 등록임대주택	⑳ 수도권 외 미분양 아파트
신축 기간 요건	2024. 1. 10.~ 2027. 12. 31.	–	–
취득 기간 요건	2024. 1. 10.~ 2027. 12. 31.	2024. 1. 10.~ 2027. 12. 31.	2024. 1.10.~ 2025. 12. 31.
대상 주택	다가구주택, 다세대주택, 연립주택, 도시형생활주택, 주거용 오피스텔	다가구주택, 다세대주택, 연립주택, 도시형생활주택, 주거용 오피스텔	아파트
전용면적	60㎡ 이하	60㎡ 이하	85㎡ 이하
지역 요건	제한 없음	제한 없음	비수도권만 가능
가액요건	취득가액 수도권 6억 원 이하 비수도권 3억 원 이하	취득가액 수도권 6억 원 이하 비수도권 3억 원 이하	취득가액 6억 원 이하
사후관리	–	주택 임대 외 용도, 매각·증여하는 경우 등 제외	–

구분	⑱ 소형 신축주택	⑲ 기축 등록임대주택	⑳ 수도권 외 미분양 아파트
기타요건	최초 유상 승계취득 (최초 분양의 경우)	취득일부터 60일 이내 임대사업자 등록	최초 유상 승계취득 (최초 분양의 경우)
혜택	① 다른 주택 취득 시 "주택 수"에서 제외됨 → 해당 소형주택 등 자체가 취득세 중과 배제되는 것은 아님 ② 위 주택을 취득할 때 세율 적용 시 주택 수를 판정할 때 취득하는 주택을 제외하고 소유한 주택 수로 세율을 적용(단, 주거용 오피스텔은 원칙적으로 중과되지 않고 4.6% 세율이 적용됨)		

여기서 다가구주택이란 건축물 관리 대장에 호수별로 전용면적이 구분되어 기재되어 있는 다가구주택으로 한정한다. 세율 적용 시 주택 수 판정 사례와 그에 따른 세율을 계산해보면 다음과 같다.

1) 조정대상지역 2주택자가 조정대상지역 소형 신축주택 등을 취득하는 경우 → 조정대상지역 2주택 세율(8%) 적용

2) 조정대상지역 2주택자가 비조정대상지역 소형 신축주택 등을 취득하는 경우 → 비조정대상지역 2주택 세율(1~3%) 적용

3) 비조정대상지역 2주택자가 비조정대상지역 소형 신축주택 등을 취득하는 경우 → 비조정대상지역 2주택 세율(1~3%) 적용

4) 비조정대상지역 2주택자가 조정대상지역 소형 신축주택 등을 취득하는 경우 → 조정대상지역 2주택 세율(8%) 적용

〉〉세대별 부과에서 '세대'의 의미

중과 제외 주택에 해당하지 않는다면 세대별로 보유한 주택의 수를 계산해야 한다. 이때의 '세대'란 주택을 취득하는 사람과 세대별 주민등록표에 함께 기재되어 있는 가족으로 구성된 세대를 말하며, 여기서 동거인은 제외된다. 주택 취득자의 배우자와 미혼인 30세 미만 자녀는 주소지가 다르더라도 같은 세대에 속한 것으로 본다.

예외사항은 다음과 같다.

① 30세 미만의 미혼 자녀라도, 본인의 소득이 주택 취득일이 속하는 달의 직전 12개월 동안 발생한 소득으로서 행정안전부장관이 정하는 소득이 「국민기초생활 보장법」에 따른 기준 중위소득을 12개월로 환산한 금액의 40%를 넘고(2026년은 월 약 1,026,000원).

② 부모와 주소가 같더라도 주택 취득일 현재 부모 중 어느 한 사람이 65세 이상인 경우와 자녀가 30세 이상인 경우 또는 30세 미만의 자녀라도 혼인했거나 소득이 충분한 경우에는 부모와 자녀를 별도의 세대로 본다. 단, 미성년자는 제외한다.

③ 요즘은 취학이나 근무상의 형편 등으로 인해 가족이 해외에 잠시 나가야 할 경우도 있다. 세대 전원이 90일 이상 출국하게 되면 주민등록법에 따라 출국 후 속할 거주지를 다른 가족의 주소로 신고한 경우에도 별도 세대로 본다.

④ 1세대 내에서 1개의 주택, 조합원 입주권, 주택 분양권 또는 오피스

텔을 세대원이 공동으로 소유하는 경우에는 주택 수를 1개로 본다. 예를 들어 부부가 공동명의로 주택을 1채 취득했다면 해당 세대의 주택 수는 똑같이 1채다. 반면 다른 세대원과 공동명의는 각각 주택 수에 계산된다. 예를 들어 친구 두 명이 공동투자로 주택을 취득했다면, 이들은 각각 1주택으로 계산되어 기존에 갖고 있던 주택 수에 각자 한 채씩 더해진다.

세대 분리에 대한 판단 기준은 세금의 종류에 따라 다르다. 먼저 양도소득세는 실제 어떻게 살고 있는지를 중요시하기 때문에 주소만 이전하는 형식적인 세대 분리는 통하지 않으며, 실질적으로 생계를 함께한다면 동일 세대원으로 보고 세금을 매긴다. 반면 취득세는 서류상 요건을 더 따진다. 소득 등 법에서 정한 요건을 충족했다면 형식적인 세대 분리라고 해도 이를 인정해주는 경우가 많다.

즉, 양도소득세는 '실제'를, 취득세는 '요건'을 중시하는 것이다. 이처럼 같은 상황이어도 세금의 종류마다 다른 결과가 나올 수 있으므로 각별한 주의가 필요하다.

〉〉 조정대상지역 소재 여부에 따른 세율

주택은 취득하려는 주택이 조정대상지역에 소재하는지에 따라 취득세가 달라지기 때문에 조정대상지역인지 아닌지를 반드시 확인해야 한다.

이때 기존 보유주택의 지역은 전혀 상관없고, 추가로 취득하는 주택이 조정대상지역에 있는지에 따라 결정된다.

만약 A라는 사람이 조정대상지역 내 주택 1채와 비조정대상지역 내 주택 1채를 취득하려고 할 때, 비조정대상지역 내 주택을 먼저 취득한 후에 조정대상지역 주택을 취득하면 먼저 취득한 비조정대상지역 주택의 취득세는 기본세율 1~3%, 두 번째로 취득한 조정대상지역 주택의 취득세는 8%다. 반대로 조정대상지역 내 주택을 먼저 취득하고 비조정대상지역 내 주택을 취득하면 취득세율은 둘 다 기본세율로 적용되어 1~3%로 낮아진다.

표7 전국의 규제지역 지정 현황(2026년 3월 기준)

투기과열지구 및 조정대상지역 (2025. 10. 16. 추가 지정)	(서울) 25개 구 전역 (경기) 12개 지역 과천시, 광명시, 수원시 영통구·장안구·팔달구, 성남시 분당구·수정구·중원구, 안양시 동안구, 용인시 수지구, 의왕시, 하남시

표8 주택 추가 취득 시 조정대상지역 여부에 따른 취득세율의 변화

구분	조정대상지역	비조정대상지역
1주택	주택가격에 따라 1~3%	주택가격에 따라 1~3%
2주택	8%(일시적 2주택 일반세율)	주택가격에 따라 1~3%
3주택	12%	8%
4주택 이상		12%
법인	법인은 주택 수 상관없이 전부 12%	

※ 신규 취득 주택 소재지의 조정대상지역 여부에 따라 취득세율이 결정됨(기존 주택 소재지와는 무관)

>> 분양권의 취득세율 계산법

지금까지 분양권은 주택 수 산정 시 포함되지 않았다. 그러나 2020년 7월 10일 발표된 부동산 대책에 의해 2020년 8월 12일 이후에 취득한 주택 분양권, 조합원 입주권, 주거용 오피스텔은 주택 수에 포함된다. 특히 주의해야 할 것은 주택 분양권이다. 주택 분양권은 주택이 아니므로 취득세 과세대상이 아니지만, 추후 건물이 완공되고 실제 주택으로 바뀌어 취득세가 부과될 때, 주택 분양권 취득 당시 시점을 기준으로 취득자가 보유하고 있는 세대별 주택 수에 따른 취득세율을 적용한다. 주택 분양권의 취득세 부과 기준일은 분양사업자로부터 직접 취득한 것이라면 분양 계약일부터, 다른 사람으로부터 주택 분양권을 매입(승계취득)한 것이라면 계약서상 잔금지급일부터 주택 수에 포함된다.

이때 주의할 점은 분양권이 주택으로 바뀌어 등기가 이루어질 때 가지고 있는 주택의 수가 기존보다 줄었더라도, 취득세율은 당초 주택 분양권 취득세 부과 기준일의 세율을 그대로 적용한다는 점이다.

예를 들어 A씨가 2주택을 보유한 상태에서 조정대상지역의 주택 분양권을 취득했다면 일단 3주택자에 대한 취득세율인 12%가 적용되어 취득세가 산정된다. 주택 분양권 취득세는 즉시 납부하지 않고, 주택으로 등기가 되는 시점에 납부한다. 그런데 등기를 하기 전, 보유하고 있던 다른 2주택을 팔고 해당 주택 분양권 하나만 보유한 상태로 바뀌었더라도 1주택 기준 취득세율을 적용받을 수 없다. 주택 분양권은 취득 당시를 기준으로 적용되기 때문에 납부 시점에 1주택이더라도 부과 기준일 당시에는 3주택이었기에 중과세율 12%를 적용받게 되는 것이다.

〉〉 조합원 입주권의 취득세율 계산법

조합원 입주권은 취득세의 경우 관리처분계획 인가일을 기준으로, 관리처분계획 인가일 전에 해당 주택을 매입한 원조합원 입주권과 그 후에 물건을 매입한 승계조합원 입주권으로 나뉜다. 원조합원 입주권은 아직 주택인 상태에서 매입한 것이므로 주택을 기준으로 취득세율이 매겨지지만, 승계조합원 입주권은 주택이 입주권으로 바뀐 후에 승계한 것이기 때문에 취득세율 계산법이 다르다.

승계조합원의 입주권 취득 시 주택이 아직 철거되지 않았다면 취득자가 보유하고 있는 세대별 주택 수가 기준이 된다. 예를 들어 세대별 주택 수가 2채인 상태에서 조정대상지역의 입주권을 취득하면 12%의 취득세율이 적용된다. 하지만 주택이 철거된 후에는 토지에 대한 취득세율인 4%가 적용된다. 그러므로 다주택자라면 철거가 된 후의 입주권을 취득하는 것이 취득세를 아끼는 길이다. 다만 새 아파트가 완공된 후에는 원조합원이든 승계조합원이든 모두 건물부분에 대한 취득세를 원시취득세율 (2.8%)로 한 번 더 납부해야 한다.

〉〉 그 밖의 취득세율 계산법

오피스텔은 2020년 8월 12일 이후 취득한 주택분 재산세가 과세된 경우에 한해 취득세 중과 주택 수에 포함된다. 주택분 재산세가 과세되는 경우는 두 가지다. 첫째는 해당 오피스텔을 임대주택으로 등록하는 경우, 둘째는 납세자가 스스로 주택분 재산세로 변경신청을 한 경우다. 후자와 같이 변경신청을 하는 이유는 대부분 일반적인 건축물에 부과되는 재산세보다 주택분 재산세가 저렴하기 때문이다.

오피스텔의 분양권은 취득세 주택 수 계산에서 제외되고, 주거용 오피스텔이라도 1억 원 미만일 경우에는 취득세 주택 수 계산에서 제외된다.

또한 특별히 주의해야 할 부분은 임대주택으로 등록한 주택은 주택 수에 포함되지 않아 양도세는 비과세 판정을 받을 수 있지만, 취득세 산정 시 주택 수 계산에서는 제외되지 않는다는 것이다.

신탁법에 따라 신탁등기된 주택은 수탁자(신탁회사)가 아닌 위탁자(실매수자)의 주택 수에 가산한다.

상속주택(조합원 입주권, 주택 분양권, 오피스텔 포함)은 상속개시일로부터 5년까지는 취득세 산정 시 주택 수에 포함하지 않는다. 만약 2020년 8월 12일 이전에 주택을 상속받았다면, 2025년 8월 12일까지는 주택 수 산정에서 제외된다. 5년이 지난 후에도 계속 상속주택을 소유할 경우에는 취득세 산정 시 주택 수에 포함된다. 다만 이때 여러 명의 상속인들이 공동으로 소유하고 있다면 상속지분이 가장 큰 상속인의 소유 주택으로 판단한다. 상속지분이 가장 큰 상속인이 2명 이상일 경우에는 당해 주택에 거주하는 사람과 최연장자 순으로 판단한다.

취득세 계산의 실전 사례

구체적인 사례를 하나 들어보자. 공격적인 투자자인 갑돌 씨는 조정대상지역에 소재한 10억 원짜리 A주택과 7억 5천만 원짜리 B주택, 그리고 비조정지역에 위치한 6억 원짜리 C주택을 모두 매입하기로 결심했다. 만약 세 채의 주택 잔금일을 갑돌 씨가 마음대로 조정할 수 있다고 한다면 그가 취득세를 절감하기 위해서는 어떤 순서로 매입해야 할지 한번 살펴보자.

최악의 상황은 비조정지역에 위치한 C주택을 가장 먼저 사는 경우다. 1주택 취득 시 취득세율은 조정대상지역 여부에 상관없이 기본세율(1~3%)을 적용한다. C주택의 가격은 6억 원이었으므로 취득세율 1%가 적용되어 취득세 금액은 600만 원이다.

다음으로 B주택을 매입한다면 조정대상지역 내의 주택이면서 2주택이므로 7억 5천만 원에 해당하는 취득세율은 8%다. 따라서 B주택의 취득세는 6,000만 원이다. 그 후 A주택을 매입하면 조정대상지역 내의 주택이면서 3주택이므로 무려 12%의 취득세율을 적용받아 10억 원짜리 A주택의 취득세는 1억 2천만 원이 된다. 결과적으로 주택 세 채에 대한 취득세 합계액은 1억 8,600만 원이 되는 것이다.

표9 갑돌 씨의 취득세 절감 실패 사례

취득 순서	1차 구입 (C주택)	2차 구입 (B주택)	3차 구입 (A주택)	합 계
취득가격	6억 원	7억 5,000만 원	10억 원	
소재지 구분	비조정지역	조정지역	조정지역	1억 8,600만 원
적용세율	1% (비조정대상 지역 1주택)	8% (조정대상 지역 2주택)	12% (조정대상 지역 3주택)	
취득세액	600만 원	6,000만 원	1억 2,000만 원	

무주택 상태에서 1주택을 취득한다면 조정대상지역 여부와 상관없이 취득세는 무조건 1~3%의 기본세율을 적용받기 때문에, 취득세 절감을 위해서는 일단 조정대상지역 소재의 주택을 먼저 취득해야 하고, 같은 조정대상지역의 주택이라면 고가의 주택을 먼저 취득하는 것이 좋다.

　이번에는 갑돌 씨의 취득세 절감을 위해 가장 좋은 취득 순서를 생각해보자.

　먼저 조정대상지역 내에 있는 10억 원의 A주택을 취득한다. 그러면 1주택에 대한 취득세 기본세율에 해당하는 3%가 적용되므로 취득세는 3,000만 원이다. 다음으로 비조정대상지역 내 6억 원의 C주택을 취득한다. 1주택 상태에서 비조정대상지역 내 주택 취득이므로 적용 취득세율은 1%이고, 취득세는 600만 원이다. 이제 마지막으로 조정대상지역 내 7억 5,000만 원의 B주택을 취득한다. B주택은 조정대상지역 3주택에 해당되어 적용 취득세율은 12%이고, 가격은 7억 5천만 원이므로 취득세는 9,000만 원이다.

　이렇게 하면 주택 3채에 대한 취득세 합계액은 1억 2,600만 원이 된다. 취득 순서만 바꿨을 뿐인데 6,000만 원의 세액 차이가 나는 것이다.

표10 갑돌 씨의 취득세 절감 성공 사례

취득 순서	1차 구입 (A주택)	2차 구입 (C주택)	3차 구입 (B주택)	합 계
취득가격	10억 원	6억 원	7억 5,000만 원	
소재지 구분	조정지역	비조정지역	조정지역	1억 2,600만 원
적용세율	3% (조정대상지역 1주택)	1% (비조정대상지역 2주택)	12% (조정대상지역 3주택)	
취득세액	3,000만 원	600만 원	9,000만 원	

증여 시 취득세 계산법

증여 취득세율도 대폭 인상되었다. 증여 취득세는 기본세율이 3.5%인데, 조정대상지역의 시가표준액 3억 원 이상의 주택을 증여할 경우에는 취득세율이 12%로 높아진다.

그러나 이 경우에도 예외적으로 3.5%의 기본세율을 적용하는 경우가 있다. 증여하는 사람이 1세대 1주택자이고 소유 주택을 배우자나 직계존비속에게 증여하는 경우이다. 이때 증여하는 사람만 1세대 1주택이면 되고, 증여를 받는 직계존비속은 보유한 주택 수가 많아도 상관이 없다.

다만, 2023년부터 증여 시 취득세는 시가표준액이 아니라 시가인정액이라고 하여 감정평가액이나 매매사례가액 등 시가에 증여 취득세율을 곱해 계산한다.

만약 주택 전체가 아닌 지분을 증여할 때는 취득 당시의 전체 주택가액을 기준으로 취득세를 계산한다. 예를 들어 다주택자가 시가표준액 10억

표11 주택 증여 시 취득세율

구분	적용세율
조정대상지역 내에 소재하면서 시가표준액 3억 원 이상인 주택	12% (단, 1세대 1주택 소유자로 부터 증여 받는 경우 3.5%)
비조정대상지역 내 주택	3.5%
시가표준액 3억 원 미만인 주택	
주택 외(토지, 상가 등)	

원(감정평가액 15억 원)인 조정대상지역에서 소재한 주택을 아들에게 증여하는데, 전체가 아닌 지분 29%만 증여한다고 하자. 이럴 때 취득세율 판단 대상이 되는 금액은 시가표준액의 29%인 2억 9천만 원이 아니라 전체 가액인 10억 원이 된다. 따라서 이 경우, 시가표준액 3억 원을 넘기 때문에 취득세율은 12%가 적용되고, 여기에 취득금액인 4억 3,500만 원(15억 원×29%)을 곱해서 계산하면 증여취득세는 5,220만 원이 된다.

일시적 1세대 2주택일 경우에는 취득세 중과세율을 적용하지 않는다. 일시적 1세대 2주택이란 국내에 주택, 조합원 입주권, 주택 분양권 또는 주거용 오피스텔을 1개 소유한 1세대가 이를 소유한 상태에서 이사 등의 사유로 신규주택을 추가로 취득하는 것을 말한다.

일시적 1세대 2주택 취득세율

1세대 2주택은 신규로 취득하는 주택이 비조정대상지역에 소재한 경우에는 일반세율(1~3%)을 적용하고, 조정대상지역에 소재한 경우에는 중과세율인 8%를 적용해야 한다. 그러나 일시적 1세대 2주택일 경우에는 조정대상지역에 있더라도 중과세율(8%)이 아닌 일반세율(1~3%)을 적용한다. 지방세법 시행령 개정으로 2023년 1월 12일 양도분부터 신규주택을 취득한 후 3년 안에 종전주택을 처분하면 취득세 중과배제를 받을 수 있다. 개정 전에는 1년 또는 2년 안에 처분해야 했는데, 처분기한이 3년으로 늘어남에 따라 취득세 중과배제 조건을 충족하기 더욱 수월해졌다.

이에 따라 2023년 1월 12일 이후 양도하는 경우 신규주택 취득일로부터 3년이 지나지 않았다면 취득세를 기본세율로 적용받아 경정청구를 통하여 중과된 세금을 돌려받을 수 있다.

만일 정해진 기간 내에 주택을 처분하지 않아서 일시적 1세대 2주택 요건을 충족하지 않았다면, 취득세 중과세율 8%를 적용했을 때 납부할 세액 중 기존에 납부한 세액을 차감하고, 여기에 과소신고가산세 및 납부지연가산세를 합하여 추징된다.

2025년 12월 31일 「지방세법」이 개정되면서 일시적 2주택 상태에서 처분 기한을 지키지 못해 취득세가 추징되는 상황이라도 구제받을 수 있는 길이 열렸다. 기존에는 기한을 넘기면 가산세가 자동으로 추징되었지만, 추징 사유가 발생한 날로부터 60일 이내에 자발적으로 신고하면 가산세를 면제해주기로 한 것이다. 이는 실수로 처분 기한을 놓친 납세자들에게 자진 신고의 기회를 주어 부담을 덜어주겠다는 취지로 볼 수 있다.

참고로 취득세는 본세 외에도 추가로 부가되는 세금이 있다. 먼저 지방교육세가 추가되고, 구입한 주택이 전용면적 85㎡를 넘을 경우에는 농어촌특별세도 추가된다.

만약 비조정대상지역 3주택이나 조정대상지역 2주택일 경우에는 취득세 본세 8% 외에 지방교육세 0.4%가 추가되고, 전용면적 85㎡가 넘는다면 농어촌특별세도 0.6% 추가되어 실제 부담하게 되는 세율은 총 9%가 된다.

조정대상지역 3주택 이상 또는 비조정대상지역 4주택 이상일 경우에는 취득세 본세 12% 외에도 지방교육세 0.4%가 추가되고, 전용면적 85㎡가 넘는다면 농어촌특별세도 1% 추가되어 실제 부담하게 되는 세율은 총 13.4%가 된다.

표12 취득세 및 관련 세금 세율표(2022년 9월 기준)

구 분				취득세	농특세	지방교육세	합계
주택 유상 취득	① 1주택 ② 비조정 지역 2주택 ③ 조정지역 일시적 2주택	6억 이하	85㎡ 이하	1%	–	0.1%	1.1%
			85㎡ 초과	1%	0.2%	0.1%	1.3%
		6억 초과 9억 이하	85㎡ 이하	1.01%~ 2.99%	–	0.101%~ 0.299%	1.111%~ 3.489%
			85㎡ 초과		0.2%		
		9억 초과	85㎡ 이하	3%	–	0.3%	3.3%
			85㎡ 초과	3%	0.2%	0.3%	3.5%
	① 비조정지역 3주택 ② 조정지역 2주택		85㎡ 이하	8%	–	0.4%	8.4%
			85㎡ 초과	8%	0.6%	0.4%	9%
	① 조정지역 3주택 ② 4주택 이상 ③ 법인		85㎡ 이하	12%	–	0.4%	12.4%
			85㎡ 초과	12%	1%	0.4%	13.4%
주택 증여	비조정대상지역		85㎡ 이하	3.5%	–	0.3%	3.8%
			85㎡ 초과	3.5%	0.2%	0.3%	4%
	조정대상지역 시가표준액 3억 원 이상		85㎡ 이하	12%	–	0.4%	12.4%
			85㎡ 초과	12%	1%	0.4%	13.4%
주택 외 유상취득(토지, 상가, 오피스텔)				4%	0.2%	0.4%	4.6%
주택 원시취득			85㎡ 이하	2.8%	–	0.16%	2.96%
			85㎡ 초과	2.8%	0.2%	0.16%	3.16%

실거래가 vs 시가표준액

세금을 계산하는 구조는 간단하다. 해당 과세표준(과표)에 세율을 곱하면 된다. 과세표준은 과세의 기준이 되는 금액이고, 세율은 얼마나 내야 할지의 비율이다. 당연히 세금의 종류마다 과세표준과 세율의 크기가 다르다.

그런데 부동산에서 과세표준으로 삼는 금액에는 두 가지가 있다. 하나는 실거래가이고 하나는 시가표준액(국세청에서는 '기준시가'라는 용어를 사용한다)이다. 실거래가는 말 그대로 실제 매매가 이뤄진 금액으로, 세무당국에 신고된 금액이다. 반면 시가표준액은 취득세·등록세·도시계획세 등 지방세의 과세표준이 되는 가액의 기준으로서 지방자치단체에서 정한다. 과세표준을 실거래가 기준으로 하느냐, 시가표준액 기준으로 하느냐에 따라 부과되는 세금이 달라질 수 있다.

2006년부터는 과세표준을 정할 때 무조건 실거래가를 기준으로 하는 것이 원칙이 됐다. 과거에는 부동산 시장이 갑자기 달아올라서 실거래가가 두세 배 오를 때에도 시가표준액은 그대로인 경우가 많았다. 그래서 시가표준액을 기준으로 세금을 매기면 현실과 괴리가 생겼던 것이다.

단, 2006년 이후에도 시가표준액이 실거래가보다 높은 경우에는 시가표준액을 기준으로 한다. 일반적으로 시가표준액은 실거래가보다 크게 낮은 것이 대부분이라는 현실을 반영한 것이다. 이는 세금을 피하려고 '다운계약서'를 쓰는 것을 막겠다는 취지다.

예를 들어 시가표준액이 1억 5,000만 원인 상가를 2억 원에 매입했다면, 이때의 취득세는 실거래가인 2억 원을 기준으로 부과된다. 반대로 시가표준액 1억 원인데 상권이 죽은 상가라서 급매로 5,000만 원에 매입했다면, 이때의 취득세는 시가표준액 1억 원을 기준으로 부과된다.

물론 예외는 있다. 시가표준액보다 훨씬 적은 금액으로 거래되긴 했지만, 누가 봐도 다운계약서가 아니라 실제 거래임이 확실한 경우다. 국가와 직접 거래하는 경매나 공매의 경우 또는 공식적 회계장부에 기록되는 법인과의 거래 등이 여기에 포함된다. 만약 시가표준액 1억 원짜리 집을 경매로 8,000만 원에 낙찰받았다면 이때의 취득세는 실거래가인 8,000만 원을 기준으로 부과된다.

보유하기만 해도 내는 세금,
재산세

　부동산을 비롯한 몇몇 자산들은 보유하는 것만으로도 보유세를 낸다. 보유세의 대표적인 것이 바로 재산세와 종합부동산세다.

　재산세에서 기억해야 할 것은 딱 하나 '6월 1일'이라는 날짜다. 재산세 부과 기준일이 바로 매년 6월 1일이기 때문이다. 5월 31일까지 소유하고 있었더라도 6월 1일부터 소유권이 넘어가면 그 부동산에 대한 재산세는 내지 않아도 된다.

　반면 6월 1일까지 소유하고 있다가 다음날인 6월 2일에 소유권을 넘겼더라도 재산세는 내야 한다. 소유권이 이전되는 날짜의 기준은 등기 날짜와 잔금을 납부하는 날짜 중 더 빠른 날짜이다.

　따라서 부동산을 파는 사람 입장에서는 되도록 6월 1일 이전에 잔금을 받는 게 유리하다. 반면 사는 사람 입장에서는 6월 1일 이후에 잔금을 치르는 게 유리하다. 만약 정확히 6월 1일에 잔금을 치른다면 어떨까? 소유권은 잔금을 치르는 날부터 인정되므로 정확히 6월 1일에 잔금을 치렀다면 부동산을 사는 사람, 즉 매수자가 재산세를 내야 한다.

필자의 지인은 부동산을 팔 때 애매하게 6월 초에 날짜가 걸릴 것 같으면 일부러 핑계를 대서라도 잔금일을 5월 31일 이전으로 맞춘다. "내가 5월 31일에 외국으로 나가서 한 달 후에 귀국할 예정이니 그 전에 잔금을 치르자"는 식으로 미리 핑계를 대는 것이다.

그런데 간혹 재산세에 대해 잘 알고 있는 사람이 부동산을 사는 경우에는 잔금일을 6월 1일 이후로 늦추려고 해서 은근히 기싸움이 일어날 때가 생긴다고 한다.

그럴 수밖에 없는 것이 6월 1일은 재산세 기준일이기도 하지만 종합부동산세 과세 기준일이기도 하기 때문이다. 재산세는 큰 부담이 되지 않을 수 있지만 종합부동산세는 부담이 꽤 크다. 따라서 6월 1일을 기억해두면 여러모로 절세에 도움이 될 것이다.

표13 공시가격 9억 초과 주택·다주택자·법인 표준세율

과세표준	표준세율	누진공제액
6000만 원 이하 (공시가격 1억 원)	0.1%	0원
6000만 원 초과 1억 5000만 원 이하 (공시가격 1억 원~2억 5000만 원)	6만 원 + 6000만 원 초과분의 0.15%	3만 원
1억 5000만 원 초과 3억 원 이하 (공시가격 2억 5000만 원~5억 원)	19만 5000원 + 1억 5000만 원 초과분의 0.25%	18만 원
3억 원 초과 (공시가격 5억 원 초과)	57만 원 + 3억 원 초과분의 0.4%	63만 원

표14 1주택자가 보유한 공시가격 9억 원 이하 주택 특례세율

과세표준	특례세율	누진공제액
6000만 원 이하 (공시가격 1억 원)	0.05%	0원
6000만 원 초과 1억 5000만 원 이하 (공시가격 1억 원~2억 5000만 원)	3만 원 + 6000만 원 초과분의 0.1%	3만 원
1억 5000만 원 초과 3억 원 이하 (공시가격 2억 5000만 원~5억 원)	12만 원 + 1억 5000만 원 초과분의 0.2%	18만 원
3억 원 초과 (공시가격 5억 원 초과)	42만 원 + 3억 원 초과분의 0.35%	63만 원

※ 특례세율은 2021~2026년 한시 적용

재산세를 실제로 계산해 보자

재산세는 매년 7월과 9월에 나눠서 과세된다. 7월에 부과되는 재산세는 주택 부분에 대한 금액 중 2분의 1과 건축물 부분이고, 9월에 부과되는 재산세는 주택 부분에 대한 나머지 2분의 1과 토지 부분이다. 이 중에서 주택에 대한 재산세를 중심으로 살펴보자. 주택 재산세의 과세표준과 세율은 **표13, 14**를 참고하기 바란다.

여기에 세율은 0.1%에서 0.4%까지다. 재산세는 재산이 많을수록 세율도 높아지는 누진세율이 적용된다. 즉 내가 보유한 부동산의 가격이 높을수록 상대적으로 더 많은 세금을 내는 구조다. 표에서 볼 수 있듯이 과세표준이 6,000만 원 이하면 세율은 0.1%이지만, 과세표준이 3억 원을 넘어가면 세율이 0.4%까지 올라간다.

다만 부동산 공시가격 현실화에 따른 세 부담 완화 및 서민의 주거 안정을 위하여, 공시가격 9억 원 이하의 1세대 1주택자에 대해서는 주택분

재산세 세율이 2021년부터 2026년까지 6년
간 한시적으로 재산세율 과세표준 구간별로
0.05%p씩 인하되었다.

　구체적으로 어떤 아파트의 시가표준액이
3억 원으로 공시되었다고 하자. 이 아파트
의 재산세를 산정하려면 공정시장가액비율◆
60%를 곱한다. 즉 3억 원의 60%에 해당하는
1억 8,000만 원이 바로 재산세의 과세표준액이다.

공정시장가액비율

세무당국은 재산세를 매길 때 시가
표준액 전체에 대해서 하지 않고,
그중의 일정부분에 대해서만 재산
세를 매기는데 그 비율이 바로 공
정시장가액비율이다. 납세자들의
세 부담 능력과 부동산 시세 등을
종합적으로 고려해서 세무당국이
산출한다.

　표13에 따르면 과세표준이 1억 8,000만 원일 때 재산세율은 0.25%이
고, 여기에서 누진공제액 18만 원을 빼도록 되어 있다. 따라서 이 아파트
에 대한 재산세는 27만 원(과세표준 1억 8,000만 원 × 세율 0.25% − 누진공
제액 18만 원)이라고 추정할 수 있다.

　참고로 주택의 시가표준액, 주택공시가격을 알고 싶다면 부동산공시
가격알리미(www.realtyprice.kr)사이트를 이용하면 된다. 단독주택은 '개별
단독주택공시가격'을, 아파트와 연립주택과 다세대주택은 '공동주택공시
가격'을 선택하면 확인할 수 있다.

누진세율이란 무엇일까

우리나라 세금의 상당수는 누진세율 제도를 택하고 있다. 누진세율이란 과세표준이 높아질수록 세율도 높아지는 구조를 말한다. 그래서 소득이 많거나 재산이 많을수록 상대적으로 세금을 더 많이 내게 된다. 소득 불평등을 줄여보자는 취지로 도입된 제도다.

누진세율을 계산할 때 주의할 점은 전체 금액에 대해 동일한 세율이 적용되는 게 아니라, 구간에 따라 계단식으로 세율을 적용한다는 점이다. 예컨대 과세표준 2억 5,000만 원에 대해 재산세를 매긴다고 하자. 이에 대한 세율은 0.25%이지만, 단순히 '2억 5,000만 원×0.25%'로 재산세를 매기는 게 아니라는 것이다.

과세표준이 2억 5,000만 원까지 도달하려면 세 단계를 거친다. 1단계 과세표준은 6,000만 원까지, 2단계 과세표준은 1억 5,000만 원까지, 그리고 3단계 과세표준은 3억 원까지이므로 최종적으로 3단계에서 끝난다. 재산세는 각 단계에 해당하는 세금을 따로따로 구해서 모두 합치는 방식으로 계산한다.

우선 6,000만 원까지는 1단계에 해당하는 세율인 0.1%를 매긴다(6만 원). 이제 1억 9,000만 원이 남았다. 여기서부터는 2단계에 해당하는 0.15%의 세율을 매기는데, 2단계는 1억 5,000만 원까지이므로 6,000만 원에서 1억 5,000만 원 사이, 즉 9,000만 원에 대해서만 0.15%를 매긴다(13만 5,000원). 이제 남은 1억 원에 대해서는 3단계의 세율인 0.25%를 매긴다(25만 원). 이 아파트의 재산세는 세 단계를 모두 합친 44만 5,000원이 된다(6만 원+13만 5,000원+25만 원).

공식이 너무 복잡한가? 훨씬 편한 방법이 있다. 먼저 제시된 세율을 곱하고 설정된 누진공제액을 빼는 것이다. 앞에서 제시한 표는 이 공식에 의해 만든 것이다. 똑같은 사례를 이 공식에 의해 풀어보면, 2억 5,000만 원짜리 아파트는 세율 0.25%를 적용하므로 우선 '2억 5,000만 원 × 0.25%'를 하면 62만 5,000원이 나온다. 여기에서 누진공제액으로 제시된 18만 원을 빼면 44만 5,000원이다. 좀 더 간편한 공식으로 똑같은 결과가 나오는 것이다.

어떻게 이렇게 되는지 설명을 하려면 수학적 공식을 활용해야 하지만, 여기에서는 '과세표준 × 세율 − 누진공제액'이라는 공식을 사용한다는 것만 알아두자. 공식보다 중요한 것은 재산이 많아질수록 세율이 높아진다는 사실이다. 다시 이야기하겠지만, 누진세율의 이러한 특징 때문에 세금을 아끼려면 일단 명의나 매도 시기를 분산해야 한다. 그것이 절세의 기본이다.

부동산 수가 많아지면
종합부동산세 확인은 필수다

재산세는 세율이 1%도 채 되지 않기 때문에 상대적으로 부담이 적은 세금이다. 보유세 중에서 정말 고민해야 할 것은 종합부동산세(종부세)다.

종합부동산세는 특정 계층에게 부가 집중되는 것을 막겠다는 취지로, 일정한 기준을 초과하는 주택이나 토지 소유자에게 재산세와 별도로 부과하는 세금이다. 그 때문에 처음 종합부동산세가 도입될 당시는 재산세를 거두고 종합부동산세를 또 거둬가는 것이 '이중과세' 아니냐는 비판의 목소리가 많았다.

그래서 종합부동산세를 산정할 때는 이미 낸 재산세만큼의 금액을 공제해준다. 참고로 재산세는 지방세인 반면 종합부동산세는 국가가 직접 거둬가는 국세다.

'생산 활동' 있는 부동산은 종합부동산세 제외

종합부동산세는 흔히 '부자세'라고 불리기도 한다. 종합부동산세는 주택의 경우 전국에 있는 주택 공시가격을 합산하여 9억 원 초과(1주택자는 12억 원 초과)일 때 매겨지는데, 부동산을 몇 채만 보유해도 어느새 합산 공시가격이 9억 원을 훌쩍 넘기기 때문에 보유주택 수가 많은 투자자들에게는 상당히 부담스러운 세금임에 틀림없다. 때문에 종합부동산세는 부동산을 많이 가진 사람들을 타깃으로 하는 세금이라고 해도 과언이 아니다. 노무현 정부 시절 주택 가격이 급등할 때 주택 시장을 안정화하기 위해 주택을 더 이상 구매하지 말라고 만든 제도이다.

그래서 종합부동산세는 매매가 아니라 '보유'에 대해 세금을 매긴다. 단, 임야나 농지처럼 실제 생산활동에 사용되는 토지에는 종합부동산세

나대지

지목이 '대(垈)'인 토지 중 건축물이 지어져 있지 않거나, 무허가 건물이 지어져 있거나, 지어진 건축물에 비해 너무 넓어서 일정 기준을 초과하는 토지를 말한다.

가 부과되지 않는다. 반면 생산활동이 이루어지지 않고 비어있는 토지(나대지*)에는 종합부동산세가 부과된다. 상가건물도 마찬가지다. 실제 생산활동이 이루어지고 있는 건물에 대해서는 종합부동산세가 부과되지 않지만, 부속토지에 대해서는 종합부동산세가 부과된다. 주택은 생산활동이 이뤄지지 않고, 건물과 토지가 합쳐진 것으로 보아 둘 다에 종합부동산세를 부과한다.

어떤 경우에 종합부동산세 부과 대상이 되는지 토지, 상가건물, 주택의 세 가지 항목으로 나누어서 자세히 살펴보자. 첫째로 토지의 경우 나대지이면서 공시가격 5억 원이 초과되면 종합부동산세 대상이다. 둘째로

상가건물은 부속토지의 공시가격이 80억 원을 초과하는 경우 부과된다. 셋째로 가장 많은 경우를 차지하는 주택은 1세대 1주택자의 경우 공시가격 12억 원 초과, 다주택자는 가지고 있는 주택을 모두 합쳐 9억 원 초과면 부과된다. 이때 합산 기준은 가구당이 아니라 1인당이다.**(그림13 참조)**

종합부동산세는 매년 6월 1일 현재 보유한 주택을 기준으로 과세된다. 따라서 매도인 입장에서는 5월 31일 이전에 잔금을 치르는 것이 좋고, 반대로 매수인 입장에서는 6월 2일 이후 잔금을 치러야 그해의 재산세나 종합부동산세 부담을 줄일 수 있다.

조정대상지역 2주택 이상자와 3주택 이상 다주택자에게 적용하던 종합부동산세 세율은 인하하는 것으로 개정되었다. 최종적으로 중과세

그림13 재산세와 종합부동산세의 산출 과정

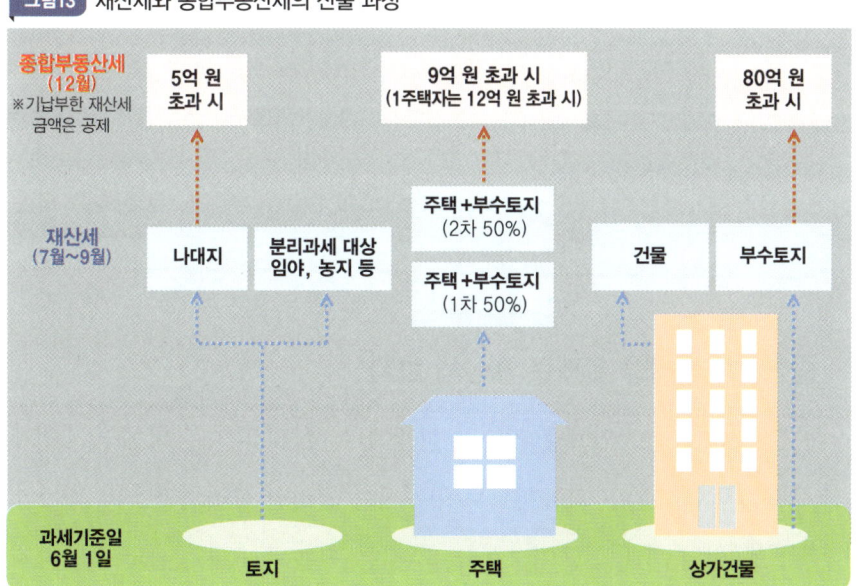

율은 유지하되 3주택 이상의 경우만 적용하여, 2주택자에 대한 종합부동산세 세율은 2022년 대비 0.1~0.3%p 인하되고, 3주택 이상자의 세율은 0.7~1.6%p 인하되었다. 또한 일부 세율구간이 세분화되었다. **(표15 참조)**

표15 종합부동산세의 과세표준 및 세율(2023년 7월 기준)

적용대상		일반세율 2주택 이하(조정 2주택 포함)	중과세율 3주택 이상(조정 2주택 제외)
과 세 표 준	3억 원 이하	0.5%	
	3억 원 초과~ 6억 원 이하	0.7%	
	6억 원 초과~ 12억 원 이하	1.0%	
	12억 원 초과~ 25억 원 이하	1.3%	2.0%
	25억 원 초과~ 50억 원 이하	1.5%	3.0%
	50억 원 초과~ 94억 원 이하	2.0%	4.0%
	94억 원 초과	2.7%	5.0%

※ 3주택 이상이라고 하더라도 과세표준 12억 원 이하면 일반세율이 적용됨

종합부동산세를 실제로 계산해 보자

종합부동산세는 5단계를 거쳐서 산출된다. 실제 금액은 국세청 세액계산 프로그램으로 확인 가능하므로 여기서는 원리만 살펴보자.

홍길동 씨의 사례를 들어보겠다. 홍길동 씨는 총 3채의 아파트를 가지

고 있는데 공시지가 12억 원인 A아파트, 10억 원인 B아파트, 7억 원인 C아파트이다. 길동 씨의 종합부동산세 과세표준은 얼마일까?

〉〉 1단계: 과세표준 산출

개인별 주택공시가격을 모두 더한 뒤 9억 원(1세대 1주택자는 12억 원)을 빼고, 공정시장가액비율 60%를 곱한다. 길동 씨의 종합부동산세 과세표준을 계산하려면 아파트 세 채의 가격을 더한 29억 원에서 다주택자이므로 9억 원을 뺀 후, 공정시장가액비율 60%를 곱한 값인 12억 원이다.

〉〉 2단계: 세율 적용

과세표준 금액에 해당하는 세율구간을 찾아 곱한다. 3주택 이상 보유자는 중과세율이 적용되나 3주택 이상 보유자라도 과세표준이 12억 원 이하인 경우 중과세율이 아닌 일반세율이 적용된다.

길동 씨는 과세표준이 12억 원이므로 '6억 원 초과 12억 원 이하'의 구간에 속한다. 이 구간의 일반세율은 1.0%이다. 결과적으로 길동 씨의 세액은 960만 원이다.

길동 씨의 종합부동산세액

(3억 원×0.5%)+(3억 원×0.7%)+(6억 원×1.0%)=960만 원

〉〉 3단계 : 재산세액 공제

세율을 곱해서 산출된 금액에서 납부한 재산세만큼을 공제해준다. 재

산세는 토지, 주택, 상가 등 종류에 따라 달라진다는 것도 알아두자.

>> 4단계 : 1세대 1주택자 장기보유자세액공제 및 고령자세액공제

세대원 중 1명이 단독으로 또는 부부가 공동으로 1주택을 소유하고 거주하는 1세대 1주택자가 주택을 5년 이상 보유하면 기간에 따라 최대 50%까지 장기보유자세액공제를 받는다. 보유자의 연령이 60세 이상이면 연령에 따라 최대 40%까지 고령자세액공제도 받을 수 있다. 장기보유자세액공제와 고령자세액공제는 중복적용 가능하며 최대한도는 80%이다.

표16 장기보유자세액공제 및 고령자세액공제

고령자세액공제		장기보유자세액공제표준 세율	
연령	공제율	보유기간	공제율
60~65세	20%	5~10년	20%
65~70세	30%	10~15년	40%
70세 이상	40%	15년 이상	50%

※ 위 두 가지는 중복공제가 가능하며 최대 공제율 한도는 80%이다.

임대사업자의 경우 임대주택으로 등록한 합산배제임대주택(공시가격 수도권 6억 원, 비수도권 3억 원)은 주택 수에서 제외한다.

>> 5단계 : 세부담상한 적용

보유세에는 공시가격이 급등하는 등의 이유로 세부담이 급격히 커지게 되면 일정 금액 이상을 차감해주는 '세부담상한제'가 있다. 현재 일반지역의 세부담상한은 직전년도 보유세 합계액(재산세+종합부동산세)의 150%이다. 2023년 개정으로 주택 수와 지역에 상관없이 150%로 통일되었다.

그림14 종합부동산세의 세부담상한

당해연도 세액상당액		전년도 총세액상당액 × 한도비율
올해 재산세 + 올해 종합부동산세		(작년 재산세 + 작년 종합부동산세) × 150% (주택수·지역 무관)

마지막으로 종합부동산세의 20%에 해당하는 금액을 농어촌특별세로 납부해야 한다는 점도 잊지 말자. 지금까지의 계산 방법을 표로 정리하면 다음과 같다.

표17 종합부동산세 계산 과정

구 분	내 용
① 주택공시가격 합계액	보유한 주택의 공시가격을 모두 더함
② 공제금액	1주택자 12억 원 공제, 2주택자 이상 9억 원 공제
③ 공정시장가액비율	60%
④ 과세표준	= (① - ②) × ③
⑤ 종합부동산세율	과세표준 구간별 세율 +3주택자 추가세율(과표 12억 원 이하 일반세율)
⑥ 종합부동산세액	= ④ × ⑤
⑦ 재산세액 공제	종합부동산세와 중복되는 재산세액 공제
⑧ 산출세액	= ⑥ - ⑦

⑨ 세액공제	장기보유자 및 고령자 세액공제 (중복 가능, 최대 80%)
⑩ 세부담상한 적용	(전년 재산세 + 종합부동산세) × 150%
⑪ 공제 후 세액	= ⑧ − ⑨
⑫ 농어촌특별세	= ⑪ × 20% (공제 후 종합부동산세액의 20%)
⑬ 최종 납부세액	= ⑪ + ⑫

종합부동산세 계산은 다소 복잡하므로 국세청 홈택스 모의계산 서비스를 이용하자. **(그림15 참조)**

그림15 국세청 홈택스 종합부동산세 간이세액계산

종합부동산세를
줄이는 방법 총정리

종합부동산세는 금액이 커 투자자들에게 부담이 된다. 종합부동산세를 절감하는 전략은 무엇이 있는지 살펴보자.

〉〉 매매 시기를 잘 선택한다

재산세와 종합부동산세의 과세 기준일인 '6월 1일'을 기억하자. 매도인이라면 그 전에 매각해서 해당연도의 재산세와 종합부동산세 부담을 덜어야 한다. 반대로 매수인이라면 6월 2일 이후 매수해야 그해 재산세 및 종합부동산세 과세 대상이 되지 않는다.

〉〉 실속 없는 주택은 과감하게 매도한다

향후 가격 상승이 어렵거나 양도차익이 적은 주택은 과감하게 정리하라. 주택 수도 줄어들고 과세표준도 낮아진다. 1세대 1주택자가 된다면 장기보유자세액공제와 고령자세액공제 혜택까지 받을 수 있다.

>> 명의를 분산한다

증여로 주택 수를 줄이자. 배우자 간에는 10년간 각각 6억 원, 직계존비속 간에는 5,000만 원(미성년자는 2,000만 원)의 증여재산공제 한도를 활용한다. 종합부동산세는 개인별로 과세하므로 증여를 통해 주택 수를 줄이고 과세표준을 낮출 수 있다.

대신 증여 시 취득세를 부담해야 한다. 증여 시 취득세율은 3.5%이지만, 조정대상지역 내 3억 원 이상의 주택을 증여할 시 취득세율이 12%로 중과됨을 감안해야 한다.

>> 임대주택으로 등록한다

임대주택으로 등록한 주택은 종합부동산세에 합산되지 않는다. 다만 시기별로 등록요건과 의무임대기간이 다르다.

2018년 3월 31일 이전에는 '4년 단기임대' 또는 '8년 장기일반민간임대주택(준공공임대주택)'으로 등록했고, 임대개시일 현재 공시가격이 6억 원 이하(수도권 외 3억 원 이하)라면 종합부동산세 합산배제가 가능했다. 그러나 2018년 4월 1일 이후부터는 수도권 6억 원 이하, 수도권 외 3억 원이하의 조건은 같지만 8년 장기일반민간임대주택으로 등록해야만 합산배제가 가능해졌다.

한편 2025년부터 '6년 단기민간임대주택' 제도가 새롭게 시행되었다. 만약 과세기준일인 2025년 6월 1일 이전에 이미 임대를 시작했다면, 합산배제 혜택을 챙길 수 있다. 방법은 간단하다. 합산배제를 받고자 하는 해의 9월 30일까지 지방자치단체에 단기민간임대주택 등록을 하고 세무서에 사업자등록까지 모두 마치면 된다. 등록 요건도 완화되었다. 예전에는 반드시 '주택임대업'으로만 사업자등록을 해야 한다는 까다로운 조건이 붙었지만, 2026년부터는 '사업자등록'만 되어 있어도 혜택을 받을 수 있도록 문턱이 낮아졌다.

6년 단기민간임대주택은 다음과 같은 요건을 갖추고 있어야 한다.

① 지방자치단체에 주택임대사업자 및 세무서에 사업자등록(아파트는 등록 불가)
② 임대의무기간: 6년 이상
③ 등록 당시 공시가격: 건설임대주택은 6억 원 이하, 매입임대주택은 수도권 4억 원(비수도권 2억 원) 이하
④ 주택 수: 건설임대주택은 2호 이상, 매입임대주택은 제한 없음
⑤ 면적 기준: 건설임대주택은 대지 298㎡ 이하, 주택 연면적 149㎡ 이하
⑥ 임대료 증액 제한: 5% 이하
⑦ 지역 제한: 매입임대주택은 조정대상지역 소재 주택 제외(다만, 조정대상지역 공고일 이전 또는 2018년 9월 13일 이전에 매매계약한 주택이나 주택을 취득할 수 있는 권리는 비조정대상지역에서 취득한 것으로 본다)

2018년 9월 14일 이후부터는 주택을 1채 이상 소유한 개인이 공시가격

6억 원 이하(수도권 외 3억 원 이하) 주택을 추가로 취득하여 장기일반민간임대주택으로 등록하더라도 해당 주택이 조정대상지역에 있으면 종합부동산세 합산배제가 되지 않는다.

2020년 6월 18일 이후부터는 법인에 대한 조건도 강화됐다. 법인 소유의 주택은 8년 장기일반민간임대주택으로 등록하더라도 조정대상지역일 경우에는 종합부동산세 합산배제가 되지 않는다.

2020년 8월 18일 이후부터는 매입임대주택으로 등록 가능한 주택에서 아파트가 제외됐다. 아파트는 종합부동산세 합산배제를 받을 수 없고, 의무임대기간도 8년에서 10년으로 늘어났다.

합산배제는 본인이 직접 신청해야 한다. 국세청은 매년 9월 16일부터 9월 30일까지 종합부동산세 합산배제 신청을 받으므로, 인터넷 홈택스나 주소지 관할세무서에서 신청하면 된다. 한 번 신청하면 계속 유지되지만 임대주택이 추가될 때마다 추가로 신청해야 한다.

지자체와 세무서에 임대등록을 했지만 9월 30일까지 합산배제 신청을 하지 않은 경우에는 종합부동산세 납부일인 12월 15일까지 관할세무서에 신청하면 합산배제 가능하다.

또한 과세기준일 현재 등록된 임대주택이 자동말소되거나 자진말소한 경우라면 9월 16일부터 9월 30일까지 세무서에 직접 방문하거나 홈택스 사이트에서 종합부동산세 합산배제 제외 대상으로 신고해야 한다. 이처럼 자동말소 등으로 합산배제가 되지 않는 임대주택의 경우 자진해서 합산배제 제외 신고를 해야 추징과 가산세에 문제가 없다.

최근 자진말소 또는 자동말소된 임대주택을 종합부동산세 합산배제 제외 신고를 하지 않아 수백만 원에서 수억 원의 종합부동산세와 가산세 등이 추징된 사례가 많다.

〉〉 건설임대주택은 종합부동산세 합산배제가 가능하다

2018년 9월 14일 이후 조정대상지역의 주택을 추가로 매입하여 매입임대주택으로 등록한 경우에는 종합부동산세 합산배제 혜택이 주어지지 않지만, 신축한 주택이라면 건설임대주택으로 등록하여 종합부동산세 합산배제 혜택을 적용받을 수 있다.

건설임대주택은 소유권보존등기 전 반드시 지방자치단체의 임대주택 등록증에 '건설임대주택'으로 등재가 되어야 한다. 신축했다고 할지라도 소유권보존등기 이후에 등록했다면 '매입임대주택'으로 등재되므로 이 점을 주의해야 한다.

종합부동산세 합산배제를 적용할 수 있는 건설임대주택은 10년 장기일반민간임대주택으로서 전용면적 149㎡ 이하의 건설임대주택으로 2호 이상 지방자치단체 및 세무서에 등록해야 하고, 임대개시일 현재 기준시가가 9억 원 이하여야 한다. 또한 임대료 및 임대보증금 증가율이 5%를 초과하면 안 된다.

〉〉 일시적 2주택, 상속주택, 지방 저가주택 소유자는 1세대 1주택 과세특례 신청이 가능하다

2022년 9월 15일 종합부동산세법 개정으로 인해 2022년부터 1세대 1주택자가 추가로 다음에 해당하는 주택을 소유하는 경우 1세대 1주택자 과세특례 대상이 된다. 2023년 일시적 2주택과 지방 저가주택에 대한 개정이 있었다.

① 일시적 2주택

1세대 1주택자가 다른 주택을 추가로 취득하여 과세기준일(매년 6월 1일) 기준 일시적으로 2주택이 되었을 때, 신규주택 취득일로부터 3년 이내 종전주택을 양도하는 경우. 2022년 귀속분은 2년 이내였지만, 2023년 세법개정으로 3년 이내 종전주택을 양도하더라도 일시적 2주택 과세특례를 적용한다.

② 상속주택

1주택자가 상속을 원인으로 취득한 주택으로서 과세기준일(매년 6월 1일) 기준 아래 사항에 하나라도 해당되는 주택인 경우.

• 상속개시일로부터 5년이 경과하지 않은 주택
• 상속지분이 전체 주택 지분의 40% 이하인 주택
• 상속받은 주택 지분에 해당하는 공시가격이 수도권 6억 원(수도권 밖 3억 원) 이하인 주택

③ 지방 저가주택

과세기준일 현재 수도권(강화군·옹진군·연천군 제외), 광역시(군 지역 제외), 세종시(읍·면 지역 제외) 외의 지역에 소재하는 공시가격 4억 원 이하의 주택. 단, 지방 저가주택을 2채 이상 소유하고 있거나, 수도권에 소재하는 모든 주택은 공시가격이 4억 원 이하라도 1세대 1주택자 특례 적용 대상이 아니다.

위의 조건에 부합하여 특례 신청을 한다면 해당 주택은 종합부동산세 과세대상에서 제외하는 것이 아니라 과세표준에는 합산하고, 합산한 공시가격에서 1세대 1주택자의 공제금액인 12억 원을 공제한다. 세율은 중과세율이 아닌 일반세율을 적용한다.

또한 보유 및 연령에 따른 세액공제를 적용하되, 일시적 2주택의 신규주택, 상속주택, 지방 저가 주택에 대해서는 세액공제를 제외한다. 1세대 1주택자 특례 요건을 갖춘 일시적 2주택, 상속주택, 지방 저가주택을 함께 보유하고 있는 경우라도 1세대 1주택자 특례를 받을 수 있다.

〉〉 부부 공동명의로 1주택을 소유하고 있는 경우 개인별 과세방식이 유리할지 1주택자 과세방식이 유리할지 검토하라

부부 공동명의로 1주택을 소유한 경우 원칙적으로는 개인별로 9억 원의 공제금액을 적용받아 종합부동산세를 계산하나, 부부 중 한 명이 1주택을 소유한 것으로 보는 「부부 공동명의 1주택자에 대한 납세의무 특례」를 적용받을 수도 있다.

부부 공동명의 1주택자에 대한 납세의무 특례는 부부 공동명의지만 그 중 1인이 1주택을 소유한 것으로 보아 12억 원을 공제하고 장기보유자세액공제 및 고령자세액공제를 적용하여 종합부동산세를 계산하는 것이다.

보유하고 있는 공동명의의 1주택이 기준시가 18억 원 이하라면 개인별 과세 방식을 적용하면 종합부동산세는 각각 9억 원씩 공제하므로 납부세액은 0이다. 그런데 기준시가가 18억 원이 넘고 보유기간이 5년 이상이며 납세의무자가 고령일 경우에는 1주택 과세방식이 유리할 수도 있다.

따라서 부부 공동명의인 경우 과세방식에 따른 종합부동산세 세 부담을 비교해 보고 유불리 선택하는 것이 현명한 절세의 방법이다.

〉〉 인구감소(관심)지역 주택과 준공 미분양주택을 취득하라

2025년 신설된 「조세특례제한법」에 따라 1주택자의 지위를 지키면서 추가로 집을 살 수 있는 합산배제 주택의 범위가 확정되었다. 바로 아래의 일정 요건을 갖춘 '인구감소(관심)지역'의 주택과 '준공 후 미분양 주택'을 취득하는 것이다. 2주택자가 되면 종부세 부담이 커지는 것이 일반적이지만, 아래의 주택을 추가로 취득해도 여전히 '1세대 1주택자'로 인정받을 수 있다.

표18 인구감소(관심)지역 주택과 준공 후 미분양주택

구분	인구감소(관심)지역 주택	준공 후 미분양주택
취득 기간	2024. 1. 4.~ 2026. 12. 31. 중 취득	2024. 1. 10.~ 2026. 12. 31. 중 취득
면적요건	–	전용면적 85㎡ 이하
가액요건	·인구감소지역: 과세기준일 현재 4억 원 이하(비수도권 9억 원 이하) ·인구감소관심지역: 과세기준일 현재 4억 원 이하	취득가액 6억 원 이하 (2026. 2. 27. 이후 취득분부터 7억 원 이하)
지역요건	· 인구감소지역 · 비수도권 인구감소관심지역	비수도권
기타요건	· 인구감소지역: 2025. 1. 1. 이후 결정 또는 경정하는 분부터 · 비수도권 인구감소관심지역: 2025. 11. 28. 이후 취득분	· 최초 매매계약 체결 · 준공 후 미분양주택 확인 절차 필요 · 2025. 1. 1. 이후 결정 또는 경정하는 분부터

>> 종합부동산세 과세특례 신청제도를 활용하라

종합부동산세 과세는 다음과 같이 예외를 적용하고 있는데, 이를 적용받기 위해서는 반드시 과세특례 신청을 완료해야 한다.

표19 주택 수 산정 제외

구분	내용
1세대 1주택자 판단 시 주택 수 산정 제외	과세기준일 현재 1주택 외 다음의 주택을 소유하는 경우 특례 신청 시 1세대 1주택자로 보아 1세대 1주택자 계산방식을 적용받을 수 있다. ① 다른 주택의 부속토지 ② 일시적 2주택, 상속주택, 지방 저가 주택 ③ 인구감소(관심)지역 1주택, 비수도권 준공 후 미분양주택
세율 적용 시 주택 수 산정 제외	다음의 주택은 특례 신청을 통해 중과세율 적용을 취한 주택 수 계산에서 제외한다. ① 합산배제 임대주택 및 사원용 주택 등 ② 일시적 2주택, 상속주택, 지방 저가 주택 ③ 무허가주택 부속토지 ④ 일정 요건을 갖춘 신축주택 ⑤ 인구감소(관심)지역 1주택, 비수도권 준공 후 미분양주택
부부 공동명의 1주택자	과세기준일 현재 부부가 공동으로 1주택만을 소유하고 있는 경우 특례 신청 시 1세대 1주택자 계산방식을 적용받을 수 있다.

과세특례를 통해 1세대 1주택자로 인정받으면 일단 기본공제 12억 원을 확보할 수 있다. 여기에 나이가 만 60세 이상이거나 주택을 5년 이상 보유했다면 최대 80%까지 세액공제 혜택이 추가된다.

예전에는 지분율이 다른 부부 공동명의 1주택자의 경우, 지분이 더 많은 사람만 과세특례 대상자가 될 수 있어 지분율이 낮은 배우자는 혜택을 누리기 어려웠다. 그러나 이제는 지분율에 상관없이 부부간 합의만 있다면 누구든 납세자로 선택할 수 있어 절세 효과를 극대화할 수 있게 되었다.

어떻게 매기느냐보다
'어떻게 감면받느냐'

　미국 메이저리그의 추신수 선수는 텍사스 레인저스와 계약하며 7년간 1억 3,000만 달러를 받았다. 그때 추신수 선수는 여러 팀에서 러브콜을 받았지만, 고심 끝에 텍사스 레인저스를 선택했다. 만약 추신수 선수가 텍사스 레인저스가 아니라 LA 다저스로 갔다면 어땠을까?

　일부에서는 추신수 선수가 LA가 아닌 텍사스를 선택한 것을 두고 주세(州稅) 때문이 아니냐는 해석을 내놓기도 했다. 텍사스 주에는 주세, 즉 주정부에서 걷는 세금이 없지만 LA에는 13.4%의 주세가 있다. 만약 추신수 선수가 텍사스가 아닌 LA에 입단하고 같은 연봉을 받았다면 38억 원을 주세로 내야 했다.

　물론 추신수 선수가 텍사스를 택한 이유가 반드시 그 때문은 아닐 것이다. 텍사스 소속 선수들은 텍사스가 아닌 다른 지역에서 경기를 하면 그에 해당하는 세금을 따로 낸다고 하니 말이다. 그러나 텍사스 소속이라는 점 덕분에 어느 정도 세금이 절약되기는 했을 거라고 본다. 이런 이야기를 꺼낸 이유는 중요한 의사결정에는 항상 세금에 대한 고민도 함께 해야 한다는 것을 알려 주기 위함이다.

특례조항을 적극 활용하자

　조세특례제한법이란 것이 있다. 정책적인 목적으로 일정한 요건에 해당하는 경우 낮은 특례세율을 적용하거나 세액공제, 소득공제 등 조세를 감면해주는 내용을 규정한 법률이다. 총 147개 조항과 예외규정으로 이루어져 있다.

　그런데 사실 조세특례제한법은 '제한법'이라기보다는 '특혜법'에 가깝다. 어떤 조건을 충족하면 세금을 깎아준다는 조항이 많기 때문이다. 때문에 절세를 위해서는 반드시 알아야 할 법률이다. 그런데 내용이 상당히 복잡하다. 어떤 것은 조세감면조항이 부칙조항에 규정되어 있어 조세전문가들조차 어려워하는 분야이다.

'그 어려운 세금을 우리 같은 비전문가가 어떻게 공부하란 말이야'라고 생각할 수도 있다. 그러나 절세의 중요 포인트 중 하나가 바로 조세감면조항을 정확히 이해하고 숙지하는 것이다. 세무당국은 세금을 깎아주거나 비과세하면서 조건을 내건다. 당신이 이러이러한 것을 지키면 세금을 깎아주거나 면제해 주겠다는 것이다. 그 조건은 매우 다양하고 복잡하지만 절세를 하기 위해서, 즉 돈을 벌기 위해서는 그 다양하고 복잡한 세금을 공부해야 한다. 이 책에서 모두 다 알려줄 수는 없지만, 중요한 포인트는 대부분 적어 놓았으니 잘 읽어보면 도움이 될 것이다.

절세를 아는 사람과 모르는 사람의 10년 후 차이

세금은 거둬갈 때는 별도의 신고 없이 자동으로 거둬가지만, 감면이나 환급을 받을 때는 반드시 납세자가 신고나 요청을 해야 한다. 그러니 감면받을 수 있는 포인트를 얼마나 적극적으로 찾아내느냐에 따라 당신의 투자 수익률이 달라질 수 있다.

세법은 알아야 할 것도, 외워야 할 것도 정말 많다. 게다가 매년 조금씩 바뀐다. 이렇게 어려운 세법을 언제 다 공부하란 말인가? 생각만 해도 한숨이 나온다.

그런 분들을 위해 우스갯소리로 가장 쉬운 방법을 알려주겠다. 바로 공부하지 않는 것이다. 보통의 세금들은 우리가 굳이 공부하지 않아도 세무당국이 알아서 세금을 계산해주고 고지해서 거둬간다. 당국에서 내라는 대로 제때제때 내면 세금만큼 편한 것도 없다. 나는 골치 아파서 도저히 공부 못 하겠다는 사람은 그렇게 해도 상관없다.

하지만 절세를 통해 절약할 수 있는 돈은 생각보다 크다. 적게는 몇만 원에서 많게는 몇천만 원까지 차이가 난다. 그만한 돈을 세금으로 내버리는 사람과 다시 투자에 활용하는 사람이 10년 후에 어떻게 달라져 있을지 생각해보라. 하루라도 빨리 경제적 자유를 얻고 싶다면 골치가 아프더라도 세금 공부는 반드시 해야 한다.

memo

4장

절세 기술의 핵심, 양도소득세

양도소득세는
어떤 구조로 이뤄져 있나

투자자들이 가장 관심이 많은 세금은 아마 양도소득세(양도세)일 것이다. 매매할 때마다 맞닥뜨려야 하는 세금인 데다가 세율은 높지만, 절세할 수 있는 항목이 꽤 많기 때문이다.

양도소득세는 말 그대로 부동산을 양도해서 생긴 소득에 대해 부과되는 세금이다. 소득을 많이 얻었으면 많이 내고, 적게 얻었으면 적게 내는 누진세율 구조가 적용된다.

내 집을 내가 팔아서 수익을 얻는다는데 왜 양도소득세를 매기는 걸까? 이유는 우리나라가 부동산을 통해 이익을 얻는 것에 대해 엄격한 잣대를 들이대기 때문이다. 다른 나라에도 'Capital Gain Tax(자본이득세)'라고 해서 비슷한 개념의 세금이 있지만, 우리나라의 양도소득세율은 상대적으로 높은 편이다.

양도소득세의 과세표준을 구하는 방법

양도소득세 역시 여타 세금과 마찬가지로 '과세표준×세율'로 계산한다. 다만 그 과세표준을 구할 때 공제하는 항목이 많다 보니 복잡해 보일 뿐이다. 양도소득세의 과세표준과 세율은 아래와 같다. 참고로 양도소득세 역시 누진세율 구조가 적용되므로 일정한 과세표준 구간을 넘어가면 세율도 높아진다.**(표20 참조)**

양도소득세의 과세표준 구하는 방법을 자세히 알아보자. 일단 내가 집을 판 가격에서 샀던 가격을 뺀다. 여기에 그동안 들어간 필요경비를 뺀 금액을 양도차익이라고 한다. 이 양도차익에서 장기보유특별공제◆와 기본공제 항목을 제하면 과세표준이 나온다.

표20 양도소득세의 과세표준 및 세율

보유 기간	과세표준	세율			누진공제
		기본	조정지역 내 2주택	조정지역 내 3주택	
2년 이상 보유한 주택, 입주권, 토지, 상가	1,400만 원 이하	6%	26%	36%	–
	1,400만 원 초과 5,000만 원 이하	15%	35%	45%	126만 원
	5,000만 원 초과 8,800만 원 이하	24%	44%	54%	576만 원
	8,800만 원 초과 1.5억 원 이하	35%	55%	65%	1,544만 원
	1.5억 원 초과 3억 원 이하	38%	58%	68%	1,994만 원
	3억 원 초과 5억 원 이하	40%	60%	70%	2,594만 원
	5억 원 초과 10억 원 이하	42%	62%	72%	3,594만 원
	10억 원 초과	45%	65%	75%	6,594만 원

1년 미만 보유	① 주택, 입주권, 분양권 70% ② 토지, 상가 50%
1년 이상 2년 미만 보유	① 주택, 입주권 60% ② 분양권은 1년 이상부터 완공 시까지 60% ③ 토지, 상가 40%

이해를 돕기 위해 구체적인 사례를 들어보자. 주택을 보유한 A씨는 투자를 위해 비조정지역에 위치한 3억 원짜리 아파트를 추가로 매입했다. 2년이 지나서 이 아파트를 3억 5,000만 원에 매도했다. 이때 판 가격과 산 가격의 차이는 5,000만 원이다.

장기보유특별공제

부동산을 3년 이상 보유하고 팔 경우 양도소득세를 산정할 때 일정한 금액을 공제해주는 제도. 자세한 내용은 본문에서 다룬다.

여기에 중개보수, 보일러 교체 비용 등 필요경비가 1,000만 원 정도 들어갔다고 치자. 이 비용을 뺀 4,000만 원이 바로 양도차익이 된다.

A씨는 이 아파트를 2년 동안 보유했다. 만약 보유기간이 3년 이상이면 장기보유특별공제를 받게 되지만, 2년밖에 되지 않아서 대상이 아니다. 대신 1인당 1년에 한 번은 기본공제라고 해서 250만 원까지 공제를 받을 수 있다. 4,000만 원에서 이 기본공제를 빼고 나면 3,750만 원이 나오는데 이 3,750만 원이 바로 과세표준이 된다.

앞서 제시한 표를 보면 과세표준이 3,750만 원일 때의 세율은 15%이고 누진공제액은 126만 원이다. 이에 따라 계산을 해 보면 '3,750만 원 × 15% − 126만 원'이므로 436만 5,000원이 나온다. A씨가 내야 할 양도소득세는 436만 5,000원이다. **(그림16 참조)**

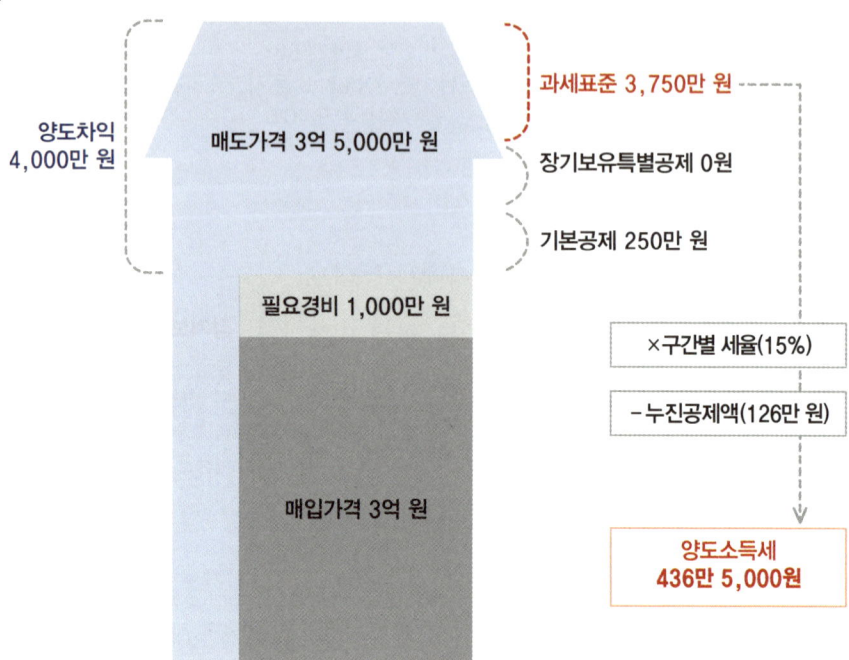

그림16 양도소득세의 산출 방법 예시

양도차익
4,000만 원

매도가격 3억 5,000만 원

과세표준 3,750만 원

장기보유특별공제 0원

기본공제 250만 원

필요경비 1,000만 원

매입가격 3억 원

×구간별 세율(15%)

−누진공제액(126만 원)

양도소득세
436만 5,000원

여기서 끝이 아니다. 양도소득세에는 항상 지방소득세가 함께 붙어서 나온다. 지방소득세는 양도소득세의 10%만큼 추가된다. 따라서 양도소득세는 436만 5,000원이지만 여기에 지방소득세 43만 6,500원이 추가되어 실질적으로 납부하는 금액은 480만 1,500원이다.

주택 단기 보유에 대한 양도소득세 단기 양도세율은 2021년 6월 1일부터 대폭 강화됐다. 보유기간 1년 미만의 주택을 양도할 경우 70%의 세율을, 1년 이상 2년 미만 보유 후 양도할 경우 60%의 세율을 적용한다. 이것은 과세표준과 상관없이 일괄적으로 적용되는 세율이다.

만약 앞의 경우처럼 과세표준이 3,750만 원인데 보유기간이 1년을 넘지 않았다면 양도소득세는 무려 70%인 2,625만 원이다. 1년이 경과하고 2년을 넘지 않았다면 양도소득세는 60%인 2,250만 원, 2년이 경과하면 일반세율(6~45%)을 적용받는다. 따라서 부동산은 2년 이상 보유하는 것이 세금을 줄이는 가장 쉬운 방법이다.

조합원 입주권과 분양권의 세율 또한 강화되었다. 조합원 입주권은 재건축·재개발 사업장이 관리처분인가를 받으면 조합원들이 새로 짓는 아파트에 입주할 수 있는 권리를 갖게 되는 것을 말한다. 조합원 입주권은 일반 분양권 소유자보다 좋은 동·호수를 우선 선택할 수 있다. 반면 분양권은 조합원이 아닌 사람이 준공 후 아파트에 입주할 수 있는 권리를 말한다. 재개발·재건축 사업이 상당 부분 진행된 단지에 청약접수를 해서 당첨됐을 때, 건설회사와 계약을 하면 받게 되는 권리다.

조합원 입주권과 분양권은 1년 미만 보유 시 70%의 세율을 적용받는다. 1년 이상 2년 미만 보유 시 조합원 입주권은 60%, 분양권은 1년 이상부터 완공 시까지 60%의 세율을 적용받는 것으로 부담이 높아졌기 때문에 주의가 필요하다.

2021년 이후에 취득한 주택 분양권은 조합원 입주권과 마찬가지로 양도세 비과세나 중과 여부를 판단할 때 주택 수에 포함된다. 따라서 주택 분양권에 투자한 경우 본인이 보유한 주택 수에 가산되어, 다른 주택의 양도소득세 비과세를 받을 수 없거나 중과세율을 적용받을 수 있다는 점도 꼭 유의해야 한다.

공제 항목만 잘 챙겨도
양도소득세가 줄어든다

양도소득세를 줄이는 가장 기본적인 방법은 과세표준을 줄이는 것이다. 그리고 과세표준을 줄이는 가장 좋은 방법은 공제를 많이 받는 것이다. 양도소득세 공제 항목은 매우 다양하기 때문에 그중에서 내가 이용할 수 있는 것은 최대한 이용하는 것이 현명하다.

일단 공제 항목을 훑어보자. 각 항목에 대한 구체적 설명은 나중에 다시 할 예정이므로, 여기에서는 기본 구조 파악에 집중한다.

〉〉 수리비 중 자본적지출

부동산을 보유하면서 수리하느라 들어가는 비용을 세법에서는 '자본적지출'과 '수익적지출'로 구분한다. 자본적지출이란 부동산의 자산가치를 높이는 데 사용한 지출로, 양도소득세를 산출할 때 필요경비로 인정되어 공제받을 수 있다. 여기에는 발코니 확장, 창호 공사, 바닥 공사, 보일러 교체 등이 포함된다.

반면 수익적지출은 단순히 관리와 유지를 위해 들어가는 비용으로 양도소득세에서 공제받을 수 없다. 형광등 교체, 도배 및 장판, 보일러 수리 등의 비용이 여기에 속한다.

자본적지출은 사람에 비유하자면 성형수술 같은 것이다. 쌍꺼풀을 만들거나 코를 세워서 미남미녀가 되는 것은 자신의 몸값을 올리는 행위다. 우리 사회에서는 현실적으로 외모가 훌륭하면 취업이 잘 되고 좋은 배우자도 만난다는 것을 부인하기 어렵다. 이처럼 자본적지출은 집 자체의 가치를 올리는 비용이다.

수익적지출은 독감 예방주사 같은 것이다. 건강을 유지하기 위해 필요하지만 매년 새로 맞아야 한다. 독감 예방주사를 맞았다고 인생이 달라지는 것은 아니다. 이처럼 수익적지출은 집 자체의 가치를 올린다기보다는 좋은 상태를 유지하기 위한 지출이다.

투자자들 중에는 자본적지출과 수익적지출을 혼동해서 낭패를 보는 경우가 꽤 있다. 뒤에서 구체적 항목을 다룰 테니 반드시 알아두기 바란다.

〉〉 필요경비

필요경비란 부동산을 양수·양도하는 데 들어가는 비용을 말한다. 계약서나 신고서 등의 작성 비용, 인지대, 중개수수료 등이 여기에 속한다. 자세한 항목은 뒤에서 다시 설명하도록 하겠다.

매도가격에서 매입가격을 뺀 후 필요경비까지 뺀 금액을 '양도차익'이라고 한다.

>> 장기보유특별공제

한 집에 오래 살다가 그 집을 팔았다면 양도소득세액에서 일정비율을 공제해준다. 이것이 장기보유특별공제로, 오랜 시간 진행되는 인플레이션 때문에 집주인이 손해 보는 것을 보상해주고자 만든 제도이다. 매입 후 3년부터 적용되어서 15년까지 보유하면 최저 6%에서 최고 30%(1주택자는 10년 보유 및 거주 시 최고 80%)까지 공제받을 수 있다.

양도차익에서 장기보유특별공제 금액을 공제한 금액을 '양도소득금액'이라 한다.

표21 유형별 장기보유특별공제 보유기간 기산일

취득 유형	보유기간 기산일
상속받은 부동산	상속개시일(상속등기일부터가 아님)
증여받은 부동산	증여 등기접수일
이혼에 따른 재산분할	이혼 전 배우자 취득일
배우자 등 이월과세	당초 증여자 취득일
우회 양도로 인한 부당행위계산	당초 증여자 취득일
재건축·재개발 등 원조합원	종전주택 취득일
재건축·재개발 등 승계조합원	신축주택 취득일 (사용승인일, 임시사용승인일, 사실상 사용일 중 빠른 날)

〉〉 기본공제

1년에 한 번, 한 사람당 자산 그룹별로 250만 원까지는 기본적으로 공제가 된다. 부동산에만 해당되는 것은 아니고, 일반주식이나 파생상품 등의 자산을 매도할 때에도 적용되는 조항이다. 1년에 2회 이상 부동산을 처분하는 경우에는 먼저 양도한 부동산부터 순차적으로 양도소득세 기본공제가 적용되며, 이는 임의로 선택할 수 있는 사항이 아니다.

양도소득에서 이 기본공제 금액까지 빼야 비로소 '과세표준'이 나온다. 이 과세표준에 세율을 곱하면 양도소득세가 산출된다.

장기보유특별공제 제대로 알기

J씨는 현재 거주 중인 아파트 외에 10년 전에 구입한 비조정지역에 소재한 아파트가 하나 더 있다. 10년 전 2억 원에 구입했던 이 아파트는 인근 지하철역 개통과 함께 재건축 이야기가 솔솔 나오면서 5억 원으로 올랐다. 양도차액만 3억 원이 된 것이다. 이럴 때 J씨가 10년 된 이 아파트를 판다면 양도소득세를 얼마나 내야 할까?

표22 장기보유특별공제의 기간별 공제율

보유기간	다주택자	1세대 1주택 고가주택 2020년		1세대 1주택 고가주택 2021년			
		2년 거주 O	2년 거주 X	2년 거주 O			2년 거주 X
				보유	거주	합계	
3년 이상 ~ 4년 미만	6%	24%	6%	12%	12%	24%	6%
4년 이상 ~ 5년 미만	8%	32%	8%	16%	16%	32%	8%
5년 이상 ~ 6년 미만	10%	40%	10%	20%	20%	40%	10%
6년 이상 ~ 7년 미만	12%	48%	12%	24%	24%	48%	12%
7년 이상 ~ 8년 미만	14%	56%	14%	28%	28%	56%	14%
8년 이상 ~ 9년 미만	16%	64%	16%	32%	32%	64%	16%
9년 이상 ~ 10년 미만	18%	72%	18%	36%	36%	72%	18%

보유기간	다주택자	1세대 1주택 고가주택 2020년		1세대 1주택 고가주택 2021년			
		2년 거주 O	2년 거주 X	2년 거주 O			2년 거주 X
				보유	거주	합계	
10년 이상 ~ 11년 미만	20%	80%	20%	40%	40%	80%	20%
11년 이상 ~ 12년 미만	22%		22%				22%
12년 이상 ~ 13년 미만	24%		24%				24%
13년 이상 ~ 14년 미만	26%		26%				26%
14년 이상 ~ 15년 미만	28%		28%				28%
15년 이상	30%		30%				30%

세무당국은 부동산을 오래 보유한 사람들에게 양도소득세를 할인해 주는 장기보유특별공제를 적용한다. 보유기간이 3년을 넘을 때부터 적용되며, 당연히 다주택자보다는 1세대 1주택자가 더 많이 혜택을 받는다. 구체적인 공제율은 앞의 표를 참고하기 바란다.**(표22 참조)**

장기보유특별공제 역시 기간에 따라 적용되는 방식이 다르므로 주의가 필요하다. 2019년부터는 장기보유특별공제 30%를 받기 위해 총 15년이 경과되어야 한다. 2018년까지는 1년에 3%씩 공제율을 인정해 주었지만, 2019년부터는 1년에 2%씩만 인정해 주기 때문이다.

앞서 예를 든 J씨의 사례를 적용해 보자. J씨는 이 아파트를 10년 이상 보유한 결과 3억 원의 차액을 얻었다. 계산의 편의를 위해 자본적지출 및 필요경비가 5,000만 원이라고 하면 양도차익은 2억 5000만 원이 된다.

J씨는 아파트를 10년 이상 보유했고 다주택자이므로 장기보유특별공제 20%를 적용받아 공제 후 금액은 2억 원이 된다. 여기에 기본공제 250만 원을 빼면 최종적으로 1억 9,750만 원이 남는다. 바로 이 1억 9,750만 원이 J씨의 과세표준이 되는 것이다.

앞서 본 양도소득세 세율표에 따르면 과세표준이 1억 9,750만 원일 경우의 세율은 38%, 누진공제액은 1,994만 원이다. 따라서 최종적으로 J씨가 내야 할 양도소득세는 '1억 9,750만 원 × 38% - 1,994만 원'이므로 약 5,511만 원이 된다. 여기에 지방소득세 10%까지 합하면 양도소득세로 내야 할 총액은 6,062만 1천 원이다.

만약 J씨가 1세대 1주택자였다면 양도소득세가 비과세되었을 것이다. 종전까지는 고가주택의 기준이 9억 원 이하였으나 세법개정으로 2021년 12월 8일 이후 양도분부터 고가주택의 기준이 12억 원으로 상향조정됐다. 다주택 중과가 적용되고 있는 현 시점에 1세대 1주택자에게는 가뭄의 단비 같은 희소식이 아닐 수 없다. 다만 1세대 1주택자라도 매도가격이 12억 원을 넘는 고가주택이라면 12억 원을 넘는 금액 중 양도차익이 차지하는 비중에 따라 양도소득세를 일정 부분 내야 한다. 이때 과세 대상 금액을 구하는 공식은 다음과 같다.

$$\text{과세되는 양도차익} = \text{주택 전체의 양도차익} \times \frac{(\text{양도가액} - 12억\ 원)}{\text{양도가액}}$$

과거에는 9억 원(2021년 12월 8일 이후 양도분부터 12억 원)을 넘는 고가주택 한 채만 보유한 1주택자라면 그냥 가지고만 있어도 장기보유특별공제를 연간 8%씩 최대 80%를 받을 수 있었다. 그러다 2020년에는 9억 원(2021년 12월 8일 이후 양도분부터 12억 원)이 넘는 1주택에 대해 연간 8%씩(10년간 최대 80%) 장기보유특별공제를 인정해 주되, 반드시 2년 이상을 거주해야 한다는 조건이 붙었다. 그렇지 않으면 연간 2%씩(15년간 최대 30%)만 공제받을 수 있도록 했다.

1세대 1주택인 고가주택의 장기보유특별공제는 이제 '보유'와 '거주' 두 가지로 나눠 계산하게 된 것이다. 먼저 보유기간에 따라 3년째부터 10년간 매년 4%씩 공제를 받고, 10년을 다 채우면 최대 40%의 장기보유특별공제를 받을 수 있다. 그 외에 거주기간에 따라 매년 4%씩 장기보유특별공제가 추가된다. 10년을 거주하면 최대 40%까지 공제를 받을 수 있다. 이렇게 보유기간과 거주기간에 대한 장기보유특별공제를 각각 계산하여 합치면 최대 80%까지 장기보유특별공제가 가능하다.

예를 들어 1세대 1주택자가 고가주택을 10년간 보유했고 그 사이에 3년간 거주했다면, 장기보유특별공제는 보유기간에 대해 40%(10년 보유×4%)를, 거주기간에 대해 12%(3년 보유×4%)를 받으므로 총 52%의 장기보유특별공제를 받을 수 있다.

참고로 1세대 1주택인 고가주택에서 2년 이상 거주하지 않으면 위의 장기보유특별공제(보유기간×4%+거주기간×4%)는 인정받지 못한다. 2년 이상 거주하지 않으면 장기보유특별공제는 3년째부터 매년 2%씩만 공제받을 수 있다는 점을 명심하자.

예를 들어 10년 전 구입한 취득가 5억 원인 주택을 하나만 보유하고 있는 상황에서 해당 주택을 2022년에 15억 원의 가격으로 양도했다고 가정해 보자. 양도 전에 10년간 보유하고 동시에 10년 거주요건을 충족했다면 장기보유특별공제 80%를 적용받으므로 실제 양도소득세는 474만 원밖에 나오지 않는다. 하지만 거주요건을 충족하지 못한다면 장기보유특별공제는 20%밖에 받지 못하므로 양도소득세는 4,086만 원이 된다.

표23 12억 이상 고가주택 거주요건 충족 여부
산출세액 차이 비교(기본공제 무시)

구분	10년 보유 및 10년 거주했을 경우 (장특 80% 적용)	10년 보유만 했을 경우 (장특 20% 적용)	비고
① 양도가액	15억 원		
② 취득가액	5억 원		
③ 12억 원 초과분 양도차익	2억 원		(①-②)x(①-12억 원)/①
④ 장기보유특별공제	1억 6,000만 원	4,000만 원	
⑤ 양도소득금액	4,000만 원	1억 6,000만 원	
⑥ 세율	15% (누진공제 126만 원)	38% (누진공제 1,994만 원)	
⑦ 산출세액	474만 원	4,086만 원	

투자자들 중에는 막연하게 '집을 빨리 회전시켜야 돈이 된다'고 생각하는 사람들이 있다. 하지만 그것은 집을 팔아 얻은 수익이 들어간 돈에 비해 많을 때의 이야기이고, 세금과 비용 등등을 빼고 몇 푼 남는 게 없을 때는 오히려 오래 머무는 것이 나을 수도 있다. 어차피 살 집은 필요하니 이사를 결정하기 전에 양도소득세와 그 밖의 보이지 않는 손실비용까지 고려해서 종합적으로 판단하기 바란다.

참고로 장기보유특별공제는 주택뿐 아니라 토지나 상가 등에도 적용된다. 단 조합원 입주권 등 미등기 상태에서 양도한 자산은 적용되지 않는다. 특히 비사업용 토지의 경우는 2016년 1월부터 장기보유특별공제를 적용하긴 하지만, 그 이전에 보유했던 기간은 인정해주지 않았다. 그런데 다행히도 2017년 1월 1일부터는 비사업용토지를 양도할 때 실제 보유기간을 인정하도록 세법이 개정되었다.

절세 전략 1 :
명의를 분산하라

양도소득세를 절세하려면 '무조건 분산하라'는 말만 기억하면 된다. 물론 그 과정이 합법적이어야 한다. 사람이든 기간이든 양도소득세는 무조건 분산하는 것이 유리하다. 양도소득세의 경우 소득이 높아지면 세율도 높아지는 누진세율이 적용되기 때문이다.

예를 들어 필요경비와 공제금액을 모두 뺀 과세표준 금액이 1억 원이라고 하자. 이 경우 양도소득세율은 35%, 누진공제액은 1,544만 원이므로 양도소득세로 내야 할 금액은 1,956만 원이다(과세표준 1억 원 × 세율 35% - 누진공제액 1,544만 원).

그런데 이 부동산이 부부 공동명의로 되어 있다면? 양도소득세는 소득세에 속하므로, 부부라 하더라도 각각 계산한다. 따라서 각자의 과세표준 금액은 1억 원이 아니라 반반씩 나눠서 5,000만 원이다. 과세표준이 1억 원일 때의 세율은 35%이지만 5,000만 원일 때의 세율은 15%로 낮아지고 누진공제액은 126만 원이다. 따라서 한 사람당 내야 하는 양도소득세는 624만 원이다(과세표준 5,000만 원 × 세율 15% − 누진공제액 126만 원). 부부 두 사람을 합치면 1,248만 원으로, 단독명의일 때 내야 하는 1,956만 원보다 708만 원이 줄어드는 셈이다.(**그림17 참조**)

만약 이 부동산에 10명이 공동투자를 했다면 어떨까? 과세표준 금액은 1억 원이 아니라 1인당 1,000만 원이 된다. 이 경우 양도소득세율은 6%이며 누진공제액은 없다. 한 사람당 내야 하는 양도소득세는 60만 원(과세표준 1,000만 원 × 세율 6%)이므로, 10명의 양도소득세를 합쳐도 600만

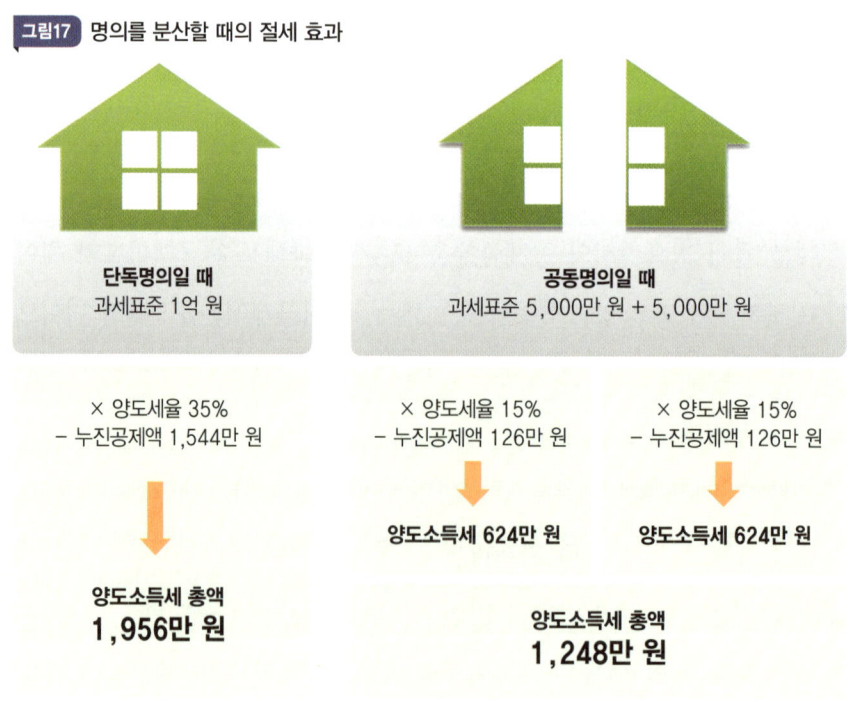

그림17 명의를 분산할 때의 절세 효과

단독명의일 때
과세표준 1억 원

× 양도세율 35%
− 누진공제액 1,544만 원

양도소득세 총액
1,956만 원

공동명의일 때
과세표준 5,000만 원 + 5,000만 원

× 양도세율 15%
− 누진공제액 126만 원

양도소득세 624만 원

× 양도세율 15%
− 누진공제액 126만 원

양도소득세 624만 원

양도소득세 총액
1,248만 원

원이다. 단독명의일 때보다 무려 1,356만 원이 줄어든 것이다. 양도소득세는 세대별 합산이 아니라 개인별 합산이기 때문에 가능한 일이다.

가족끼리는 증여공제를 활용할 수 있다

다만 명의를 분산할 때는 증여세에 유념해야 한다. 단독명의였던 부동산을 타인과 공동명의로 바꾸려면 내 재산 중 2분의 1을 타인에게 주는 것이기 때문에 증여세를 내야 한다.

다만 가족에게 재산을 증여할 때는 일정 금액까지 세금을 공제해준다. 부부 사이에는 10년간 증여한 금액 중 6억 원까지는 비과세이고, 직계존속과 직계비속에게 증여할 때는 5,000만 원(미성년자는 2,000만 원)까지 비과세가 적용된다. 단, 증여 금액은 10년간 증여한 금액을 모두 합해서 계

표24 가족 간 증여재산 공제 범위

증여 대상	공제액	비고
배우자	6억 원	사실혼 관계는 인정하지 않음
직계존속 (양가 부모, 양가 조부모, 양가 증조부모 등)	5,000만 원	
직계비속 (자녀, 양가 조손, 양가 증손 등)	5,000만 원	미성년자의 경우 2,000만 원
기타 친족	1,000만 원	4촌 이내 혈족, 3촌 이내 인척

산한다. **(표24 참조)**

이것을 어떻게 이용할 수 있을까? 예를 들어 오래전에 사두었던 현재 비조정대상지역에 위치한 1억 원짜리 주택이 6억 원으로 올랐다고 하자. 이 경우 지금 팔면 양도차익은 5억 원이다. 계산의 편의성을 위해 각종 비용이나 공제는 포함하지 않기로 했을 때, 이 집이 단독명의라면 양도소득세는 무려 1억 7,406만 원을 내야 한다(양도차익 5억 원 × 양도소득세율 40% - 누진공제액 2,594만 원).

그러나 만약 이 주택을 부인에게 미리 증여했다면 어떨까? 비록 집값이 6억 원이라도, 배우자에게 증여할 때는 10년 동안 6억 원까지는 증여세가 비과세이므로 증여세를 낼 필요가 없다. 대신 부인이 집을 취득하는 것이므로 취득세 2,400만 원은 내야 한다(취득가액 6억 원 × 취득세율 4%).

이제 이 주택을 매도하면 부인이 양도소득세를 내야 한다. 비록 남편은 1억 원에 샀지만 부인은 6억 원에 취득했으므로, 이 주택을 6억 원에 판다면 부인은 양도소득세를 한 푼도 내지 않아도 된다.

다만 팔 때는 10년을 더 기다려야 한다. '배우자 이월과세'라는 것이 있기 때문이다. 배우자에게 증여로 부동산을 이전했을 때 배우자가 10년 내에 그 부동산을 매도하면 증여 당시의 취득가액을 인정하지 않는다. 부인이 6억 원일 때 증여를 받기는 했지만, 10년 안에 이 집을 판다면 부인의 취득가액 6억 원은 인정해주지 않고, 남편이 처음에 매입한 가격인 1억 원으로 계산한다. 양도소득세를 편법으로 회피하려는 사람들을 막기 위한 조치다. **(그림18 참조)**

참고로 배우자에게 증여할 때 내야 할 세금이 0원이라고 해도 신고는 반드시 해야 한다. 이왕 할 거라면 빠른 시일 내에 하는 게 좋다. 증여공제의 합산 기간은 10년이므로 결코 짧은 시간이 아니다. 나중에 부동산 가격이 더 오른 후에 신고를 하게 되면 그만큼 오른 가격을 기준으로 과세되기 때문에 어차피 신고할 거라면 일찍 하는 게 유리하다.

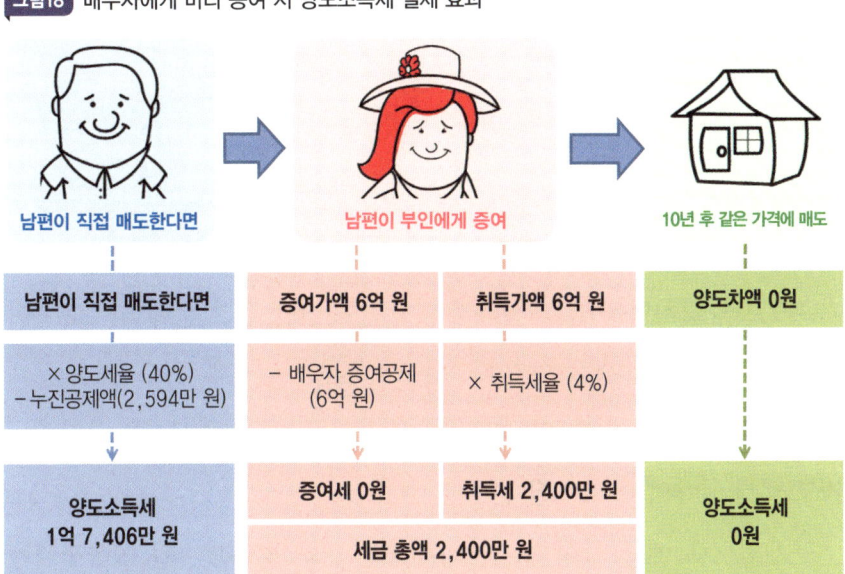

그림18 배우자에게 미리 증여 시 양도소득세 절세 효과

남편이 직접 매도한다면	남편이 부인에게 증여		10년 후 같은 가격에 매도
남편이 직접 매도한다면	증여가액 6억 원	취득가액 6억 원	양도차액 0원
× 양도세율 (40%) − 누진공제액(2,594만 원)	− 배우자 증여공제 (6억 원)	× 취득세율 (4%)	
양도소득세 1억 7,406만 원	증여세 0원	취득세 2,400만 원	양도소득세 0원
	세금 총액 2,400만 원		

절세 전략 2 :
시간을 분산하라

양도소득세의 합산 기준일은 1월 1일부터 12월 31일까지다. 이 날짜를 기준으로 양도차익을 잘 계산하지 않으면 몇십만 원 때문에 과세표준이 넘어가는 불상사가 생길 수 있다. 양도소득세는 누진세 구조이기 때문에 과세표준이 넘어가면 세금을 더 많이 내야 한다. 따라서 시간을 분산하는 것도 절세 전략의 하나가 된다.

구체적으로 예를 들어 보자. 과세표준 금액 8,800만 원 이하까지는 양도소득세율이 24%이지만 8,800만 원을 넘어가면 35%가 된다. 만약 11월 말까지 판 집들의 양도소득세 과세표준을 합쳐 보니 8,800만 원이었고, 12월에 추가로 하나 더 팔면 1,000만 원이 늘어난다고 하자. 이 경우 12월에 집을 파는 것이 이익일까, 팔지 않는 것이 이익일까?

12월에 이 집을 팔아서 양도소득세 과세표준이 1,000만 원 추가되었다고 하자. 그러면 이 사람의 과세표준 구간이 '8,800만 원 초과 1억

5,000만 원 이하' 구간으로 넘어가게 되므로 세율은 35%가 적용된다. 과세표준 8,800만 원까지에 해당하는 양도소득세는 1,536만 원(양도차액 8,800만 원 × 양도소득세율 24% − 누진공제액 576만 원)이고 여기에 추가로 내야 할 양도소득세는 350만 원(양도차액 1,000만 원 × 양도소득세율 35%)이므로 총 1,886만 원을 내야 한다.

그런데 만약 이 사람이 집을 살 사람과 잘 이야기해서 잔금 치르는 날을 1월 2일로 미룬다면 어떨까? 다음 해의 양도소득세는 전년도 양도차익을 합산하지 않고 새롭게 계산된다. 따라서 새롭게 팔 집의 과세표준은 '1,400만 원 이하' 구간에 해당하므로 세율 6%를 적용해서 양도소득세는 60만 원에 불과하다(양도차익 1,000만 원 × 양도소득세율 6%). 즉 올해에는 1,536만 원만 내고 내년에 60만 원을 추가로 내는 것이다. 어차피 팔아야 할 집이지만, 기간을 분산하여 290만 원 정도를 절약할 수 있게 된다.**(그림19 참조)**

그림19 매도 시기 분산을 통한 양도소득세 절세 효과

올해 안에 매도할 경우
구간세율 35%가 적용되어
양도소득세 350만 원 추가

내년에 매도할 경우
구간세율 6%가 적용되어
양도소득세 60만 원 추가 (다음 해)

과세표준 총액 8,800만 원

2,200만 원 2,200만 원 2,200만 원 2,200만 원 1,000만 원 1,000만 원

올해   내년

절세 전략 3 :
손해와 이익을 상쇄하라

한 해 동안 손해를 본 물건과 이익을 본 물건을 적절히 분산하는 것도 양도소득세를 줄일 수 있는 좋은 방법이다. 장사를 하다 보면 이익도 볼 수 있지만 손해를 볼 수도 있는데, 이는 부동산 투자도 마찬가지다. 매매할 때 양도차익만 나는 게 아니라 양도차손이 발생하기도 한다. 손해를 보는 것은 속상한 일이지만 양도소득세를 절감하는 데에는 유리하다.

K씨의 사례를 소개하고자 한다. 이분은 아직 제대로 공부하지 않은 상태에서 투자했던 경기도의 한 대형아파트가 리먼브라더스 사태로 인해 폭락하는 아픔을 겪었다. 가격이 크게 하락한 상태라서 팔아야 할지, 아니면 오를 때까지 계속 가지고 가야 할지 판단하기 어려웠다. 결국 K씨는 과감한 결단을 내렸다. 양도차손을 감수하고 매도해서 차라리 투자에 필요한 현금(종잣돈)을 확보하자는 것이었다. 그리고 그 현금을 가지고 인천 지역의 저렴한 매물을 사서 이른바 '단타'로 빠르게 팔아버리는 전략을

쓴 것이다.

일반적으로 보유기간이 1년 미만인 부동산은 양도소득세율이 높기 때문에 단타 투자를 하면 손에 쥐는 돈이 많지 않다. 그런데 K씨가 이렇게 과감한 판단을 할 수 있었던 것은 1년간의 양도차손과 차익이 합산된다는 것을 알고 있었기 때문이었다.**(그림20 참조)**

세법에서는 매년 1월 1일부터 12월 31일까지 2회 이상 부동산을 양도하여 발생한 양도소득은 차익이든 차손이든 상관없이 합산하여 과세한다. 연초에 매도한 대형아파트에서 양도차손을 크게 봤기 때문에, 이후 단타를 통해 얻은 양도차익과 합산하면 실제 내야 할 양도소득세는 별로 많지 않았던 것이다. 대형 아파트 투자로 자칫 마이너스가 될 뻔한 투자

그림20 양도차익과 양도차손을 합산할 경우

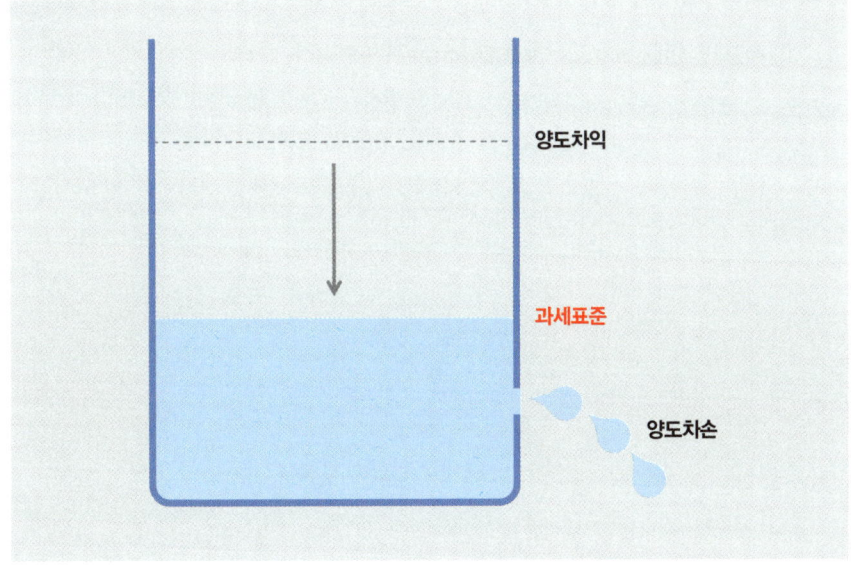

수익률을 단타로 만회했을 뿐 아니라 세금도 아낄 수 있었다.

이처럼 손해를 볼 것 같은 물건이 있다면 큰 이익이 날 것 같은 물건과 같은 해에 매도하는 것도 양도소득세를 아끼는 좋은 방법이다. 아래 주의 사항을 기억하기 바란다.

- 양도차손은 같은 해 발생한 양도차익에서만 차감할 수 있으며, 다음 해로 이월하여 공제받을 수 없다.
- 양도차손은 개인별로 통산되므로, 가족 명의의 양도차익에서 차감할 수 없다.
- 비과세되는 물건의 양도차손은 통산에서 제외한다.
- 양도차손은 같은 세율을 적용받는 자산의 양도소득금액에서 먼저 차 감하고, 차손이 남는 경우 다른 세율을 적용받는 자산의 양도소득금액 에서 차감한다.

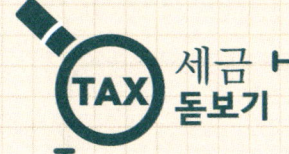
환산취득가액 제대로 알기

참여정부가 들어선 이후 2006년부터 부동산 실거래가 신고제도가 도입되었다. 거래가 체결된 후 30일 이내에 부동산 소재지의 관할 시·군·구에 신고하는 것을 의무화한 것이다.

그 이후부터는 양도소득세를 비롯해 세금을 부과할 때는 신고된 실거래가를 기준으로 삼게 됐다. 이전까지는 실거래가가 아니라 기준시가를 기준으로 양도소득세를 신고하였다. 기준시가란 정부가 고시한 부동산 가격이다.

문제는 2006년 이전에 체결된 거래들이다. 부동산을 거래한 지 오래된 경우에는 옛날 계약서를 보관하지 않고 버린 사람들이 많다. 이 경우에는 집을 매도하면서 양도소득세 신고를 할 때 무엇을 기준으로 해야 할까?

계약서가 있다면 당연히 계약서에 기록된 실거래가를 기준으로 양도소득세를 매긴다. 하지만 계약서가 없다면 과거에 거래가 이뤄졌던 당시의 기준시가를 바탕으로 취득가액을 환산하여 계산한다. 이를 환산가격이라 한다.

$$\text{취득가액 환산가격} = \text{양도가액} \times \frac{\text{취득 시 기준시가}}{\text{양도 시 기준시가}}$$

예를 들어 여러분이 20년 전부터 가지고 있던 상가를 5억 원에 사겠다는 사람이 나타났다고 하자. 거래 후 양도소득세를 신고하려고 이 상가를 샀을 때의 계약서를 찾아보니 그동안 시간이 너무 흘렀고 이사를 여러 번 하는 바람에 도무지 찾을 수가 없는 상황이다.

양도소득세는 납세자가 자진납부 신고하는 세금으로, 매수 당시 계약서가 없다고 해서 신고를 안 할 수는 없다. 이럴 때 활용하는 것이 바로 환산가격이다. 세무당국에서는 매매계약서 등의 서류에 의하여 취득 당시의 실지거래가액을 확인할 수 없는 경우에는 환산가격으로 신고할 수 있게 하고 있다. 취득 당시 실지매매가액은 알 수 없지만 국세청 컴퓨터에 기록된 취득 당시 기준시가와 양도 당시 기준시가를 토대로 환산가격을 구하는 것이다.

이 상가의 경우 만약 현재의 기준시가가 1억 원이고, 20년 전 기준시가가 2,000만 원이었다면 이를 바탕으로 취득가액을 계산해볼 수 있다. 계산 결과 취득가액은 1억 원으로 환산된다.

$$5억\ 원 \times \frac{2{,}000만\ 원}{1억\ 원} = 1억\ 원$$

따라서 이 상가의 양도차익을 구하려면 먼저 매도가 5억 원에서 환산취득가액 1억 원을 공제해야 한다. 여기에 필요경비 개산공제◆로 기준시가의 2,000만 원의 3%인 60만 원을 추가로 차감할 수 있다. 이에 따라 양도차익은 3억 9,940만 원이 된다. 여기에 각종 공제를 제외하고 해당 세율을 곱하면 양도소득세액이 산출되는 것이다.

필요경비 개산공제

필요경비를 계산할 때는 실제 지출된 금액에 일일이 증빙을 첨부하는 것이 원칙이지만, 환산가격으로 계산하는 경우에는 계산 방법이 다르다. 취득당시 기준시가의 3%만 필요경비로 인정해주는 것이다. 이것이 '개산공제(槪算控除)'다.

절세 전략 4 :
필요경비를 공제받아라

앞서 양도소득세를 계산할 때는 각종 금액을 공제한다고 했는데 그중 하나가 자본적지출과 필요경비다. 이 두 가지는 엄밀히 말하면 차이가 있지만, 실무에서는 흔히 '필요경비'로 통합해서 사용하는 경우가 많다. 여기에서도 편의상 두 가지를 구분하지 않고 설명하도록 하겠다.

필요경비를 활용해서 양도소득세를 절약하는 방법은 이미 투자자들도 많이 알고 있다. 양도소득세를 신고할 때 투입되었던 필요경비를 최대한 많이 포함해서 공제 금액을 늘리는 것이다.

다만 어떤 것이 필요경비로 인정되고 인정되지 않는지 헷갈리는 투자자들이 많다. 이 기회에 필요경비로 인정되는 것들을 일목요연하게 정리해보도록 하자.**(표25 참조)**

참고로 개인일 경우 인정되지 않는 항목 중에서 사업자일 경우에는 인정되는 것들이 있다. 양도소득에 대한 경비가 아니라 사업소득에 대한 경비로 인정되기 때문이다. 예를 들어 대출금 이자, 세입자 명도 비용, 도배 및 장판 교체 비용 등은 사업자일 경우 사업소득상 필요경비로 인정된다. 개인의 경우는 필요경비를 조작하는 경우가 많아 세금당국에서 엄격한 잣대를 적용하지만, 사업자의 경우는 서류상 증빙이 남기 때문에 조금 덜 엄격하다.

수리비를 필요경비로 인정받기 위해서는 두 가지 조건을 갖추어야 한다.

첫째, 세무당국이 인정하는 항목이어야 한다. 세무당국이 인정하는 항목이란 자산의 가치를 증가시키는 것으로(자본적지출), 아래 표의 항목에 해당하는 것들이다.

표25 양도소득세 필요경비 인정 항목(개인일 경우)

		인정되는 항목
인정되는 것	취득 시 비용	취득세, 법무사 비용, 국민주택채권 매각차손, 취득 중개보수료, 취득 시 쟁송 비용, 변호사 비용, 경락대금에 포함되지 않은 대항력 있는 전세보증금, 컨설팅비용, 매수자 부담 양도소득세
	양도 시 비용	양도 중개보수료, 세무사 양도소득세 신고수수료
	수리 시 비용	발코니 확장, 창호 공사, 바닥 공사, 난방시설 및 보일러 교체, 홈오토 설치, 자바라 방범창 설치, 방 확장 공사, 시스템 에어컨 설치
인정되지 않는 것		대출금 이자, 경매 시 세입자 명도 비용, 수익적지출 공사비(옥상 방수 공사, 하수도관 교체, 오수 정화조 설비 교체, 보일러 수리, 도배, 타일, 욕조, 변기, 바닥재 공사, 버티컬 및 커튼, 장판, 싱크대 및 주방기구 교체, 도색, 문짝 교체, 조명 교체 등)

둘째, 적격증빙이나 금융거래증빙을 갖추어야 한다. 적격증빙으로 인정되는 것은 세금계산서, 신용카드 매출전표, 현금영수증인데 2016년 2월부터는 이러한 적격증빙을 갖춘 것들만 필요경비로 인정되었다. 그러나 2018년 4월부터는 적격증빙이나 금융거래증빙 중 어느 하나만 갖추어도 필요경비로 인정되도록 시행령이 개정되었다. 금융거래 증빙 시 필요경비로 인정받기 위해서는 ① 자본적지출 공사를 한 인테리어 업체의 사업자등록번호와 상호, 대표자의 인적사항이 있어야 하고 ② 자본적지출 공사내역이 담긴 견적서나 간이영수증 등을 갖추어야 한다.

헷갈리기 쉬운 필요경비 항목들

그런데 실제로 투자를 하다 보면 이것이 필요경비에 포함되는지 아닌지 애매한 경우가 많다. 투자자들이 자주 헷갈리는 경우는 다음과 같다.

〉〉 법정한도를 초과한 중개보수

부동산 중개보수는 법적으로 그 요율이 정해져 있다. 부동산의 종류에 따라, 매매인지 임대차인지에 따라, 거래 금액에 따라 요율이 조금씩 차이가 난다. 때로는 중개사의 수고에 답하는 의미로 법정 수수료보다 더 많은 금액을 줄 때도 있다.

부동산 중개보수는 양도소득세를 계산할 때 필요경비로 인정되어 공제된다. 이렇게 법정한도를 초과한 중개보수도 필요경비로 인정될까?

결론부터 말하면 실제 지불했다면 필요경비로 인정받을 수 있다. 대법원판례에 따르면 양도소득세 계산 시 필요경비의 공제는 특단의 사정이 없는 한 실지급된 금액에 따르는 것이 '실질과세의 원칙'에 부합한다고 보고 있다(대법원91누1059, 1991. 4. 26.).

이 경우에는 실제로 지급되었다는 증거, 즉 영수증이나 입금내역이 있어야 하고, 실제로 중개사가 수령했는지 여부가 확인되어야 한다.

법에서 정한 한도보다 중개보수를 더 많이 지급한 경우에도, 객관적인 자료로 입증할 수 있다면 초과 지급분도 필요경비로 인정받을 수 있다. 하지만 법정 한도를 넘겨 보수를 받는 것은 엄연히 「공인중개사법」 위반이다. 만약 과세관청이 초과 지급 사실을 지자체에 알리게 되면 공인중개사는 행정처분 등의 제재를 받을 수 있다. 실제로 과다한 보수를 받았다가 지자체로부터 제재를 받고 소송까지 이어진 사례도 있다.

〉〉 경매 컨설팅 비용

부동산 투자자들, 특히 경매 투자를 하는 사람들 중에는 다른 전문가들의 도움, 이른바 '컨설팅'을 받는 사람들이 많다. 만약 컨설팅을 통해 물건을 낙찰받았다면 컨설팅 비용은 필요경비로 인정받을 수 있을까?

판례에 의하면 인정받을 수 있다. 부동산 경매 컨설팅 비용은 자산을 취득하기 위해 지출한 부대비용에 해당한다고 보는 것이다(조심2012서1753, 2012. 10. 16.).

이때는 컨설팅 수수료 지출 사실을 증명할 수 있는 금융기록, 컨설팅 업체와 체결한 부동산 경매 대행 또는 컨설팅 계약서, 컨설팅 업체의 날인된 수수료 영수증(법인 또는 대표자 명의)과 확인서, 인감증명서 등이 필요하다.

다만 최근에는 국세청에서 도심지의 큰 빌딩이나 시골 임야 등 매각이 힘든 부동산, 경매 등 전문가의 도움이 필요한 부동산에 대해서만 컨설팅 비용을 필요경비로 인정해주는 추세다. 공인중개사에게 의뢰만 해도 매매가 가능한 아파트에 대해서는 컨설팅 비용을 필요경비로 인정해주지 않는다.

〉〉 전 소유자의 체납관리비를 대신 낸 경우

아파트 관리비는 거주하는 사람이 내는 것이 원칙이지만, 경매 투자를 하다보면 전 소유자가 내지 않아 체납된 관리비를 낙찰자가 대신 내야 하는 경우가 생긴다. 낙찰자는 체납관리비 중 공용부분을 승계해야 할 법적 의무가 있기 때문이다.

그런데 공용부분 체납관리비를 전소유자로부터 돌려받을 가능성도 없고, 내지 않으면 단수나 단전이 되기 때문에 부득이하게 납부해야 한다면 이를 필요경비로 인정해 준다(양도, 서면−2014−법령해석재산−19980, 2015. 6. 30.).

다만 이 경우는 두 가지 조건을 충족해야 한다.

첫째, 전 소유자로부터 돌려받을 가능성이 없다는 것을 증명해야 한다. 그러려면 법원에 지급명령신청◆을 한 후 확정판결◆을 받으면 된다.

둘째, 단전이나 단수 등을 피하기 위해 어쩔 수 없이 냈다는 것을 증명해야 한다. 따라서 관리사무소에 체납관리비를 내기 전에 단전·단수 공

지급명령신청

채무자가 갚아야 할 돈을 갚지 않고 있을 때 법원은 채무자에게 빨리 금전을 지급하라고 명령을 내릴 수 있다. 이때 채권자가 법원에 이러한 명령을 내려달라고 신청하는 것이 지급명령신청이다. 일반 소송에 비해 절차가 덜 복잡하고 진행도 빠르다. 체납관리비의 경우 채무자는 관리비를 체납한 전 소유자가 되고, 채권자는 새로운 집주인이 된다.

확정판결

지급명령신청이 받아들여졌을 경우, 법원은 채무자에게 이 명령을 전달한다. 만약 채무자가 이러한 내용을 전달받고도 2주 이내에 이의를 제기하지 않으면 지급명령이 완전히 확정되는데, 이것이 확정판결이다.

유치권

타인의 물건을 점유하는 사람이 그 물건에 관해 생긴 채권을 가지는 경우에, 그 채권을 변제받을 때까지 그 목적물을 유치할 수 있는 권리를 말한다. 예를 들어, 빌라 신축공사를 하고 공사대금을 지급받지 못한 경우 공사업자는 대금을 변제받을 때까지 빌라를 점유할 수 있는 권리가 있다.

문을 받아놓는 것도 하나의 요령이다.

〉〉 유치권 해결을 위한 비용

경매 사건에서 신고된 유치권◆은 90% 이상 가짜다. 세무당국도 이것을 알고 있기 때문에 유치권 해결을 위한 비용에 대해서는 엄격한 잣대를 적용한다. 원칙적으로는 유치권을 인정한다는 법원 판결이 있어야 필요경비로 인정을 받는다.

그런데 법원 판결이 없더라도 인정되는 경우가 있다. 유치권자로부터 세금계산서를 받고 유치권에 대한 합의금을 지급했다는 증거를 제출하면 된다. 유치권 권리신고서, 유치권 포기 각서, 인감증명서 등의 서류도 필요하다.

그러나 현실적으로 유치권자로부터 세금계산서를 받아내기란 쉬운 일이 아니다. 대부분 공사대금을 받지 못해 이미 회사가 망한 경우가 많기 때문이다. 그래서 유치권 해결을 위한 비용을 경비로 인정받으려면 전문 세무사의 도움을 받는 것이 좋다. 필자의 경우도 유치권부존재소송을 벌였지만 패소해서 이에 해당하는 비용 4,000만 원을 필요경비로 인정받았던 사례가 있다.

〉〉 대항력 있는 선순위임차인의 보증금

경매에서 낙찰을 받았는데 선순위임차인*이 있고, 이 사람이 대항력*까지 갖추고 있다면 그 보증금은 전액 낙찰자가 책임져야 한다. 이 비용은 필요경비로 인정받을 수 있을까?

인정받을 수 있다. 부동산에서 취득가액이란 양도자와 양수자 간에 실제로 거래된 가액인 '실지거래가액'인데, 경매의 경우는 낙찰가가 곧 실지거래가액이 된다. 그런데 낙찰자가 대항력 있는 선순위임차인의 보증금을 지급해야 하는 것은 법적 의무에 속하므로, 법원은 이 금액이 실지거래가액에 포함되어 있다고 해석하고 있다. 단 구상권을 행사할 수 없는 보증금에 한한다(양도, 서면-2019-부동산-0047, 2019. 1. 10.).

선순위임차인
말소기준권리보다 주민등록을 먼저 갖추고 있는 임차인을 선순위임차인이라고 한다. 같은 의미로 '대항력 있는 임차인'이라고도 한다. 집의 소유자가 바뀌더라도 선순위임차인은 새로운 소유자에게 보증금을 전액 돌려달라고 요구할 수 있다.

대항력
임차인이 임대차계약을 체결한 후 말소기준권리가 되는 다른 채권들보다 먼저 주택의 인도와 주민등록의 요건을 갖출 경우 다음날 0시를 기준으로 대항력이 발생한다. 임차인이 대항력을 갖춘 경우 선순위임차인이 되는 것이다.

표26 경매 시 인정되는 필요경비

구분	내용
대항력 있는 전세보증금	확정일자 등을 통한 대항력 있는 임차인에게 지급하고 그 소유자가 구상권 행사가 불가능한 전세보증금
유익비상환청구권*	대항력 있는 임차인이 유익비상환청구권에 기해 지급한 경비

* 타인 재산 점유 시 발생되는 보수 · 관리 비용

절세 전략 5 :
1주택자 비과세 조항을
적극 활용하라

세상에서 가장 좋은 절세 방법은 무엇일까? 바로 비과세다. 비과세는 요건만 충족되면 처음부터 과세표준에 포함시키지 않고, 신고조차 할 필요가 없다. 투자자라면 비과세를 적극 활용하는 것이 현명하다.

양도소득세가 비과세 혜택을 받는 경우는 다음과 같다(소득세법 89조 1항).

1. 파산선고에 의한 처분으로 발생하는 소득
2. 대통령령으로 정하는 경우에 해당하는 농지의 교환 또는 분합(分合)
   으로 발생하는 소득
3. 다음 각 목의 어느 하나에 해당하는 주택(가액이 대통령령으로 정하

는 기준을 초과하는 고가주택은 제외한다)과 이에 딸린 토지로서 건물이 정착된 면적에 지역별로 대통령령으로 정하는 배율을 곱하여 산정한 면적 이내의 토지(이하 이 조에서 "주택부수토지"라 한다)의 양도로 발생하는 소득

가. 1세대가 1주택을 보유하는 경우로서 대통령령으로 정하는 요건을 충족하는 주택

나. 1세대가 1주택을 양도하기 전에 다른 주택을 대체취득하거나 상속, 동거봉양, 혼인 등으로 인하여 2주택 이상을 보유하는 경우로서 대통령령으로 정하는 주택

이 중에서 특히 3호를 눈여겨보자. 1세대 1주택자가 집을 팔 때는 양도소득세가 비과세된다는 항목이다. 만약 50대인 가장이 있는데 자신 명의의 집, 부모님 명의의 집, 큰 자녀와 작은 자녀 명의의 집까지 온 가족이 보유한 집이 네 채라고 하자. 각각의 세대가 분리되어 있다는 전제로 2년만 지나면 이 네 채의 집은 모두 비과세 혜택을 받을 수 있다.

1주택자가 되려면 어떤 요건을 갖춰야 할까

1세대 1주택자 요건에 대해 좀 더 알아보자. 법령에서 정하는 기본 요건은 다음과 같다.

거주자가 / 1세대를 기준으로 / 양도일 현재 / 국내에 / 1주택을 / 2년

이상 보유하고(조정대상지역 내에서는 2년 거주요건 추가) / 부수토지를 포함한 면적이 주택 정착면적의 3배(5배 또는 10배) 이내이며 / 양도했을 때 / 발생하는 소득이 있을 경우

위 요건을 충족하고 양도가액이 12억 원 이하면 양도소득세를 비과세 해준다. 대부분은 이해하기에 별로 어렵지 않은 내용이므로, 여기에서는 헷갈리기 쉬운 몇 가지에 대해서만 자세히 알아보기로 하자.

>> 거주자

'거주자'로 인정받으려면 먼저 1과세 기간 중 또는 2과세 기간에 걸쳐 6개월(183일) 이상 국내에 살아야 한다. 또는 지금까지는 머물지 않았어도 직업이나 생계를 함께하는 가족 등이 국내에 있어 앞으로 통상 183일 이상 국내에 머물 것으로 예상되는 사람도 거주자로 인정받을 수 있다. 이는 한국에서만 적용되는 게 아니라 국제 규범에 따른 것이다.

실제로 이런 경우가 있었다. 강남에 사는 여성 L씨는 미국 LA에 살고 있는 딸의 출산을 보러 미국으로 갔다. 손녀만 보고 올 생각으로 갔지만, 막상 타지에서 혼자 아이를 낳은 딸을 보니 그냥 돌아올 수가 없어서 조금 더 머무르면서 손녀를 봐주기로 했다. 그랬던 것이 어쩌다 보니 2년이나 지나가 버렸고, 귀국하자 한국에 있는 자기 소유의 아파트는 가격이 꽤 올라 있었다. 부동산 중개사는 L씨가 1세대 1주택자이므로 양도소득세가 비과세라고 했고, L씨는 별생각 없이 이 집을 팔았다.

그런데 8개월이 지나고 난 후 세무당국으로부터 양도소득세를 납부하

라는 이야기를 듣게 되었다. 이유는 L씨가 '실거주 요건'을 충족하지 못했기 때문이다. L씨처럼 단순히 국적이 한국인이니까 괜찮을 거라고 생각하지 말자. 글로벌 시대인 요즘은 거주자의 개념을 국적이 아닌 실제 거주한 나라로 따진다.

>> 1세대

가장 중요한 '1세대'의 개념 역시 기본적인 것이지만 살펴보도록 하자. 법에서 정하는 1세대는 본인, 배우자, 본인의 직계존비속, 배우자의 직계존비속, 본인의 형제자매, 배우자의 형제자매까지 인정된다. 이때 형제자매의 배우자는 인정되지 않는다. 즉 형의 아내(형수), 누나의 남편(매형), 오빠의 아내(새언니) 등은 함께 살고 있어도 1세대로 보지 않는 것이다. 만약 아내의 남동생, 즉 처남과 함께 살고 있는데, 아내 명의의 집 한 채와 처남 명의의 집 한 채가 있다고 하자. 이때 처남 명의의 집을 판다면 양도소득세는 비과세될까? 나와 처남은 한 세대를 이루어 살고 있고, 아

그림21 1세대의 개념

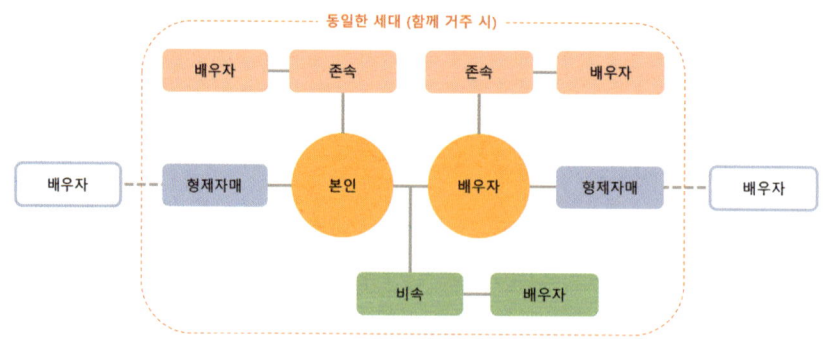

내와 나는 같은 세대이다. 부인 1주택, 처남 1주택을 합하여 1세대 2주택에 해당하므로 비과세 혜택을 받을 수 없다.

그런데 처남이 아니라 처남의 아내(처남댁) 명의의 주택이 있다면? 이때는 아내 명의의 집을 팔아도 양도소득세를 내지 않는다. 비록 처남댁이 함께 살고 있어도 같은 세대원이 아니기 때문에, 1세대 1주택으로 인정되어 비과세 혜택을 받을 수 있다. 비과세 혜택을 받기 위해 세대를 분리하고자 한다면, 잔금 치르기 하루 전에 세대를 분리해도 혜택을 받을 수 있다. 다만 세대분리 이후 상당기간 동안 분리 상태가 유지되어야 하고, 별도로 거주한다는 것을 증명해야 한다. 그렇지 않으면 허위신고가 된다.

일례로 H씨는 인천에서 어머니와 함께 살다가 집을 팔고 이사를 하기로 했다. 어머니 앞으로도 집이 한 채 있었고, 중개사는 잔금을 치르기 전에 세대를 분리하면 비과세 혜택을 받을 수 있다고 조언했다. H씨의 어머니는 주민등록상으로만 세대를 분리했고 거주지는 그대로 아들과 함께 살았다.

그런데 세대분리를 하고 3개월쯤 지나서 '이젠 괜찮겠지'라고 생각한 H씨는 다시 어머니와 세대를 합쳐버렸다. 그리고 8개월 후 H씨는 세무당국으로부터 양도소득세 비과세 대상이 아니라는 사실과 신고불성실가산세 및 납부지연가산세를 납부하라는 고지서를 받게 되었다.

만약 어머니가 실제로 H씨와 다른 곳에 살고 있었다면 납세자보호담당관을 찾아가 소명함으로써 해결될 가능성이 컸다. 하지만 실제로 다른 곳에 살지 않았기 때문에 H씨는 꼼짝 못 하고 가산세까지 납부해야 할 상황이 되어버렸다.

〉〉 부수토지

부수토지란 주택 건물이 지어져 있는 땅(주택의 정착면적)과 그 주택에 딸린 토지를 말한다. 마당이나 차고 같은 것들이다. 다만 주택의 부수토지로 인정받으려면 주택 소유자와 토지 소유자가 동일하거나 같은 세대여야 하고, 비록 같은 사람 소유라고 해도 울타리 등 생활 범위의 밖에 있어서 공용으로 사용되고 있다면 부수토지로 인정받지 못한다.

2022년 양도분부터는 양도소득세 비과세 혜택에 포함되는 부수토지의 범위가 축소되었다. 수도권 도시지역의 주거·상업·공업지역은 기존에 주택 정착면적의 5배였던 것이 3배로 축소되었다. 수도권 녹지지역과 수도권 밖 도시지역은 종전대로 주택정착면적의 5배, 비도시지역은 10배가 그대로 적용된다.

만약 당신이 1만 평의 땅을 가지고 있는데, 여기에 20평짜리 작은 집을 지어놓고 "이 땅은 모두 우리 집에 딸려 있는 부속토지입니다"라고 주장해봐야 소용없다는 뜻이다. 그 땅이 위치한 곳이 수도권 밖 도시지역이라

표27 부수토지의 범위(지역별 적용 배율, 2022년 1월 1일 이후 양도분부터)

주택 소재 지역 구분		2021년 12월 31일 이전 양도분	2022년 1월 1일 이후 양도분
도시지역 내	수도권 내 주거·상업·공업지역	5배	3배
	수도권 내 녹지지역	5배	5배
	수도권 밖	5배	5배
도시지역 밖		10배	

면 세무당국은 집의 정착면적인 20평의 5배, 즉 100평까지만 부수토지로 인정해주고 나머지 9,900평에 대해서는 비사업용 토지로 세금을 부과할 것이다.

〉〉 2년 이상 보유

1세대 1주택 비과세를 적용받으려면 보유기간이 2년 이상이어야 한다. 보유기간은 취득일부터 양도일까지인데, 이때 잔금청산일과 등기접수일 중 빠른 날을 취득일 또는 양도일로 계산한다. 본등기를 하기 전에 가등기를 해놓았더라도 이 기간은 보유기간으로 보지 않는다.

매매가 아닌 증여를 통해서 취득한 자산이라면 증여받은 날(증여등기접수일)부터 보유기간을 계산한다. 반면 상속받은 경우는 피상속인의 사망일을 기준으로 보유기간을 계산한다. 보유기간과 거주기간에는 예외가 있다. 아래의 경우에는 보유기간 및 거주기간의 제한을 받지 않는다.

- 임대주택법에 따른 민간건설임대주택 또는 공공건설(매입)임대주택(임차일부터 양도일까지 세대 전원이 5년 이상 거주)
- 공익사업 등에 의한 협의매수·수용
- 해외이주법에 따른 해외이주(출국일 및 양도일 현재 1주택을 보유해야 하고 출국일로부터 2년 내 양도)
- 취학, 근무상 형편에 따른 출국(출국 전 취득한 1주택만 보유하고 출국일로부터 2년 내 비거주자 상태에서 양도)
- 취학, 근무상 형편, 질병의 요양, 학교폭력 피해, 그 밖에 부득이한 사

유로 1년 이상 거주한 주택을 팔고 세대원 전원이 다른 시·군 지역으로 이사할 경우

아래의 경우에는 거주기간의 제한을 받지 않는다.

- 1세대가 조정대상지역에 1주택을 보유한 거주자로서 2019년 12월 16일 이전까지 지자체와 세무서에 임대주택등록과 사업자등록을 하고 의무임대기간(단기 4년, 장기일반 8년) 이상 임대를 한 경우(임대보증금 또는 임대료의 증가율이 5%를 초과하는 경우는 제외)
- 조정대상지역 공고 전에 매매계약을 체결하고 계약금을 지급한 사실이 증빙서류에 의하여 확인되는 경우로서 해당 거주자가 속한 1세대가 계약금 지급일 현재 주택을 보유하지 아니하는 경우

또한 거주기간 또는 보유기간이 아래 경우에 해당한다면 기간을 합해서 계산할 수 있다.

- 거주하거나 보유하는 중에 소실·도괴·노후 등으로 인하여 멸실되어 재건축한 주택인 경우는 그 없어진 주택과 재건축한 주택에 대한 거주기간 및 보유기간을 통산
- 상속받은 주택으로서 상속인과 피상속인이 상속개시 당시 동일세대인 경우에는 상속개시 전에 상속인과 피상속인이 동일세대로서 보유한 기간을 통산

>> 2년 이상 거주

2017년 발표된 8·2 부동산 대책 이후 조정대상지역에서 1주택 비과세 혜택을 받으려면 2년 이상 보유뿐만 아니라 2년 이상 거주해야 하는 요건이 추가되었다. 이때 유의해야 할 사항은 조정대상지역이 해제되더라도 거주요건을 충족해야 비과세를 받을 수 있다는 점이다. 거주기간은 취득일 이후 주민등록표상의 전입일로부터 전출일까지로 계산하고, 취득한 날로부터 양도한 날까지의 거주기간을 통산한다.

조정대상지역 지정 후에 취득한 주택은 '2년 보유'는 물론이고 '2년 거주' 요건까지 충족해야 비과세를 받을 수 있다. 이때의 '2년 거주'는 '보유기간 중 거주한 기간'만 인정한다.

비과세를 받기 위한 '2년 거주' 적용 여부는 취득 당시 해당 지역이 조정대상지역이었는지 아닌지에 따라 결정된다.

만약 주택 취득 당시 조정대상지역이 아니었다면, 향후 조정대상지역으로 지정되더라도 2년 이상 거주할 필요가 없다. 하지만 반대의 경우, 취득 당시 조정대상지역이었다면 조정대상지역에서 해제되더라도 '2년 거주' 요건은 그대로 유지된다. 결국 취득 당시 조정대상지역 내 주택이라면, 양도할 때 반드시 2년 이상 거주해야만 비과세 혜택을 받을 수 있다.

계약일 현재 무주택 세대이면서 비조정대상지역에서 계약을 체결하고 계약금을 지급한 것이 확인된 경우라면, 잔금 지급일 현재 조정대상지역으로 지정되었더라도 거주요건은 없다. 이때 계약금 지급이란 계약 금 전액을 완납한 경우를 의미하는 것이다. 만약 계약금을 1차, 2차로 나누어서 지급한 경우, 1차 계약금을 지급한 시점에는 비조정대상지역이었으나 2차 계약금을 지급하는 시점에는 조정대상지역이라면 계약금을 완납한 경우가 아니므로 2년 거주 요건을 충족해야 한다.

거주 요건은 양도일 현재 세대원 전원이 거주를 해야 하지만, 취학, 근무상 형편, 질병 요양, 사업상 형편 등으로 세대원 일부가 해당 주택에 거주를 하지 못하는 경우라면 나머지 세대원만 거주요건을 충족해도 인정된다.

〉〉 상생임대주택에 대한 1세대 1주택 비과세 특례

2022년 2월 15일에 「상생임대주택에 대한 1세대 1주택의 특례」 규정이 신설되었다. 2022년 12월 31일까지(2026년 12월 31일까지로 연장) 직전 계약 대비 임대료를 5% 이내 인상하여 계약을 체결한 임대인을 '상생임대인'이라 한다.

2017년 8월 3일 이후 조정대상지역에 소재한 주택을 취득하는 경우, 비과세를 받기 위해선 2년 이상 보유해야 할 뿐만 아니라 2년 이상 거주까지 해야 했다. 그런데 상생임대인이 2년 이상 임대한 주택에 대해서는 비과세를 위한 의무 거주기간 2년 중 1년을 거주한 것으로 보았다.

그러나 이 규정은 요건도 까다롭고 혜택도 그리 크지 않아 사실상 유명무실한 규정에 불과했는데, 2022년 6월 21일 정부에서 '임대차 시장 안정 방안 및 3분기 추진 부동산 정상화 과제'를 발표하면서 상생임대주택 요건이 완화되고, 혜택도 확대되었다(2022년 8월 2일 최종 개정).

이전까지는 임대개시 시점에 기준시가 9억 원 이하인 1세대 1주택이어야 상생임대인 혜택을 받을 수 있었으나, 이번 개정으로 인해 기준시가

표28 상생임대인의 조건과 혜택

구분		내용
상생임대인 개념		직전계약 대비 임대료를 5% 이내로 인상한 신규(갱신) 계약 체결 임대인(구청과 세무서에 사업자등록 필요 없음)
직전 임대차 계약		① 소유자 본인이 취득한 후 임차인과 새로 체결한 계약(취득 시 기존 매도자에게 승계받은 계약은 해당되지 않음) ② 1년 6개월 이상 의무임대
상생임대차 계약		① 2021년 12월 20일부터 2026년 12월 31일 사이에 직전 임대차계약 대비 5% 이내 인상 계약(유지, 인하도 가능) ② 2026년 12월 31일까지 계약 체결 및 임대개시가 되어야 함 ③ 2년 이상 의무임대
혜택	비과세	조정대상지역 1세대 1주택 양도세 비과세 2년 거주요건 면제
	장기보유특별공제	1세대 1주택 장기보유특별공제 표2 적용을 위한 2년 거주요건 면제[보유기간×4%+거주기간(0년)*×4%)]
	거주주택 비과세	지자체 및 세무서에 등록한 임대주택을 보유한 상태에서 상생임대주택 양도 시 거주주택 비과세 특례 적용

※직전 임대차계약 및 상생 임대차계약 모두 1년 미만인 경우 1개월로 봄
*실제 거주하지 않았으므로 거주 장특은 적용 안 됨

가 9억 원을 초과하거나 임대개시 시점에 다주택자더라도 향후 1주택자가 될 예정이라면 혜택을 적용받을 수 있다.

또한 혜택의 폭도 더 넓어졌다. 기존에는 1년으로 인정되던 비과세 거주요건이 2년으로 확대되었다. 상생 임대차계약을 체결해야 하는 기한은 역시 당초 2024년 12월 31일까지였으나, 두 차례의 연장을 거쳐 최종적으로 2026년 12월 31일까지로 확대되었다.

하지만 주의해야 할 점이 있다. 상생 임대차계약을 체결하는 기한은

2026년 말까지 연장되었지만, 실제로 임대가 시작되는 날(임대개시일)은 반드시 2026년 12월 31일까지여야 한다는 점이다.

〉〉 고가 겸용주택의 경우

2022년부터는 1세대 1주택인 고가 겸용주택은 전체 비과세가 안 된다. 2022년부터는 1세대 1주택인 실거래가액 12억 원 초과의 겸용주택 양도 시 주택 부분과 주택 외 부분을 분리하여 주택 부분만 주택으로 보아 양도차익을 계산하며, 고가주택에 해당하지 않는 겸용주택은 개정 전과 같이 주택 부분과 주택 외 부분 중 주택 부분이 큰 경우 전체를 주택으로 본다.

개정 전

- 주택 연면적 ≤ 주택 외 부분 연면적 → 주택 부분만 주택으로 봄
- 주택 연면적 〉 주택 외 부분 연면적 → 전부를 주택으로 봄

개정 후

실거래가액 12억 원 초과 시 주택 부분만 주택으로 봄 → 주택과 주택 외 부분을 분리

2주택자도 비과세 혜택을 받을 수 있다

이번에는 2주택자가 비과세 혜택을 받는 경우를 살펴보자. 하나의 세

대가 국내에 2개의 주택을 소유하고 있는 경우에는 먼저 양도하는 주택에 대해 양도소득세가 과세되는 것이 원칙이다. 그러나 일정한 요건을 갖추었다면 2주택자라도 양도소득세를 비과세하는 경우가 있으므로, 이를 잘 활용하면 세금을 절약할 수 있다.

소득세법 89조 1항 '나'에는 1세대가 1주택을 양도하기 전에 다른 주택을 대체취득하거나 상속, 동거봉양, 혼인 등으로 인하여 2주택 이상을 보유하는 경우에도 비과세 혜택을 받을 수 있다고 나와 있다. 이에 대해 좀 더 자세히 살펴보기로 하자.

〉〉 일시적 2주택(대체주택)일 경우

대표적인 경우가 현재 집을 보유한 상태에서 이사갈 집을 매입해 일시적으로 2주택자가 되는 상황이다. 이런 경우에는 '일시적 2주택'이라 하여 먼저 가지고 있던 주택을 팔 때 양도소득세가 비과세된다. 일시적 2주택으로 인정받으려면 '1-2-3 원칙'을 기억하면 된다.

① 첫 번째 주택(종전주택)을 매입한 날부터 1년 이상이 지난 후에 두 번째 주택(대체주택)을 매입할 것.

② 첫 번째 주택(종전주택)을 매입한 날부터 2년 이상 보유할 것(단, 조정대상지역 내에서는 2년 이상 거주요건도 충족해야 함).

③ 두 번째 주택(대체주택)을 매입한 날부터 3년 이내에 첫 번째 주택(종전주택)을 매도할 것(2023년 1월 12일 양도분부터 3년 이내 적용).

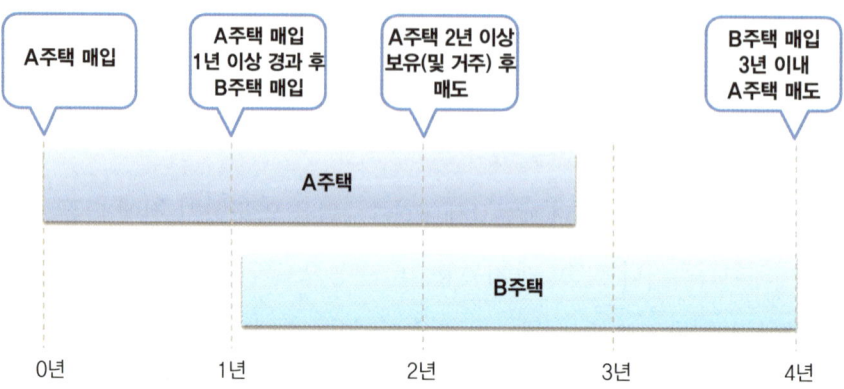

그림22 일시적 2주택자의 인정 조건

A주택 매입

A주택 매입
1년 이상 경과 후
B주택 매입

A주택 2년 이상
보유(및 거주) 후
매도

B주택 매입
3년 이내
A주택 매도

A주택

B주택

0년   1년   2년   3년   4년

이해를 돕기 위해 **그림22**를 보도록 하자. 당신이 A주택(종전주택)을 샀고, 이후에 B주택(대체주택)을 샀을 때 다음과 같은 조건에 해당한다면 A주택(종전주택)을 팔 때 양도소득세가 비과세된다.

첫 번째 조건은 A주택(종전주택)을 매입한 이후 최소 1년이 지난 후에 B주택(대체주택)을 매입하는 것이다. 1년이라는 기간을 두는 이유는 비과세 혜택을 악용하는 것을 막기 위해서다. 그렇지 않으면 A주택(종전주택)을 산 바로 다음날 B주택(대체주택)을 매입하고, 2년이 지나 A주택(종전주택)을 팔고 그 다음 날 B주택(대체주택)을 팔면 또 비과세 혜택을 받게 되기 때문이다.

보통 사람들을 보면 집을 구매할 때 시간 차이를 두지 않고 연이어 구매하는 경우가 많다. 이 경우 일시적 2주택의 1원칙에 맞지 않아 비과세 혜택을 받지 못한다. 일시적 2주택 비과세를 받으려면 1년이라는 기간을 두고 구매해야 2주택 모두 비과세 혜택을 누릴 수 있다. 여기서 많은 사람들이 놓치는 함정이 하나 있다. 바로 '1년 이상 경과'를 계산하는 방식이다. 날짜를 계산할 때 첫날을 포함하지 않는다는 '초일불산입 원칙'이 있는데, 이 원칙을 제대로 이해하지 못해 비과세가 물 건너가는 사례가 빈번하게 발생한다.

예를 들어 종전주택을 2025년 12월 14일에 취득했다면, 기간을 계산할 때 취득 당일인 14일은 포함하지 않는다. 실제 계산은 다음 날인 2025년 12월 15일이 되는 것이다. 따라서 딱 1년 뒤인 2026년 12월 14일은 아직 1년이 경과한 것으로 볼 수 없다.

결국 안전하게 일시적 1세대 2주택 비과세를 받으려면 신규 주택은 2026년 12월 15일 이후에 취득해야만 한다. 단 하루 차이로 비과세라는 엄청난 혜택이 사라지는 경우가 매우 많으니 꼼꼼히 계산해야 한다.

1년 기간에는 예외도 있다. 건설임대주택을 분양받은 경우, 공익사업법에 의한 협의매수 수용을 당한 경우, 1년 이상 거주하다가 취학이나 근무상 형편, 질병 요양, 기타 부득이한 사유로 인해 세대원 전원이 다른 시·군으로 이사하는 경우, 수도권에 소재한 공공기관 또는 법인이 수도권 밖으로 이전하는 경우에는 1년 시차를 두지 않아도 된다.

두 번째 조건은 A주택(종전주택)의 보유기간이 최소 2년 이상이어야 한다는 것이다. 만약 해당 주택이 조정대상지역에 소재하면 2년 거주조건도 갖추어야 한다. 이것은 1세대 1주택자 비과세의 기본 원칙이 되는 조건이기도 하다.

세 번째 조건은 B주택(신규주택)을 매입하고 3년 안에 A주택(종전주택)을 매도하는 것이다. 2023년 소득세법 시행령이 개정됨에 따라 2023년

1월 12일 이후 양도분부터 조정대상지역 여부와 상관없이 신규주택을 취득한 날부터 3년 안에 종전주택을 매도하면 일시적 1세대 2주택 비과세를 받을 수 있다. 양도소득세의 일시적 2주택뿐만 아니라 취득세와 종합부동산세의 일시적 2주택 규정 역시 모두 3년 안에 매도하는 것으로 세법 간 처분 시기를 일치시켜 납세자들의 혼란을 최소화했다. 다만, 2023년 1월 11일까지 양도한 경우는 종전 규정대로 2년 안에 처분해야 한다.

참고로 2021년 1월 1일 이후 주택 분양권을 취득하고 이 분양권이 아파트로 완공된 경우 일시적 2주택 비과세를 적용하는 것이 아니라 뒤에서 설명할 일시적 1주택·1분양권 비과세 특례가 적용되므로 매우 주의해야 한다. 2021년 1월 1일 이후 취득하는 분양권은 비과세 판정 시 주택으로 간주하기 때문에 비과세를 적용하는 방식이 완전히 바뀌기 때문이다.

3년의 처분기한을 적용받지 않는 예외적인 경우도 있다. 수도권 소재 공공기관 또는 법인이 수도권 밖으로 이전하는 경우 해당 직원은 5년 이내에 첫 번째 주택을 매도하면 된다(단, 수도권에 1주택을 소유한 자로 한정).

〉〉 거주주택과 장기임대주택을 보유했을 경우

거주주택 1채와 장기임대주택을 보유한 세대가 거주주택을 양도하는 경우 일정한 요건만 맞추면 1주택자로 인정되어 비과세 적용을 받을 수 있다. 이때의 요건이란 거주주택의 보유기간이 2년 이상이고, 세대 전원이 2년 이상 거주하는 것이다(소득세법 시행령 제155조 제20항). 현재 거주하고 있지 않아도 상관없고, 연속해서 2년 동안 거주하지 않아도 된다.

드문드문 거주했더라도 기간을 합해서 2년 이상이면 가능하고, 임대주택 등록 시점 이전의 거주기간도 소급해서 인정해준다. 또한 세대원 중 일부가 취학(고등학교 이상), 질병, 근무상 형편으로 거주기간 2년을 못 채워도 나머지 세대원들이 기간을 채웠다면 세대 전원이 거주한 것으로 본다.

생각해보자. 주택을 3채 소유한 소유주가 있고, 현재 집에 세대원 전원이 2년 이상 살았다. 이 집을 매도하려고 하는데 양도차익이 아주 커서 양도소득세가 많이 나올 상황이라면 어떤 방법으로 절세할 수 있을까?

거주주택의 잔금을 치르기 전에 나머지 2채의 주택을 임대주택으로 등록하면 된다. 그러면 이 주택들은 비과세 판정 시 주택 수에 포함되지 않으므로 1주택자가 되어 양도하려는 주택은 비과세 혜택을 받을 수 있다.

원래 비과세는 1주택자를 위한 혜택이지만, 국가가 임대사업을 통해서 전월세 시장 안정에 기여한 점을 인정하여 주택임대사업자에게는 주택이 여러 채라도 비과세 혜택을 주고 있다.

다만 조건이 엄격하다. 비과세를 받을 주택은 반드시 세대원 전원이 2년 이상 거주해야 한다. 이는 조정대상지역이든 비조정대상지역이든, 8·2 대책 이전에 취득했든 이후에 취득했든 마찬가지다. 8·2 대책 이전에 물건을 취득하고, 비조정대상지역에 있다며 2년 거주를 하지 않고 양도를 해 비과세 혜택을 받지 못하는 경우를 많이 목격했다. 그러니 다시 한번 기억하기 바란다.

장기임대주택은 다음의 요건을 갖추고 있어야 한다.

① 소득세법 제168조에 의한 사업자등록(세무서)과 민간임대주택에 관한 특별법 제5조에 따른 지자체에 임대사업자 등록을 하고 임대하는 주택

② 해당 주택의 임대개시일 당시 주택의 공시가격이 6억 원 이하(수도권 외 지역인 경우는 3억 원 이하)일 것. 이때의 임대개시일은 세입자가 입주한 날과 지자체에 임대등록한 날과 세무서에 사업자등록을 한 날 중 가장 늦은 날의 기준시가를 적용함. 등록 후에는 기준시가가 초과되어도 상관없음

③ 전국에 1채 이상

④ 5년 이상 계속하여 임대해야 함(장기일반민간임대주택은 8년 또는 10년 이상 계속 임대)

⑤ 임대료 상승률이 5%를 초과하지 않을 것

⑥ 같은 세대원이 아닌 자와의 공동소유주택은 장기임대주택으로 인정하지 않음

최근 「민간임대주택에 관한 특별법」이 개정되면서, 다시 6년 단기민간임대주택 등록이 가능해졌다. 이에 따라 「소득세법 시행령」도 개정되면서 거주주택 비과세 혜택을 받을 수 있는 장기임대주택 범위에 '6년 단기민간임대주택'이 새롭게 포함되었다.

이전에는 8년 장기일반민간임대주택 중심으로 비과세가 적용되었는데, 이제는 6년만 임대해도 그 혜택을 볼 수 있게 되어 의미가 크다. 그러나 모든 6년 단기민간임대주택이 자동으로 장기임대주택으로 인정되는

것은 아니다. 세법에서 정한 일정 요건을 충족해야만 장기임대주택으로 인정받을 수 있다.

6년 단기민간임대주택은 다음의 요건을 갖추고 있어야 한다.

① 지방자치단체에 주택임대사업자 및 세무서에 사업자등록(아파트는 등록 불가)
② 임대의무기간: 6년 이상
③ 등록 당시 공시가격: 건설임대주택은 6억 원 이하, 매입임대주택은 수도권 4억 원(비수도권 2억 원) 이하
④ 주택 수: 건설임대주택은 2호 이상, 매입임대주택은 제한 없음
⑤ 면적 기준: 건설임대주택은 대지 298㎡ 이하, 주택 연면적 149㎡ 이하
⑥ 임대료 증액 제한: 5% 이하
⑦ 지역 제한: 매입임대주택은 조정대상지역 소재 주택 제외(다만, 조정대상지역 공고일 이전 또는 2018년 9월 13일 이전에 매매계약한 주택이나 주택을 취득할 수 있는 권리는 비조정대상지역에서 취득한 것으로 본다)

장기임대주택의 임대기간 요건을 충족하지 못하고 미리 거주주택을 양도하더라도 비과세를 적용받는 방법도 있다. 다만 추후에 장기임대주택 요건을 충족하지 못할 경우에는 비과세된 세금을 반환해야 한다.

과거에는 임대등록을 한 상태에서 거주주택에 대한 비과세 혜택을 받

고 양도한 후, 다시 새로운 주택을 취득해서 2년 거주요건을 채워 양도할 때 비과세 혜택을 받는 게 가능했다. 하지만 2019년 2월 12일 이후 취득하는 주택에 대해 평생 1회만 비과세를 받을 수 있다는 제한이 있었다. 그런데 2025년 2월 28일 「소득세법 시행령」이 개정되면서 '평생 1회 제한'이 사라졌다. 따라서 2019년 2월 12일 이후 취득한 주택이라 하더라도 일정 요건을 만족하면 횟수와 상관없이 다시 거주주택 비과세 특례를 누릴 수 있게 되었다.

표29 거주주택 비과세 특례 적용 시 장기임대주택의 임대의무기간 변천사

임대등록시기	임대유형	임대의무기간
2020년 7월 10일 이전	단기임대(4년)	5년[4]
	장기임대(8년)	5년
2020년 7월 11일 ~2020년 8월 17일	장기임대(8년)[1]	8년
2020년 8월 18일 ~2025년 6월 3일	장기임대(10년)[2]	10년
2025년 6월 4일 이후	단기임대(6년)[3]	6년
	장기임대(10년)[2]	10년

1) 아파트를 제외한 다세대주택, 다가구주택, 오피스텔, 연립주택 등만 8년 장기일반민간임대주택으로 등록한 경우 거주주택 비과세 특례 가능. 단, 아파트를 2020년 7월 11일부터 2020년 8월 17일 사이에 8년 장기일반민간임대주택으로 등록했거나 단기민간임대주택을 장기일반민간임대주택으로 변경 신청을 한 경우 거주주택 비과세 특례 불가
2) 아파트를 제외한 다세대주택, 다가구주택, 오피스텔, 연립주택 등만 10년 장기일반민간임대주택으로 등록한 경우 거주주택 비과세 특례 가능
3) 1주택을 보유한 상태에서 조정대상지역에 취득한 경우 6년 단기민간임대주택으로 등록하더라도 거주주택 비과세 특례 불가. 비조정대상지역 취득 후 6년 단기민간임대주택으로 등록한 경우만 거주주택 비과세 특례 가능함에 주의

4) 4년 단기민간임대주택이 2020년 8월 18일 이후 자동말소 또는 임대의무기간의 1/2 이상 경과 후 자진
말소한 경우 5년의 임대의무기간을 채우지 못하였더라도 임대의무기간을 채운 것으로 보아 거주주택 비
과세 특례 가능

〉〉 동거봉양으로 인한 2주택의 경우

1주택을 보유한 1세대가 1주택을 보유하고 있는 60세 이상의 직계존속
(배우자의 직계존속 포함, 직계존속 중 한 사람이 60세 미만인 경우 포함)을 모
시기 위해 세대를 합침으로써 1세대가 2주택을 보유하게 된 경우, 세대를
합친 날로부터 10년 이내에 먼저 양도하는 주택에 대해서는 양도소득세
를 비과세한다. 이때에도 비과세 요건은 갖춰야 한다.

유의할 점은 직계비속은 세대를 반드시 구성해야 하지만 직계존속은 세대
를 구성하지 않아도 된다는 점, 그리고 암이나 희귀성 질환 등 중대한 질병이
발생한 경우에는 존속이 60세 미만이라도 특례를 받을 수 있다는 점이다.

〉〉 혼인 합가로 인한 2주택의 경우

1주택을 보유한 남자와 1주택을 보유한 여자가 혼인함으로써 1세대 2주
택을 보유하게 되는 경우, 혼인한 날로부터 10년(2024년 11월 11일 이전 양
도분은 5년) 이내에 먼저 양도하는 비과세 요건을 갖춘 주택에 대해 양도
소득세를 비과세한다.

혼인 합가 시 비과세 적용 여부를 판단할 때 가장 중요한 기준은 '합가
하는 시점'의 주택 수다. 합가하는 순간 부부가 각각 1주택자인 경우에
만 비과세 혜택이 적용된다. 따라서 합가하기 전이나 합가한 이후의 주
택 보유 현황은 고려하지 않는다. 오직 합가 시점에 어느 한쪽이라도 이

미 다주택자에 해당한다면 비과세 혜택은 받을 수 없다(서면-2023-법규재산-0887, 2024. 6. 25.). 다만, 합가 시점 어느 한쪽이 일시적 2주택자이고 다른 한쪽이 1주택자인 경우에는 일시적 2주택자인 배우자의 종전주택을 신규주택 취득일부터 3년 이내 처분하면 비과세를 적용받을 수 있다(기준-2025-법규재산-0025, 2025. 5. 15.).

>> 상속주택과 일반주택을 보유했을 경우

기존에 1주택을 보유하고 있었는데 상속으로 인해 2주택이 된 경우가 있다. 일반주택의 1세대 1주택 비과세 여부를 판정할 때 상속받은 주택은 주택 수에 포함하지 않기 때문에 기존 주택을 양도할 때는 비과세를 받을 수 있다. 신규주택 취득, 결혼, 봉양 등으로 2주택자가 된 경우에는 3~10년 이내에 양도해야 비과세를 받는다는 제한이 있지만, 상속주택 취득으로 2주택자가 된 경우에는 기간 제한 없이 언제든지 처분해도 된다.

다만 주의할 점이 있다. 상속 당시에 보유하고 있는 기존 주택을 양도할 때만 비과세가 적용되고, 상속주택을 먼저 양도하는 경우에는 양도소득세가 과세된다는 점이다.

또한 피상속인(사망인)이 상속개시 당시 2채 이상의 주택을 소유했던 경우에는 피상속인의 보유기간이 가장 길었던 주택 하나에 대해서만 특례가 적용된다. 피상속인의 보유기간이 같은 주택이 2채 이상일 경우에는 피상속인이 거주한 기간이 가장 긴 주택을 상속주택으로 한다.

피상속인의 보유기간 및 거주기간이 모두 같은 주택이 2채 이상일 경우에는 피상속인이 상속개시 당시 거주한 주택을 상속주택으로 한다.

피상속인이 거주한 사실이 없거나 보유기간이 같은 주택이 2채 이상일 경우에는 기준시가가 가장 높은 주택을 상속주택으로 하는데, 기준시가마저 같은 경우에는 상속인이 선택하는 1주택을 상속주택으로 한다.

또 하나 주의할 것은 상속인과 피상속인이 동일세대원이었고, 상속개시 당시 1세대 2주택인 경우에는 비과세 특례를 적용받을 수 없다는 점이다. 이미 상속 이전부터 1세대 2주택이었기 때문이다. 다만 1주택을 보유한 1세대가 60세 이상의 노부모를 동거봉양하기 위해 세대를 합치면서 2주택을 보유하게 되는 경우, 합치기 이전부터 소유하고 있었던 주택은 상속주택으로 보아 비과세를 적용한다. 이는 노부모를 동거봉양하려다가 세법상 불이익을 받는 것을 막기 위함이다.

〉〉 공동상속주택 소수지분과 일반주택을 보유했을 경우

상속 주택을 여러 명이 지분으로 나누어 가지는 주택을 '공동상속주택'이라 한다. 이때 누구를 해당 주택의 소유자로 보는지에 따라 양도소득세 비과세 여부가 완전히 달라진다.

원칙적으로는 상속 지분이 가장 큰 사람을 주택 소유자로 본다. 만약 지분이 같다면 해당 주택에 실제 거주하는 사람을, 거주자가 없다면 최연장자를 소유자로 본다. 이렇게 공동상속주택의 소유자로 결정된 사람을 '최대지분권자', 그 외의 상속인을 '소수지분권자'라고 한다.

최대지분권자는 해당 주택을 실제로 소유한 것으로 간주한다. 따라서 자신이 기존에 보유하던 일반주택을 양도할 때, 단 한 번만 상속주택 특례를 받아 비과세를 적용받을 수 있다. 상속주택을 혼자 물려받은 경우와 똑같이 취급되는 것이다.

반면, 소수지분권자는 해당 공동상속주택을 소유한 것으로 보지 않는다. 덕분에 자신이 보유한 일반주택을 양도할 때마다 1세대 1주택 비과세 요건만 채우면 횟수 제한 없이 계속해서 비과세 혜택을 받을 수 있다.

다만 공동상속주택이 2채 이상일 때는 소수지분권자라도 비과세 혜택을 받을 주택을 하나로 정해야 한다. 이때는 아래의 우선순위에 따라 선순위 주택을 결정한다.

① 피상속인이 소유한 기간이 가장 긴 1주택
② 피상속인이 거주한 기간이 가장 긴 1주택
③ 피상속인이 상속개시 당시 거주하던 1주택
④ 기준시가가 가장 높은 주택
⑤ 상속인이 선택하는 주택

〉〉 농어촌주택과 일반주택을 보유했을 경우

1주택(일반주택)을 소유한 자가 요건을 갖춘 농어촌주택(상속주택, 이농주택, 귀농주택, 귀향주택) 등을 취득하여 1세대 2주택이 된 경우, 일반주택이 비과세 요건을 갖추었다면 일반주택은 비과세된다(소득세법시행령 제155조 7항, 조특법 제99조의 4). 주의할 점은 일반주택을 먼저 양도하는 경우에만 비과세가 되고, 농어촌주택을 먼저 양도하는 경우에는 비과세가 적용되지 않는다는 점이다.

〉〉 수도권 밖에 소재한 주택과 일반주택을 보유했을 경우

양도소득세 비과세를 받을 수 있는 또 하나의 조건은 취학이나 근무상의 형편, 질병요양 등 부득이한 사유로 수도권 밖에 소재하는 주택을 취득하는 경우다. 이 경우 부득이한 사유가 해소된 날로부터 3년 내에 일반주택을 먼저 양도하면 비과세를 적용받을 수 있다.

예를 들어 서울에 있는 1주택자의 아들이 제주도에 있는 국제학교에 입학을 했다고 하자. 어머니가 뒷바라지를 하기 위해 제주도에 집을 하나 더 구입한 경우에는 취학으로 인한 부득이한 사유로 인정받을 수 있다. 다만 아들이 국제학교를 졸업한 후 3년 이내에 서울에 있는 일반주택을 매각하는 경우에 비과세 적용을 받을 수 있다.

〉〉 주택과 2021년 1월 1일 이후 취득한 분양권을 보유했을 경우

2020년 12월 31일까지 취득한 분양권은 '주택을 취득할 수 있는 권리'이기 때문에 완공되기 전까지는 주택 수에 포함되지 않았다. 하지만 분양권 투기 수요가 늘어나자 2021년 1월 1일 이후에 취득하는 분양권은 비과세나 중과 판단 시 주택 수에 포함되는 것으로 규제가 강화되었다.

이전까지는 주택과 분양권을 보유하고 있는 경우, 일시적 2주택 비과세 혜택을 받기 위해서는 분양권 주택이 완공된 지 3년 이내에 종전주택을 처분해야 했다. 그런데 2021년 1월 1일 이후부터 분양권이 주택으로 완공되기도 전에 주택 수로 포함되면서 기존의 일시적 2주택 비과세 조건을 적용할 수 없어, 2021년 1월 1일 이후 취득한 분양권에 적용할 새로운 비과세 조건을 발표하게 되었다.

그래서 주택 한 채를 소유하고 있는 사람이 2021년 1월 1일 이후에 분양권을 취득하는 경우 비과세를 받기 위한 조건은 다음과 같다.

첫째, 분양권은 종전주택을 취득하고 1년이 지난 후 취득해야 하고, 종전주택은 2년 이상 보유(조정대상지역이면 2년 이상 거주요건도 충족)해야 한다. 그리고 분양권 취득일로부터 3년 이내에 종전주택을 처분하면 비과세를 받을 수 있다. 앞에서 살펴보았던 일시적 2주택 비과세 요건인 '1-2-3 원칙'과 매우 유사하다.

둘째, 신규 주택이 될 분양권의 완공이 지연되는 경우, 분양권 취득일로부터 3년이 지났다고 해도 비과세를 받을 수 있다.

분양권 취득일로부터 3년이 지났더라도 분양 아파트의 완공일로부터 3년 이내에 종전주택을 처분하고 전세대원이 아파트로 전입해 1년 이상 계속 거주하는 경우 비과세를 받을 수 있다.

비과세 조건을 계산할 때 분양권 취득 시점이 언제인지 헷갈려 하는 사람들이 있는데, 분양권에 당첨되어 계약한 경우라면 '분양권 당첨일'이 취득일이고, 분양권을 전매로 취득하였다면 매도자에게 잔금을 지급한 '잔금청산일', 증여로 취득하였다면 '증여일'이 분양권 취득일이 된다.

예를 들어 보겠다. 2020년 11월 30일에 분양권에 당첨되고, 2021년 1월 5일에 분양권 계약을 체결했다면 분양권 취득일은 분양권 당첨일인 2020년 11월 30일인 것이다. 이 경우 분양권 취득일이 2020년 12월 31일 이전이므로 기존 비과세 조건에 따라 분양권이 주택으로 완공된 후 3년 이내에 종전주택을 처분해야 한다.

만약 분양권 당첨일이 2021년 1월 1일 이후라면 분양권 취득일로부터 3년 이내에 종전주택을 처분하면 된다.

>> 1세대 1주택 비과세 규정이 적용되는 특례주택

1세대가 집을 두 채 보유하고 있어도 예외적으로 1주택자처럼 비과세 혜택을 주기도 한다. 실무에서 자주 접하게 되는 주요 특례 규정을 살펴보자.

(1) 신축주택 등 취득자에 대한 과세특례

이 특례는 2013년 4월 1일부터 12월 31일까지 거주자 또는 비거주자의 신축주택, 미분양주택, 1세대 1주택자의 주택으로 취득가액이 6억 원 이하이거나 주택의 연면적(공동주택의 경우에는 전용면적)이 85㎡ 이하인 주택을 취득한 경우에 적용된다(2013년 12월 31일까지 매매계약금을 지급한 경우를 포함).

해당 요건을 갖춘 주택을 취득일로부터 5년 이내에 양도하면, 양도소득세의 100%를 감면받을 수 있다. 만약 5년이 지난 후에 양도하더라도 취득일부터 5년간 발생한 양도소득금액은 공제받는다. 또한 1세대 1주택 양도소득세 비과세를 판단할 때, 해당 주택을 거주자의 소유 주택으로 보지 않는다.

다만 본인이 건설한 신축주택은 적용 대상이 아니며 반드시 분양계약서나 매매계약서에 감면 대상 주택임을 확인하는 날인이 있어야 한다.

또한 혜택을 목적으로 한 취득은 엄격히 제한한다. 구체적으로는 2013년 3월 31일 이전에 체결했던 매매계약을 과세특례 기간(2013. 4. 1.

~ 2013. 12. 31.) 중에 해제하고 다시 계약하여 취득하는 경우 특례 적용을 배제한다. 이때 적용 배제 대상은 계약자 본인뿐만 아니라 그 배우자도 포함되며 배우자의 직계존비속 및 형제자매가 기존 계약을 해제한 주택을 다시 계약하여 취득하는 경우에도 특례를 적용하지 않는다.

(2) 비수도권 준공 후 미분양주택 취득자에 대한 과세특례

수도권 밖의 지역에 소재하는 준공 후 미분양주택을 취득할 경우 양도소득세와 종합부동산세에서 과세특례를 적용받을 수 있다. 1주택을 보유한 1세대가 2024년 1월 10일부터 2026년 12월 31일까지 아래 요건을 모두 충족하는 준공 후 미분양주택을 취득하는 경우가 이에 해당한다.

비수도권 준공 후 미분양주택의 요건은 아래와 같다.

① 2024년 1월 10일부터 2026년 12월 31일까지 취득
② 전용면적 85㎡ 이하
③ 취득가액 6억 원 이하(2026년 2월 27일 소득세법 시행령 개정 이후 취득분부터는 7억 원 이하일 것)
④ 수도권 밖의 지역에 소재할 것
⑤ 양도자가 사업 주체 또는 분양사업자 또는 사업주체 및 분양사업자로부터 주택의 공사대금으로 해당 주택을 받은 시공자
⑥ 양수자가 사업 주체 또는 분양사업자 등과 최초 계약
⑦ 사용검사 또는 사용승인을 받은 날까지 분양계약이 체결되지 않아

선착순의 방법으로 공급하는 주택일 것

⑧ 해당 주택의 소재지를 관할하는 시장 · 군수 · 구청장으로부터 해당 주택이 준공 후 미분양주택이라는 날인을 받은 주택일 것

이 특례의 핵심은 준공 후 미분양주택을 취득하기 전부터 보유하고 있던 기존 주택을 양도할 때, 새로 취득한 미분양주택을 해당 세대의 소유 주택으로 보지 않는다는 점이다. 이에 따라 기존 주택에 대해 1세대 1주택 비과세 혜택을 적용받을 수 있으며 종합부동산세 판정 시에도 1세대 1주택자로 간주되어 세 부담을 크게 덜 수 있다.

다만 종합부동산세 특례를 적용받고자 한다면 해당 연도 9월 16일부터 9월 30일까지 관할 세무서장에게 신청해야 한다. 또한 이를 적용받으려는 납세자는 매매계약서 또는 분양계약서에 준공 후 미분양주택임을 증명하는 확인 날인을 받아야 한다.

(3) 인구감소지역 주택 취득자에 대한 과세특례

주택, 조합원입주권 또는 분양권 중 하나를 보유하고 있는 1세대가 인구감소지역(2024년 1월 4일부터 2026년 12월 31일까지 기간 중) 또는 인구감소관심지역(2025년 11월 28일부터 2026년 12월 31일까지의 기간 중) 내의 주택을 취득할 경우, 해당 주택은 소유 주택 수에서 제외된다.

따라서 기존에 보유하고 있던 주택을 양도할 때 1세대 1주택 비과세 규정을 적용받을 수 있으며 종합부동산세에서도 1세대 1주택자로 간주된다. 만약 종합부동산세에서 1세대 1주택자 혜택을 받고자 한다면 해당 연

도 9월 16일부터 9월 30일까지 관할 세무서장에게 신청해야 한다.

2026년 3월 기준 인구감소지역의 취득 주택의 요건은 다음과 같다.

① 2024년 1월 4일부터 2026년 12월 31일까지의 기간 중 인구감소지역의 주택을 취득할 것

② 취득 당시 인구감소지역에 소재할 것. 다만 아래의 어느 하나에 해당하는 지역은 제외한다.

　　가. 수도권(접경지역은 제외한다)

　　나. 광역시(군 지역은 제외한다)

　　다. 해당 주택 취득 전에 보유한 주택(해당 주택 취득 전에 조합원입주권 또는 분양권을 보유한 경우에는 해당 조합원입주권 또는 분양권을 통해 공급하는 주택)과 동일한 시·군·구

③ '②'의 요건을 충족하는 주택 중 기준시가가 해당 주택 취득일 현재 아래의 금액을 초과하지 않을 것

　　가. 수도권 밖의 지역에 지정된 인구감소지역에 소재한 주택: 9억 원

　　나. 수도권에 지정된 인구감소지역에 소재한 주택: 4억 원

표30 2026년 3월 기준 인구감소지역

부산광역시	동구, 서구, 영도구
대구광역시	남구, 서구, 군위군
인천광역시	강화군, 옹진군
경기도	가평군, 연천군
강원특별자치도	고성군, 삼척시, 양구군, 양양군, 영월군, 정선군, 철원군, 태백시, 평창군, 홍천군, 화천군, 횡성군
충청북도	괴산군, 단양군, 보은군, 영동군, 옥천군, 제천시
충청남도	공주시, 금산군, 논산시, 보령시, 부여군, 서천군, 예산군, 청양군, 태안군
전라북도	고창군, 김제시, 남원시, 무주군, 부안군, 순창군, 임실군, 장수군, 정읍시, 진안군
전라남도	강진군, 고흥군, 곡성군, 구례군, 담양군, 보성군, 신안군, 영광군, 영암군, 완도군, 장성군, 장흥군, 진도군, 함평군, 해남군, 화순군
경상북도	고령군, 문경시, 봉화군, 상주시, 성주군, 안동시, 영덕군, 영양군, 영주시, 영천시, 울릉군, 울진군, 의성군, 청도군, 청송군
경상남도	거창군, 고성군, 남해군, 밀양시, 산청군, 의령군, 창녕군, 하동군, 함안군, 함양군, 합천군

2026년 3월 기준 인구감소관심지역의 취득 주택의 요건은 다음과 같다.

① 2025년 11월 28일부터 2026년 12월 31일까지의 기간 중 인구

감소관심지역의 주택을 취득할 것

② 취득 당시 인구감소관심지역에 소재할 것. 다만 아래의 어느 하나에 해당하는 지역은 제외한다.

　가. 광역시(군 지역은 제외한다)

　나. 해당 주택 취득 전에 보유한 주택(해당 주택 취득 전에 조합원입주권 또는 분양권을 보유한 경우에는 해당 조합원입주권 또는 분양권을 통해 공급하는 주택)과 동일한 시·군·구

③ '②'의 요건을 충족하는 주택 중 기준시가가 해당 주택 취득일 현재 4억 원을 초과하지 않을 것

표31 2026년 3월 기준 인구감소관심지역

부산광역시	금정구, 중구
인천광역시	동구
광주광역시	동구
대전광역시	대덕구, 동구, 중구
경기도	동두천시, 포천시
강원특별자치도	강릉시, 동해시, 속초시, 인제군
전북특별자치도	익산시
경상북도	경주시, 김천시
경상남도	사천시, 통영시

실수하기 쉬운 비과세 항목 체크리스트

1세대 1주택 비과세 규정은 생각보다 복잡하고, 경우의 수가 많기 때문에 특별한 주의를 요한다. 실제로 많은 분들이 "1세대 1주택자이고 2년 보유하면 비과세가 되지 않느냐"며 가볍게 생각하다가, 막상 매도 후 비과세가 아닌 것으로 판명되면서 막대한 세금을 내는 경우가 많다.

그동안 투자자들이 실수로 비과세 혜택을 받지 못했던 사례를 모아서 체크리스트로 만들어 보았다. 매도 전에 체크해 보고, 이 중에서 하나라도 '아니오'에 해당된다면 반드시 세무전문가의 상담을 받은 후 의사결정을 내리기 바란다.

표32 1세대 1주택 비과세 체크리스트

요건		1세대 1주택 비과세 체크리스트	예	아니오
거주자		국내에 주소나 거소가 있는 거주자이다		
국내		양도주택이 국내 주택이다		
1세대 1주택	1세대	주민등록등본상 등본에 나타난 가족이 다른 주택을 보유하고 있지 않다		
		양도자와 따로 주민등록이 되어있는 배우자가 주택을 보유하고 있지 않다		
		주민등록등본에 없더라도 가족 중 일시퇴거자(군인, 기숙사)가 주택을 보유하고 있지 않다		
		가족이 다른 주택을 가지고 있다면, 잔금 치르기 전 형식적이 아닌 실질적으로 세대를 분리하였다		
		30세 미만 세대주인 경우 소득이 기준중위소득의 40%(2026년은 1인 가구인 경우 약 1,026,000원) 이상이다		

요건	1세대 1주택 비과세 체크리스트		예	아니오
1세대 1주택	1 주 택	팔고자 하는 주택이 하나밖에 없다		
		공유지분으로 보유하고 있는 주택은 없다		
		주거용 오피스텔을 가지고 있지 않다		
		사업용으로 해 놓고 주민등록전입을 막아 실제 주택으로 사용 중인 오피스텔을 가지고 있지 않다		
		명의를 빌려준 주택을 보유하고 있지 않다		
		상가빌딩이라도 옥탑방에 주택으로 임대를 주고 있는 것은 없다		
		주택 수로 계산되는 다른 겸용주택을 가지고 있지 않다		
		조합원 입주권을 추가로 보유하고 있지 않다(조합원 입주권은 종전주택 매도 시 주택 수로 계산. 2021년 이후 취득한 분양권도 해당)		
		조합원 입주권을 하나만 보유하고 있다면, 관리처분 전 2년 이상 보유하고 다른 주택은 보유하고 있지 않다		
		조합원 입주권을 승계취득하였다면 완공 후 2년 이상이 경과하고 양도하였다		
2년 보유		양도주택은 2년 이상 보유하였다		
		다주택자는 1주택자가 된 날로부터 2년 이상 보유하였다(2021년부터 해당)		
2년 거주		조정대상지역이라면 조정대상지역이 해제되더라도 2년 이상 거주하였다(2017. 8. 3. 이후 취득분만 해당)		
		세대원 전원 양도주택에 2년 이상 거주하였다(세대원 중 일부가 취학, 근무, 질병상 형편이면 예외)		
12억 원 이하		양도가액이 12억 원 이하이다(12억 원 초과분에 대해서는 과세)		
12억 원 초과		12억 원 초과분 양도차익에 장기보유특별공제 최대 80%를 적용받으려고 2년 이상 거주하였다(2021년부터 해당)		

업·다운 계약서의
위험성

절세 요령을 알려준다면서 업계약서와 다운계약서를 쓰라고 말하는 사람들이 가끔 있다. 그러나 그 위험성에 대해서는 잘 알려주지 않아서 걱정스럽다. 단도직입적으로 말하면, 업계약서 또는 다운계약서는 사후에 적발될 확률이 높을 뿐 아니라 적발될 경우 큰 손실을 보게 된다.

업계약서는 말 그대로 실제 거래가격보다 더 높은 금액으로 쓴 계약서이고, 다운계약서는 더 낮은 금액으로 쓴 계약서다. 양도소득세는 판 금액에서 산 금액을 뺀 가격 차이에 따라 달라지기 때문에 업계약서를 쓰거나 다운계약서를 이용해서 그 차이를 조정하는 사람들이 있다. 집을 살 때 업계약서를 쓰거나, 팔 때 다운계약서를 쓰면 양도차익이 줄어들기 때문에 양도소득세도 줄어드는 것을 악용한 것이다.

그러나 앞에서 설명했듯이, 과세 자료가 점차 전산화되고 있기 때문에 적발될 확률이 점점 높아지는 추세다. 자칫하면 더 큰 부메랑이 되어 돌아올 수 있다.

편법 계약서는 결국 부메랑으로 돌아온다

업계약서나 다운계약서를 썼다가 적발되면 1세대 1주택자에게 주어지는 비과세 혜택을 받을 수 없다. 특히 2012년부터는 업계약서 또는 다운계약서를 쓰자고 요청한 사람뿐 아니라 그 요청에 응해주는 사람도 과세를 하기 시작했다. 그러자 처음에는 업 또는 다운계약서를 쓰자는 요청에 응해줬던 사람이 나중에 자기가 손해를 입을까봐 원래 가격으로 신고를 하는 경우가 늘어났다. 이 경우는 한참이 지난 후에 적발되는 것이라 가산세가 어마어마하게 붙는다.

2016년 11월 3일에 발표된 이른바 11·3 대책은 적발될 가능성을 더 높여 놓았다. 먼저 자진신고한 사람에게는 과태료를 면제해줌으로써 거래 당사자들이 서로 신고하도록 부추기게 됐기 때문이다.

이런 경우를 들은 적이 있다. A라는 사람이 1억 5,000만 원에 집을 팔았지만 상대방과 협의해서 1억 원이라고 신고했다. 그런데 거래 당시에는 합의하고 다운계약서를 써 주었던 상대방이 나중에 자신의 양도소득세를 줄이려고 원래 금액으로 신고를 했다는 것이다. 그러자 세무당국은 '귀하의 재산에 대한 매매가액은 거래 상대방의 양도소득세 신고내용과 다른 것으로 확인되었으니, 소명자료를 제출하라'는 통보를 해왔다.

정말 무서운 점은 그 거래가 이루어진 시점이 2010년이었는데, 통보를 받은 것은 2020년이라는 사실이다. 양도소득세의 제척기간은 10년이다. 그런 적이 있었나 싶을 정도로 오래된 일이 뒤늦게 적발되는 것이다. 그래서 원래 내야 할 양도소득세에 신고불성실가산세가 40% 추가되었을 뿐 아니라, 납부지연가산세가 매일 1만분의 2.5씩, 연간으로 환산하면 약 9%의 가산세가 10년간 추가되었다(2022년 2월 15일 이후부터는 1만분의 2.2씩 연간 약 8%).

이 분은 최선을 다해 소명했지만 결국 '계좌입금명세서 등 실제 거래 사실을 입증할 객관적 증빙서류가 첨부되어 있지 아니하여 과세자료 내용대로 세금을 부과할 예정입니다'라는 답변을 받을 수밖에 없었다고 한다.

여러분도 잊지 마시기 바란다. 기억도 가물가물한 몇 년 전의 업다운계약서가 어느 날 세금폭탄이 되어 날아올 수 있다는 점을 말이다.

5장

다주택자
양도소득세 중과,
이것만 알면 된다

다주택자가 유심히 보아야 할
조정대상지역 내 규제들

문재인 정부는 출범 이후 집값 급등을 막고 투기세력을 차단하겠다며 2017년 '8·2 부동산 대책'을 내놓았다. 이전까지는 부동산 세법을 잘 몰라도 투자에 크게 지장이 없었지만, 8·2 대책 이후부터는 사정이 달라졌다.

정부는 집값이 급등한 지역을 투기지역, 투기과열지구, 조정대상지역으로 지정해서 3중의 규제망을 펼치고 있다. 특히 세금규제가 강하게 이루어지는 조정대상지역은 세심하게 주의를 기울여야 한다.

2023년 1월 5일부로 대부분의 지역이 조정대상지역에서 해제되면서, 서울의 강남·서초·송파·용산 4개 지역만이 조정대상지역으로 유지되었다. 그러나 2025년 10월 16일, 서울 나머지 지역과 경기도 과천시, 광명시 등 12개 지역이 조정대상지역에 추가 지정되었다.**(표7 참조)** 조정대상지역 지정 공고일 이후 해당 지역의 주택을 양도할 경우에는 양도세율이 중과된다. 취득시기와 관계없이 2021년 6월 1일 이후 조정대상지역 내 주택을 양도하게 되면 2주택자는 기본세율에 20%p가 추가되고, 3주택자부터는 기본세율에 30%p가 추가되며 장기보유특별공제도 받을 수 없다.

그런데 윤석열 정부가 출범한 후 이전까지 나온 규제들을 완화하는 정책들이 시행되기 시작했다. 그 중 하나가 2022년 5월 10일부터 2026년 5월 9일까지 시행되는 한시적 다주택자 양도소득세 중과배제다. 이 기간 동안은 다주택자가 조정대상지역 내 주택을 팔더라도 양도소득세 중과세율(2주택 20%p, 3주택 이상 30%p 가산)을 피할 수 있고 일반세율이 적용된다. 또한 장기보유특별공제 역시 받을 수 있다. 이는 정부가 부동산 거래 위축을 완화하고 시장에 매물이 나오도록 유도하기 위해 도입된 것으로, 다주택자에게는 사실상 '탈출구'인 셈이다.

그러나 이재명 정부 출범 이후 다주택자 양도소득세 중과 유예 종료를 선언하면서, 2026년 5월 10일부터 중과 규정이 다시 적용된다. 즉, 이후 조정대상지역 내 주택을 양도할 때는 다시 높은 중과세율이 적용될 뿐만 아니라 장기보유특별공제 배제도 함께 적용될 가능성이 크다. 따라서 다주택자는 다음을 반드시 점검해야 한다.

· 보유 주택 수 산정 기준일
· 조정대상지역 해당 여부
· 양도일 판단(잔금일 또는 등기접수일)
· 중과 적용 시 주택 수에서 제외되는 주택 판단

간혹 조정대상지역 공고일 전에 취득한 주택은 중과가 적용되지 않는다는 사람들이 있는데, 취득일이 아니라 양도일 기준이라는 사실을 잊지 말자. 단, 공고일 이전에 양도계약을 체결하고 계약금을 받은 경우는 예외다. 또한 일반적으로 매매에서는 취득일을 잔금지급 날짜로 보지만, 그 전에 소유권이전등기가 이루어졌다면 등기접수일을 취득일로 삼는다.

중과 지역 2년 거주요건 제대로 이해하기

8·2 부동산 대책으로 조정대상지역으로 지정된 곳은 양도소득세 비과세 혜택을 받으려면 2년 이상 보유와 2년 이상 거주요건을 충족해야 한다.

이때 유의할 점은 거주요건의 기준이 양도가 아니라 '취득 시점'이라는 것이다. 주택을 취득한 뒤 조정대상지역으로 지정되었다면 2년 보유만으로 충분하고 거주요건은 필요 없다.

반대로 조정대상지역일 때 해당 지역의 주택을 취득했다면 나중에 조정대상지역이 해제되더라도 2년 보유뿐 아니라 거주요건까지 충족해야만 비과세가 된다. 다만 무주택 세대가 조정대상지역 지정 전에 매매계약을 체결하고 계약금을 지급한 경우에는 예외적으로 2년 거주요건을 적용하지 않는다.

17년 6월	17년 8월	17년 11월	18월 12월	19년 11월
부산지역 조정대상지역 지정	8·2부동산대책 거주요건 추가	부산진구 A아파트 취득 후 전세놓음	부산진구 조정대상지역 해제	부산진구 A아파트 2년 보유 후 양도

2017년 11월에 부산진구의 A아파트를 갭투자로 취득한 갑돌 씨의 사례를 보자. 취득 즉시 전세를 놓고 2년이 되는 2019년 11월에 이 아파트를 양도한다면 비과세 혜택을 받을 수 있을까?

부산진구는 2017년 6월 19일에 조정대상지역으로 지정되었다가

2018년 12월 28일 조정대상지역에서 해제되었으므로 A아파트를 매입한 2017년 11월은 A아파트가 조정대상지역이었을 때다. 거주요건은 취득일이 기준이므로, 해제된 후에 양도해도 2년 거주요건을 채워야 한다. 갑놀 씨는 이 아파트를 2년 이상 보유했지만 거주하지는 않았으므로 비과세를 적용받을 수 없다.

16년 12월	18년 1월	18년 12월	19년 2월	21년 4월	23년 4월
서울 B아파트 취득	용인수지 C분양권 당첨	용인수지 조정대상지역 지정	서울 B아파트 양도	용인수지 C분양권 완공	용인수지 C아파트 양도

또 다른 사례도 살펴보자. 갑순 씨는 2016년 12월에 서울의 B아파트를 취득하고 2018년 1월에는 용인 수지에 있는 C아파트 분양권에 당첨되었다. 갑순 씨는 2019년 2월에 B아파트를 양도하고, 2021년 4월에 C아파트가 완공되면 2년간 전세를 놓다가 2023년 4월에 양도하려고 한다. 그러면 C아파트를 양도할 때는 1주택자이므로 비과세라고 생각한 것이다. 정말 그럴까?

갑순 씨가 용인 수지의 C아파트 분양권을 취득했을 때는 이미 B아파트를 보유하고 있었으므로 무주택 세대가 아니다. 용인 수지가 C아파트 분양권 취득 후 조정대상지역으로 지정되었지만, 무주택 세대가 아니면 조정대상지역 지정 전에 매매계약을 체결하고 계약금을 지급한 경우에도 2년 거주요건을 채워야 비과세를 받을 수 있다. C아파트를 비과세받으려면 전세를 놓을 게 아니라 직접 2년을 거주해야 한다.

만약 갑순 씨가 B아파트의 입주권을 취득했다면 어떨까? 입주권은 비과세 거주요건을 판단할 때 주택으로 간주하지 않는다. 분양권 취득 당시 갑순 씨는 무주택자로 C아파트를 양도할 때도 거주요건 제한을 받지 않으므로 전세를 놓고 있더라도 양도소득세 비과세가 가능하다.

표33 조정대상지역 내 세금규제 내용 정리

구 분	내 용
다주택자 양도세율	중과세율 적용
장기보유특별공제	적용 안 됨
비과세 2년 거주요건	충족해야 함
취득세 중과세율	2주택은 8%, 3주택 이상은 12%
증여 취득세율 중과	공시가격 3억 원 이상 주택 증여 시 증여세율 12% 적용

다만, 오피스텔의 경우는 거주요건 예외를 적용받을 수 없다. 재정경제부의 예규에서 2022년 10월 19일 이후 양도하는 오피스텔의 경우 무주택세대로서 조정대상지역 공고 이전에 분양계약하고, 조정대상지역 공고 이후 완공되어 주거용으로 사용하더라도 거주요건이 적용되는 것으로 해석이 변경되었다(기획재정부 재산세제과-1312, 2022. 10. 19.). 주거용 오피스텔의 경우 거주요건 판단은 신중할 필요가 있다.

조합원입주권은 비과세주택 수나 중과주택 수를 따질 때는 주택으로 계산되지만, 비과세 거주요건 판단 시에는 주택으로 계산되지 않는다. 이처럼 부동산 세금은 확실하게 알아두어야 한다.

또 하나, 취득 시점이 기준이기 때문에 거주기간을 계산할 때에도 취득, 즉 소유자가 된 이후의 거주기간만 합산한다. 쉽게 말해서 전세로 살다가 주택을 취득한 경우 세입자였던 기간은 거주기간에 포함되지 않는다.

특정 지역에 대한
중과가 핵심이다

2017년 8월 2일 발표된 부동산 대책의 핵심은 양도소득세 중과 제도다. 2018년 4월부터 조정대상지역 내 주택을 양도할 경우 일반세율(6~45%)이 아닌 가산세율이 적용된다. 여기에 2020년 7·10 부동산 대책으로 인해 2021년 6월 1일 이후부터는 조건에 해당하는 중과주택이 2주택이면 일반세율에 20%p를 가산하고, 3주택이면 일반세율에 30%p를 가산하는 것으로 중과 세율이 더욱 높아져 하찮게 생각했다가는 큰일난다. %(퍼센트)가 아니라 %p(퍼센트포인트)를 가산하는 것이기 때문이다. 다시 말해서 예전에는 양도소득세율이 6%였던 사람이 이 제도를 적용받게

표34 다주택자 양도소득세 중과세율

	2주택자	3주택자 이상
2018년 6월 1일 이후 양도분	기본세율 + 10%p	기본세율 + 20%p
2021년 6월 1일 이후 양도분	기본세율 + 20%p	기본세율 + 30%p

되면 26% 또는 36%의 세금을 내야 할 수도 있다는 뜻이다. 게다가 장기보유특별공제도 적용되지 않으므로 세액으로 따지면 실제 납부할 금액은 거의 배 이상 차이가 날 수 있다.

8·2 대책의 특징은 크게 세 가지로 볼 수 있다. 첫째로 상가나 토지가 아닌 주택만 대상으로 한다는 점이다. 둘째로는 전국의 모든 주택이 아니고 특정 지역에 소재하는 주택만 대상으로 한다는 점이다. 셋째로는 임대주택으로 등록하면 다양한 혜택을 줌으로써 출구를 열어두었다는 점이다. 요컨대 8·2 대책은 특정 지역, 즉 부동산 과열이 우려되는 지역에 대해서만, 그리고 주택에 대해서만 중과를 한다.

뒤집어 생각하면 중과가 적용되지 않는 부동산도 꽤 있다는 뜻이다. 따라서 어떤 물건에 중과가 적용되는지 혹은 적용되지 않는지 잘 구분해야 한다. 만약 중과가 아닌데 중과인 줄 알고 양도소득세를 더 많이 납부했더라도 "더 많이 낸 세금은 찾아가세요" 하고 연락이 오는 경우는 극히 드물다. 일일이 검토해 알려주기에는 세무공무원들의 업무량이 어마어마하게 많기 때문이다. 내가 낼 세금은 스스로 절약하지 않으면 안 된다.

장기보유특별공제도 받을 수 없다

또 하나 주의할 것은 장기보유특별공제다. 종전에는 오래 보유했다가 파는 경우 장기보유특별공제를 최고 30%까지 받을 수 있었지만, 2018년 4월 1일부터는 다주택자가 조정대상지역 내 주택을 양도할 경우 장기보유특별공제도 받지 못하게 된 것이다. 기본세율(6~45%)에 가산세율이 붙는 것만 해도 부담이 상당한데, 여기에 장기보유특별공제까지 받을 수 없다고 하면 실제로 피부에 와 닿는 세금 부담은 엄청나게 높아질 것이다.

예를 들어, 몽룡 씨는 15년 넘게 보유한 아파트를 팔아서 양도차익으로 3억 원을 얻었다. 편의상 공제할 항목은 없고 양도차익이 3억 원이라고 하

표35 중과 이후 다주택자의 양도소득세율

과세표준	세율			누진공제
	기본	조정지역 내 2주택	조정지역 내 3주택	
1,400만 원 이하	6%	26%	36%	–
1,400만 원 초과 5,000만 원 이하	15%	35%	45%	126만 원
5,000만 원 초과 8,800만 원 이하	24%	44%	54%	576만 원
8,800만 원 초과 1.5억 원 이하	35%	55%	65%	1,544만 원
1.5억 원 초과 3억 원 이하	38%	58%	68%	1,994만 원
3억 원 초과 5억 원 이하	40%	60%	70%	2,594만 원
5억 원 초과 10억 원 이하	42%	62%	72%	3,594만 원
10억 원 초과	45%	65%	75%	6,594만 원

자. 중과가 적용되기 전과 적용된 후 몽룡 씨가 내야 할 양도소득세 금액은 과연 얼마나 차이가 나는지 살펴보자.

먼저 중과가 적용되지 않을 때의 양도소득세를 계산해보자. 양도차익 3억 원에서 장기보유특별공제율 30%를 빼고, 다시 2억 1,000만 원에 해당하는 기본세율인 38%를 적용하면 세액은 약 5,891만 원 정도가 나온다.

중과 전 몽룡 씨의 양도소득세액

{ 양도차익 3억 원 × (100% − 장기보유특별공제율 30%) − 250만 원 } × 일반세율 38% − 누진공제액 1,994만 원 = 5,891만 원

그런데 몽룡 씨가 20%p의 중과를 적용받게 되었다면 상황은 달라진다. 일단 장기보유특별공제를 전혀 받을 수 없고, 기본 양도소득세율 38%에 중과세율 20%p가 가산된 58%를 적용받는다. 이 경우 몽룡 씨가 내야 할 세금은 무려 약 1억 5,261만 원이다.

중과 후 몽룡 씨의 양도소득세액

{ (양도차익 3억 원−250만 원) × 중과된 세율 58% } − 누진공제액 1,994만 원 = 1억 5,261만 원

중과가 적용되었을 때와 되지 않았을 때의 양도소득세 차이가 무려 9,370만 원이 난다. 이렇게 3억 원의 양도차익 중에서 1억 5,000만 원을

세금으로 내야 한다면 상당수의 투자자들은 아마 '차라리 매도하지 않고 버티겠다'라는 생각을 할지도 모른다. 양도하지 않으면 양도소득세를 내지 않아도 될 테니 말이다.

앞으로 하나하나 다루겠지만, 8·2 대책의 중과 규정은 꽤나 복잡하다. 하지만 너무 겁먹을 필요는 없다. 이제부터 최대한 자세하게 정리해서 짚어 볼 테니, 하나하나 익혀 나가다 보면 금방 이해할 수 있을 것이다.

3단계 체크로
중과 여부만 쉽게 구분하기

　중과 규정을 분석하기에 앞서 반드시 다음과 같은 개념을 이해해야한다.

　보유주택 : 납세자가 보유하고 있는 전국의 모든 주택
　중과주택 : 보유주택 중 중과 대상이 되는 주택
　비과세주택 : 납세자가 보유하고 있는 주택 중 비과세 대상인 주택

　이 용어들은 공식 세법용어는 아니고 독자들의 이해를 돕기 위해 필자가 구분한 것이다. 얼핏 보면 당연한 것 같은 용어들을 왜 정리해야 하는지 의아할 수 있다. 하지만 이 개념들을 헷갈리면 자칫 중과 규정을 잘못해석해서 낭패를 볼 수 있다. 하나씩 살펴보자.

첫째, 보유주택은 말 그대로 가지고 있는 모든 주택이다. 서울에 있든 지방에 있든, 기준시가가 크든 작든 상관없이 모든 주택을 포함한다.

둘째, 중과주택은 중과 여부를 따지는 근거가 되는 주택을 말한다. 이때 절대 헷갈리지 말아야 할 것은 중과주택 그 자체가 중과되는 건 아니라는 점이다. 쉽지 않은 개념이므로 뒤에서 사례를 들어 자세히 설명하도록 하겠다.

셋째, 비과세주택은 말 그대로 비과세, 즉 양도소득세가 0원인 주택이다. 주로 1주택자 혹은 일시적 2주택자일 경우 또는 특례에 해당되는 경우 적용된다.

조정대상지역이 아니라면 중과되지 않는다

사례를 통해 개념을 이해해 보자. 박 씨는 총 3채의 아파트를 보유하고 있다. 1채는 서울 강남에 있고 기준시가는 10억 원이다. 1채는 서울 용산에 있는데 기준시가는 3억 5,000만 원이다. 그리고 나머지 1채는 강원도 춘천에 있는데 기준시가는 2억 원이다.

표36 박 씨의 아파트 보유 현황

	소재지	기준시가
A아파트	강남	10억 원
B아파트	용산	3억 5,000만 원
C아파트	춘천	2억 원

첫째, 박 씨의 보유주택 수는 3채다. 보유주택은 어디에 소재하든, 가격이 얼마든 상관없이 보유하고 있는 모든 주택을 의미하기 때문이다.

둘째, 박 씨의 중과주택 수는 2채다. 중과주택은 서울 및 수도권, 광역시, 세종시에 소재한 모든 주택(군·읍·면 지역은 제외)과 그 외 지역에 소재하되 기준시가 3억 원을 초과하는 주택이다(이에 대해서는 아래에서 자세히 다룰 예정이다). 따라서 서울 소재 아파트와 수원 소재 아파트가 중과주택에 포함된다. 춘천의 아파트는 그 외의 지역에 소재하면서 3억 원을 넘지 않으므로 중과주택 수에 포함되지 않는다.

셋째, 박 씨의 비과세주택 수는 0채다. 비과세는 1세대 1주택자에게 주어지는 혜택인데 박 씨는 총 3채의 주택을 갖고 있으므로 비과세에 해당하지 않는다.

여기서 반드시 주목할 것이 있다. 앞서 말했듯이 중과주택 그 자체가 중과되는 게 아니라는 사실이다. 중과되는 주택의 조건은 단 하나, 바로 '조정대상지역 내 주택' 여부다.

박 씨가 강남에 있는 아파트를 매도하려 한다고 생각해 보자. 뒤에서 다시 한번 설명하겠지만, 강남구는 조정대상지역에 속한다. 따라서 중과 대상이다. 그렇다면 얼마나 중과가 될 것인가? 바로 이때 기준이 되는 것이 '중과주택'인 것이다. 중과주택이 2주택일 경우 20%p를, 3주택 이상일 경우 30%p를 가산하는데(2021년 6월 1일 기준) 박 씨의 중과주택 수는 2채이다. 따라서 박 씨는 서울 아파트를 팔 때 20%p가 가산된 양도소득세를 내야 한다.

이번에는 서울이 아닌 춘천에 있는 아파트를 매도하려 한다고 생각해

보자. 춘천은 조정대상지역이 아니다. 따라서 이 아파트는 중과 대상이 되지 않는다. 박 씨의 중과주택 수는 2채이지만, 춘천 아파트를 매도할 때는 그냥 일반세율을 적용받는 것이다.

매도하려는 집이 조정대상지역 내에 있다면 신경 쓸 필요가 있지만, 그렇지 않다면 전혀 신경 쓸 필요가 없다. 중과주택이 몇 채이든 상관없이 말이다. 이 점만 기억한다면 중과 제도를 절반은 이해한 것이나 다름없다.

중과 여부를 판단하는 3가지 조건

학창시절에 배웠던 교집합의 개념을 떠올려보자. 여러 가지 집합 중에 공통적으로 겹치는 부분을 '교집합'이라고 한다. 내가 팔고자 하는 집이

그림23 중과 대상이 되는 요건의 교집합

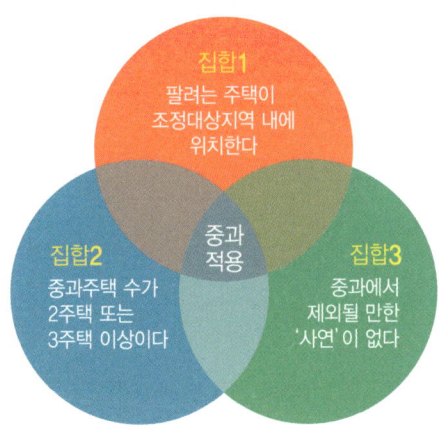

중과에 적용되는지 아닌지는 이러한 교집합을 통해 설명할 수 있다. 앞의 그림과 같이 세 가지 조건에 모두 포함되는 집은 중과를 적용받고, 셋 중에 하나라도 포함되지 않으면 중과가 적용되지 않는다.

이 세 가지 조건을 순서대로 적용하면 그대로 '중과 여부 체크리스트'가 된다. 주택을 팔기 전에 3단계에 걸쳐 체크를 해 보면 내가 중과를 적용받는지 안 받는지, 적용받는다면 20%p 가산인지 30%p 가산인지를 알 수 있는 것이다. 그 3단계 체크 과정은 다음과 같다.

[1단계] 팔려는 주택이 조정대상지역 내에 위치하는가?
[2단계] 내가 보유한 중과주택 수는 몇 채인가?
[3단계] 중과를 적용받지 않는 예외적 경우인가?

이 3단계를 거치고 나면 중과가 되는지 아닌지는 대부분 판별이 된다. 이제부터 이 세 가지 단계를 자세히 알아보자.

1단계 :
팔려는 주택이 조정대상지역 내에 위치하는가?

가장 먼저 검토해야 할 것은 내가 팔고자 하는 주택이 조정대상지역 내에 속해 있는지 여부다. 조정대상지역 내에 있다면 중과가 되는지, 된다면 얼마나 가산되는지를 신중히 알아봐야 한다. 하지만 조정대상지역이 아니라면 무조건 일반세율이 적용되므로 마음을 놓아도 된다.

정부는 부동산 과열의 위험이 있다고 판단한 곳을 크게 투기지역, 투기과열지구, 조정대상지역으로 지정해놓고 있다. 이 중에서 양도소득세 중과가 적용되는 곳은 조정대상지역 내에 있는 주택이다. 따라서 이 책은 조정대상지역에만 초점을 맞춰서 설명하고자 한다.

중과는 조정대상지역에만 적용된다

2025년 10월 16일 기준 정부가 조정대상지역으로 지정한 곳은 서울 25개 구 전역과 경기 12개 지역이다. 만약 내가 양도하려는 주택이 조정대상지역에 포함되지 않는다면 중과는 고려하지 않아도 된다. 가장 먼저 검토해야 할 것은 자신이 보유한 주택이 조정대상지역 내에 속해 있는가 하는 것이다.

참고로 투기과열지구는 양도소득세 중과 규정과 아무 상관이 없다. 투기과열지구는 청약, 분양권 전매 제한, 자금조달계획 신고 등에 대해서만 규제가 있을 뿐 양도소득세에 대한 규제는 없기 때문이다.

중과를 판단할 때는 조정대상지역 여부만 잘 확인하면 된다. 조정대상지역 지정과 해제는 빈번하게 발생하므로 주택 취득 시점과 양도 시점에 조정대상지역인지, 비조정대상지역인지 꼭 확인해야 한다.

표37 조정대상지역, 투기과열지구, 투기지역(2025년 10월 16일 기준)

조정대상지역 (2025. 10. 16. 추가 지정)	(서울) 25개 구 전역 (경기) 12개 지역 과천시, 광명시, 수원시 영통구·장안구·팔달구, 성남시 분당구·수정구·중원구, 안양시 동안구, 용인시 수지구, 의왕시, 하남시
투기과열지구 (2025. 10. 16. 추가 지정)	(서울) 25개 구 전역 (경기) 12개 지역 과천시, 광명시, 수원시 영통구·장안구·팔달구, 성남시 분당구·수정구·중원구, 안양시 동안구, 용인시 수지구, 의왕시, 하남시
투기지역	서울 강남, 서초, 송파, 용산

국토부, 규제지역 대상 자금출처조사 강화

2020년 10월부터 주택 취득 시 자금조달계획서 및 증빙자료 제출 대상이 확대되었다. 투기과열지구, 조정대상지역의 모든 주택과 비규제지역 6억 원 이상의 주택을 거래할 때는 자금조달계획서를 제출해야 한다. 또한 투기과열지구는 모든 주택 거래 시 최대 15종의 증빙자료를 제출해야 한다.

자금조달계획에 적는 자금출처는 자기자금과 차입금으로 나뉘어 있다. 자기자금에 속하는 것은 금융기관 예금액, 주식·채권 매각대금, 증여·상속, 현금 등 그 밖의 자금, 부동산 처분대금 등이다. 차입금에 해당하는 것은 금융기관 대출액, 임대보증금, 회사 지원금, 사채 등이다.

자금조달계획서는 주택을 계약한 뒤 30일 이내에 신고해야 하며, 증빙서류도 해당 기간 내에 제출해야 한다. 신고방법은 해당 지자체에 직접 가서 신고하는 방법, 부동산 거래 시스템을 통해 온라인으로 신고하는 방법이 있다. 온라인으로 신고할 때는 증빙서류를 스캔해서 업로드해야 한다. 일반적으로 중개업소를 통해 주택 거래를 할 때는 실거래 신고 시 자금조달계획서를 함께 제출하고 있다.

자금조달계획서나 증빙자료를 기한 내 신고하지 않으면 500만 원 이하의 과태료가 부과된다.

표38 증빙자료 목록

기재항목	첨부서류
은행 등 금융기관에 예치한 본인 명의 예·적금액	1. 잔고증명서 2. 예금잔액증명서
본인 명의 주식·채권·유가증권 종류 및 금액	3. 주식거래내역서 4. 잔고증명서
증여·상속액 및 증여·상속자와의 관계	5. 증여·상속세 신고서 6. 납세증명서
현금 및 금 등 기타 자산 종류 및 금액	7. 소득금액증명원 8. 근로소득원천징수영수증
본인 명의 부동산 종류 및 처분 금액	9. 부동산매매계약서 10. 부동산임대차계약서
주택담보·신용대출 금액 및 주택 수	11. 금융거래확인서 12. 부채증명서 13. 금융기관 대출신청서
전세가격, 월세보증금액	14. 부동산임대차계약서
금융기관 이외의 법인·개인사업자로부터의 차입금	15. 차용을 증빙할 수 있는 서류
항목에 포함되지 않은 각종 차입금 및 자금을 제공한 사람과의 관계	

2단계 :
내가 보유한 중과주택 수는
몇 채인가?

이번에는 보유한 중과주택이 몇 채인지 체크해 볼 차례다. 2017년 8월 2일 부동산 정부대책의 중과 제도가 복잡하게 느껴지는 가장 큰 이유는 바로 '중과주택'이라는 개념 때문이다.

중과주택이라고 하니까 중과가 되는 주택을 의미하는 것 같은데 실제로는 그렇지 않다. 중과주택은 단지 기준이고 실제 중과가 되는 주택은 앞서 이야기했던 조정대상지역 내 주택뿐이다. 중과주택이라도 조정대상지역 내 주택이 아니면 중과가 되지 않는다.

보유하고 있는 주택이 10채라고 해도 그 10채가 전부 중과주택이 되는 것은 아니다. 보유한 주택 중에서 지역기준과 가액기준에 해당되는 것들만 중과주택 수에 포함된다. 그 조건은 다음 표와 같다.

표39 중과주택의 지역기준 및 가액기준

구분	지역	중과 대상 주택
지역 기준	수도권, 광역시, 세종시 (광역시 군지역과 읍·면 지역, 수도 권 및 세종시 읍·면 지역 제외)	모든 주택과 조합원입주권 및 2021년 1월 1일 이후 분양권
가액 기준	① 광역시 군지역과 읍·면 지역 수도권 및 세종시 읍·면 지역 ② 강원도, 충청도, 경상도, 전라도, 제주도	기준시가 3억 원 초과 주택 (조합원입주권은 종전주택 감정가액이 3억 원 초과, 분양권은 공급계약서상 공급가격이 3억 원 초과)

중과주택의 지역기준

1차로는 지역기준을 본다. 일단 지역기준에 해당되면 가액기준과 상관없이 무조건 중과주택이다. 수도권, 광역시, 세종시의 주택 및 조합원입주권은 중과주택이 된다(광역시 군지역과 읍·면 지역, 수도권 및 세종시 읍·면 지역 제외). 2021년부터는 중과주택 수에 주택과 조합원 입주권뿐만 아니라 주택 분양권도 포함되었다.

헷갈리지 말아야 할 것은 앞서 설명한 조정대상지역과 이때의 지역기준이 다르다는 것이다. 조정대상지역은 경기도 일부 지역만 포함되지만, 중과주택 지역기준에는 경기도 모든 지역과 광역시 전체가 포함된다.

단, 광역시 중에서도 군지역과 읍·면 지역, 경기도와 세종시 중에서도 읍·면지역은 중과주택에서 제외된다. 상대적으로 집값이 저렴한 지역을 배려한 것이다. 광역시 중에는 인천시 옹진군과 강화군, 부산시 기장군, 대구시 달성군, 울산시 울주군 등이 제외되며 경기도 중에서는 파주시 문산읍 등과 세종시의 연기면 등이 제외된다. 이런 곳에 위치한 주택은 지역기준을 적용받지 않으므로 잘 활용하면 좋다.

중과주택의 가액기준

1차인 지역기준에서 벗어났더라도 2차로 가액기준이 한 번 더 적용된다. 가액기준은 기준시가 3억 원으로, 이를 초과하면 중과주택에 포함된다. 다시 말해 기타지역인 강원도, 충청도, 경상도, 전라도, 제주도 지역에 위치한 주택은 기준시가 3억 원을 초과할 때만 중과주택에 포함된다. 그리고 앞서 지역기준에 포함되지 않았던 광역시의 군지역과 읍·면 지역, 경기도 및 세종시의 읍·면지역도 가액기준인 3억 원을 넘으면 중과주택이다. 조합원 입주권은 종전주택 가격의 감정평가액이 3억 원을 초과하면 중과주택 수에 포함된다.

참고로 기준시가는 국토교통부장관이 매년 4월 말에 일괄하여 평가고시한 개별주택가격 및 공동주택가격이다. 양도일 당시에 고시된 가액이 기준이 된다. 만약 당해연도 기준시가가 고시되어 있지 않다면 전년도에 고시된 가액을 기준으로 한다. 기준시가는 국토교통부의 '부동산 공시가격 알리미(www.realtyprice.kr)' 사이트에서 조회할 수 있으므로 내가 가진 주택이 3억 원을 초과하는지 미리 확인해 둔다면 좋을 것이다.

사례를 통해 중과주택 수를 계산해보자

요약하면 지역기준에 해당하면 무조건 중과주택이고, 지역기준을 벗어나더라도 기준시가 3억 원을 넘으면 중과주택이다. 이것을 염두하고 **표 40**의 5개 주택 중에서 중과주택을 골라보자.

표40 중과주택 계산 사례

	소재지	기준시가
주택A	서울시 용산	2억 5,000만 원
주택B	강원도 춘천시	2억 5,000만 원
주택C	파주시 문산읍	3억 원
주택D	전남 순천시	3억 5,000만 원
주택E	평택시 안중읍	3억 5,000만 원

A주택은 서울시 용산구에 소재하고 있으므로 무조건 중과주택에 포함된다.

B주택이 위치한 춘천은 기타지역에 소재하고 있으므로 지역기준에 해당하지 않는다. 가액기준도 3억 원을 넘지 않는다. 따라서 중과주택에 포함되지 않는다.

C주택은 경기도에 소재하지만 읍·면지역이기 때문에 지역기준에 해당하지 않는다. 기준시가도 딱 3억 원이기 때문에 가액기준에도 해당되지 않는다. 따라서 중과주택에 포함되지 않는다.

D주택은 기타지역인 순천시에 소재하므로 지역기준에는 해당하지 않

는다. 그러나 기준시가가 3억 원을 넘기 때문에 가액기준에 해당된다. 따라서 중과주택에 포함된다.

E주택은 경기도에 소재하지만 읍 · 면지역이기 때문에 지역기준에 해당하지 않는다. 그러나 기준시가가 3억 원을 넘기 때문에 가액기준에 해당된다. 따라서 중과주택에 포함된다.

결과적으로 5채의 주택 중에서 중과주택에 포함되는 것은 A주택, D주택, E주택 총 3채다.

한 가지 사례를 더 보자. 영희 씨는 총 5채의 주택을 가지고 있는데 각각의 소재지와 기준시가는 다음의 표와 같다. 영희 씨의 중과주택 수는 몇 채인지 계산해보자.

먼저 A아파트, B아파트, C아파트는 모두 서울에 위치하고 있기 때문에 무조건 중과주택에 포함된다. B아파트와 C아파트는 가액기준인 3억 원을 넘지 않지만, 지역기준에 해당하면 가액기준과는 상관없다.

표41 영희 씨의 주택 보유 현황 (총 5채)

	소재지	기준시가
A아파트	서울시 송파구	10억 원
B아파트	서울시 강남구	3억 원
C아파트	서울시 서초구	3억 원
D단독주택	인천시 옹진군	2억 원
E아파트	대구시 수성구	5억 원

D단독주택은 지역기준에 해당하지 않는다. 옹진군은 광역시인 인천에 속해 있긴 하지만 군지역이기 때문이다. 기준시가도 가액기준인 3억 원을 넘지 않는다. 따라서 D단독주택은 중과주택에 포함되지 않는다.

E아파트는 대구 수성구에 소재하고 있다. 수성구는 광역시인 대구에 소재하면서 군지역이 아니므로 지역기준에 해당된다. 따라서 가액기준과 상관없이 무조건 중과주택에 포함된다.

결과적으로 영희 씨가 보유한 중과주택 수는 A아파트, B아파트, C아파트, E아파트 총 4채다.

중과주택 수를 계산할 때 알아야 할 그 밖의 내용들

이 외에도 중과주택의 수를 계산할 때는 다음과 같은 내용을 기억해 두기 바란다.

첫째, 중과주택 수는 개인별이 아니라 세대별로 합산한다. 예컨대 서울 서초구에 부부가 아들과 같이 살고 있는데 남편과 아내, 아들이 각각 서울 소재 주택을 한 채씩 가지고 있다면 세대별 중과주택 수는 총 3채가 된다. 만약 남편과 아들의 집은 서울에 소재하지만, 아내의 집은 기타지역에 있고 가액이 3억 원 이하라면 중과주택 수는 총 2채가 된다.

둘째, 부동산매매업자가 보유하는 재고자산으로서의 주택은 중과주택 수에 포함되지만, 주택신축판매업자가 보유한 주택은 중과주택 수에 포함되지 않는다(서면인터넷방문상담4팀-1824, 2005. 10. 5.).

셋째, 여러 세대가 살지만 하나의 집으로 보는 다가구주택은 각 호를 하나하나의 개별 주택으로 보지만, 거주자가 선택할 경우 전체를 하나의 주택으로 본다.

넷째, 공동상속 주택은 중과주택 수를 계산할 때 지분이 가장 큰 사람이 소유한 것으로 본다. 만약 지분의 비율이 같을 경우에는 그 주택에 거주 중인 자 또는 연장자의 순으로 소유자를 결정한다.

다섯째, 중과 대상 기준일은 양도일이다. 이때의 양도일이란 통상적으로 잔금일과 등기접수일 중 빠른 날을 기준으로 한다.

3단계 :
중과를 적용받지 않는 예외적 경우인가?

　마지막 단계는 중과주택의 적용 예외조항을 찾아내는 것이다. 중과주택 중에서 특별한 사연이 있으면 제외시켜주는 단계다.

　다주택자 중과 제도는 기본적으로 투기수요를 억제하기 위한 정책이다. 부득이한 사유 때문에 집을 여러 채 보유하게 되었거나, 정부 시책 또는 공익 목적에 부합하는 방식으로 주택을 취득했다면 투기수요가 아니라고 판단하여 중과를 적용하지 않는다. 소득세법 시행령 제167조의3 제1항에 의거해서 몇 가지 항목에 해당하는 경우에는 조정대상지역에 소재하고 있더라도 예외적으로 추가과세를 하지 않는다고 규정하고 있다.

　따라서 중과를 적용받지 않을 만한 '사연'이 있는지 찾아내는 것이 중요하다. '사연이 있다'는 표현은 실제로 시행령에 그렇게 쓰여 있다는 게 아니라, 독자들의 이해도를 높이기 위해 필자가 쓴 표현이니 참고 바란다.

　중과를 적용받지 않는 사연이란 대체 어떤 것들인지 살펴보자. 중과주택 수가 3주택 이상인 경우와 2주택인 경우가 조금 다르다.

중과주택 3주택 이상일 경우의 중과배제 요건

먼저 중과주택 수가 3주택 이상인 경우부터 알아보도록 하자. 총 17가지가 있는데, 여기에 해당하면 그 주택은 중과 적용에서 배제될 뿐만 아니라 장기보유특별공제도 받을 수 있다.

>> 사연 1 : 지역기준 및 가액기준에 해당하지 않는 지방 저가주택

당연한 이야기지만, 중과주택의 조건에 해당하지 않는 주택들은 중과 적용에서 배제가 된다. 앞서 중과주택의 조건에는 지역기준과 가액기준이 있다고 했는데 이 두 가지에 모두 해당되지 않는 주택들이라고 보면 된다. 수도권 및 세종시 읍·면지역에 위치하면서 기준시가 3억 원 이하인 주택, 광역시 군지역과 읍·면 지역에 위치하면서 기준시가 3억 원 이하인 주택, 그리고 나머지 기타지역(강원도, 충청도, 경상도, 전라도, 제주도)에 소재하면서 기준시가 3억 원 이하인 주택들이 여기에 속한다.**(표42참조)**

표42 중과주택 수 판정 시 제외되는 주택

지역 양도 당시 기준시가	수도권, 광역시 및 세종시	수도권 및 세종시 읍·면 지역, 광역시 군지역과 읍·면 지역	기타지역 (강원도, 충청도, 경상도, 전라도, 제주도)
3억 원 이하	포함	제외	제외
3억 원 초과	포함	포함	포함

이 주택은 중과주택 수를 계산할 때도 포함되지 않지만, 당해 주택을 팔아도 중과 적용을 받지 않는다. 반면 사연2부터 소개될 주택들은 중과

주택 수를 계산할 때 포함된다. 그러나 당해 주택을 양도할 때는 중과가 적용되지 않으며, 장기보유특별공제도 받을 수 있다.

〉〉 사연 2 : 소득세법상 민간임대주택

소득세법상 민간임대주택으로 등록되어 있으면 중과가 적용되지 않는다. 민간임대주택에는 매입임대주택과 건설임대주택이 있다. 대부분의 투자자들이 사용하는 방식인 매입임대주택은 면적에는 제한이 없지만 가액은 임대개시일 현재 기준시가가 수도권 6억 원(수도권 외 3억 원) 이하여야 하며, 호수는 전국에 1호 이상이면 된다. 건설임대주택은 일반 개인투자자들이 등록하는 경우는 거의 없지만 전국에 2호 이상, 가액은 임대개시일 현재 수도권 6억 원 이하, 대지면적 298㎡ 이하, 주택 연면적 149㎡ 이하여야 한다.

임대주택이 중과 대상에서 제외되기 위해서는 일정 기간 이상 팔지 않고 임대를 유지해야 하는 의무임대기간이 있는데, 2018년 3월 31일 이전까지 임대등록을 하면 그 기간이 5년이었으나 2018년 4월 1일 이후부터는 의무임대기간이 8년, 2020년 8월 18일 이후부터는 의무임대기간이 10년으로 늘었다.

다만, 4년 단기민간임대주택의 경우 2018년 3월 31일까지 사업자등록 등을 마친 주택에 한해 중과배제 혜택을 받을 수 있다. 이때 2018년 3월 31일은 토요일이므로 그다음 영업일인 2018년 4월 2일까지 사업자등록을 완료했다면 중과배제가 적용되는 임대주택으로 인정받을 수 있다.

2018년 9월 13일 이후부터는 주택을 1채 이상 보유한 사람이 조정대상지역 내 가액요건을 갖춘 주택을 취득해서 임대주택으로 등록하더라도 양도소득세가 중과되고, 장기보유특별공제도 적용받을 수 없다. 2020년 8월 18일 이후부터는 장기일반민간임대주택 중 아파트를 제외한 주택만 매입임대주택으로 등록할 수 있다.

주의할 점은 소득세법상 임대주택이 중과 대상에서 제외된다고 하면 많은 사람이 중과주택 수 계산에서도 제외된다고 오해한다는 것이다. 다시 한번 강조하지만 소득세법상 임대주택은 해당 주택을 팔 때만 중과가 적용되지 않을 뿐이지, 중과주택 수를 계산할 때는 주택 수에 포함된다는 점을 유의하기 바란다.

최근 「민간임대주택에 관한 특별법」이 개정되면서 6년 단기민간임대주택 등록이 가능해졌다. 이에 따라 「소득세법 시행령」도 개정되어 중과를 피할 수 있는 장기임대주택 범위에 이 6년 단기민간임대주택이 새롭게 포함되었다. 6년 단기민간임대주택의 요건은 다음과 같다.

① 지방자치단체에 주택임대사업자 및 세무서에 사업자등록(아파트는 등록 불가)
② 임대의무기간: 6년 이상
③ 등록 당시 공시가격: 건설임대주택은 6억 원 이하, 매입임대주택은 수도권 4억 원(비수도권 2억 원) 이하
④ 주택 수: 건설임대주택은 2호 이상, 매입임대주택은 제한 없음
⑤ 면적 기준: 건설임대주택은 대지 298㎡ 이하, 주택 연면적 149㎡ 이하

⑥ 임대료 증액 제한: 5% 이하

⑦ 지역 제한: 매입임대주택은 조정대상지역 소재 주택 제외(다만, 조정대상지역 공고일 이전 또는 2018년 9월 13일 이전에 매매계약한 주택이나 주택을 취득할 수 있는 권리는 비조정대상지역에서 취득한 것으로 본다)

한편 2020년 8월 18일 대책으로 인해 4년 단기민간임대주택과 8년 장기일반민간임대주택 중 아파트에 대해서는 기존과 다른 '자동말소'와 '자진말소'라는 제도가 도입되었다. 아파트 임대사업자가 더 이상 장기 임대를 유지할 수 없게 되면서, 일정 요건에 따라 등록을 강제로 혹은 스스로 취소하도록 제도가 바뀐 것이다. 이때 어떤 방식으로 말소되었는지에 따라 내야 할 세금이 크게 달라지므로 주의해야 한다.

먼저 임대 의무 기간을 채우고 임대료 5% 상한 등 모든 요건을 지켜 '자동말소'된 경우다. 자동말소 후 언제든 원하는 시점에 주택을 양도하면 다주택자 양도세 중과를 면제받는다.

하지만 임대사업자가 스스로 등록을 해지하는 '자진말소'는 사정이 다르다. 일단 임대의무기간의 절반(1/2) 이상은 반드시 채운 뒤에 말소해야 한다. 또한 자진말소일로부터 반드시 1년 이내에 해당 주택을 양도해야 중과배제 혜택을 받을 수 있다. 만약 말소 후 1년을 넘겨 양도하게 되면 다시 중과 대상이 된다.

>> 사연 3 : 조세특례제한법에 의한 감면주택

「조세특례제한법」 제77조, 제98조의2부터 제98조의3까지, 제98조의 5부터 제98조의8까지 및 제99조부터 제99조의3까지의 규정에 의하여 양도소득세가 감면되는 신축주택이 있다. 이렇게 조세특례제한법에 의해 세제혜택을 주는 주택들은 대부분 중과 대상에서 제외된다.

대표적인 사례가 도곡동 타워팰리스나 삼성동 아이파크를 처음으로 분양받은 사람들이다. 이들 주택은 IMF 사태 이후 얼어붙은 주택 시장을 살리기 위해 1999년부터 2003년 사이에 신축한 주택의 경우 5년간 양도소득세 면제 혜택을 주었는데, 면제 기간이 끝난 이후에도 소득세법 시행령에 의해 중과에서 제외된다.

2013년에 발표된 '4·1 부동산 대책'에 의해 혜택을 받은 주택들도 마찬가지다. 이때도 역시 정부는 부동산 시장의 활성화를 위해 특정 요건을 갖춘 주택을 매입하면 5년간 양도소득세를 100% 감면해 주었다. 그 특정 요건이란 2013년 내에 구입한 신축주택, 미분양주택, 또는 1세대 1주택자의 주택이 6억 원 이하이거나 85㎡ 이하일 경우다(조특법 제99조의2).

또한 2021년 「조세특례제한법」이 개정되면서 공익사업을 위해 국가에 수용되는 주택이 중과 제외 대상이 되었다. 공익사업용 토지에 해당하여 양도소득세 감면이 적용되는 주택을 양도할 때는 중과에서 배제되어 의도치 않았던 세금 부담이 줄어든 것이다.

>> 사연 4 : 선순위상속주택

상속일로부터 5년이 경과되지 않은 상속주택 역시 중과를 적용하지 않는다. 상속은 나의 의지와 관계없이 누군가의 사망에 의해 이루어진 취득이기 때문에 어느 정도 사정을 봐주는 것이다. 상속 후 5년 이내에 팔면 중과에서 배제되고, 그 이후부터는 똑같이 중과를 적용한다. 또한 별도 세대원으로부터 공동상속을 받았고 소수지분에 해당한다면 상속개시일로부터 5년 이상이 지났더라도 중과배제 대상이 된다.

사연5부터 사연9까지는 자주 나타나지 않는 사례들이므로, 가볍게 읽어보기 바란다.

〉〉 사연 5 : 장기임대 국민주택

조세특례제한법 제97조와 제97조의2 및 제98조의 규정에 의해 일정 요건을 갖춘 국민주택을 5년 이상 임대할 경우 양도소득세 면제 및 감면을 받는 주택이다. 일정 요건이란 1986년 1월 1일부터 2000년 12월 31일까지의 기간 중에 신축되었거나, 1985년 12월 31일 이전에 신축된 공동주택으로 1986년 1월 1일 당시 입주된 사실이 없는 주택이다. 그러나 현재 시중에는 여기에 해당되는 주택이 거의 없다.

〉〉 사연 6 : 종업원에게 10년 이상 무상 임대한 주택

사용자 소유이면서 종업원에게 10년간 무상으로 임대하는 주택일 경우 중과를 적용하지 않는다. 이는 사용자 개인의 투기를 위한 목적이라기보다 종업원의 주거복지를 위해 활용되었다고 보기 때문이다.

>> 사연 7 : 국가유산주택

국가유산주택은 비록 내 명의이긴 하지만 실질적으로 증·개축 등을 내 마음대로 할 수 없는 주택이기 때문에 중과를 적용하지 않는다.

>> 사연 8 : 저당권 실행 및 채권변제에 의해 취득한 주택

저당권의 실행으로 인하여 취득하거나 채권변제를 대신하여 취득한 주택, 즉 돌려받아야 할 빚을 주택으로 대신 받게 되었을 경우에는 취득일부터 3년이 경과하지 않았을 경우 중과를 적용하지 않는다. 이 역시 주택을 매입하려는 의지와는 상관없이 저당권이나 채권변제를 위해서 어쩔 수 없이 취득한 것으로 보기 때문이다.

>> 사연 9 : 장기 어린이집으로 사용했던 주택

장기 어린이집으로 5년 이상 사용하다가 폐업한 후 6개월 이내에 팔면 중과를 적용하지 않는다.

>> 사연 10 : 앞 사연의 주택을 제외하고 남은 한 채의 주택

다소 헷갈릴 수 있지만, 실무에서 자주 활용되는 소중한 지식이므로 잘 알아두기 바란다. 10번째 사연은 앞서 소개한 9가지 사연의 주택을 모두 제외하고 남은 주택이 1채뿐일 때 그 주택(세법상으로는 '일반주택'이라 한다)에 대해서는 중과를 적용하지 않는 것이다. 이 사연 덕분에 실제로 중과를 적용받지 않는 경우가 많다.

구체적인 사례를 들어 3주택 이상자의 중과배제를 설명해 보도록 하

자. 영철 씨는 총 4채의 아파트를 가지고 있는데 각 주택의 현황은 다음과 같다.

표43 영철 씨의 주택 보유 현황

	소재지	기준시가	특이사항
A아파트	서울 강남	5억 원	임대주택 등록
B아파트	서울 송파	6억 원	특례주택 (2013년 4·1부동산 대책 해당)
C아파트	인천 부평	2억 원	상속 후 5년 이내
D아파트	서울 서초	7억 원	없음

영철 씨의 중과주택 수는 총 4채다. 4채가 모두 서울시 및 광역시에 위치하고 있어 중과주택의 지역기준에 포함되기 때문이다. 그런데 이 주택이 실제로 중과되는지 알아보려면 각각의 사연을 들여다봐야 한다.

A아파트는 사연2에 해당하는 임대주택이므로 중과가 되지 않는다. B아파트는 사연3에 해당하는 감면주택이므로 중과가 되지 않는다. C아파트 역시 사연4에 해당하는 상속주택이므로 중과 대상에서 제외된다. 결론적으로 영철 씨는 A아파트, B아파트, C아파트를 팔 때는 중과를 적용받지 않는다.

남은 주택은 D아파트 하나뿐이다. 이 주택은 사연이 있는 주택을 모두 제외하고 마지막 남은 일반주택이다. 사연10에 해당된다. 따라서 영철 씨는 중과주택이 4채지만, 실제로 중과를 적용받는 주택은 한 채도 없다.

참고로 임대주택인 A아파트의 경우는 의무임대기간을 다 채워야만 중과를 적용받지 않는다. 그러나 A아파트의 의무임대기간을 아직 다 채우지 못한 상태에서 D주택을 팔아도 중과를 적용하지는 않는다.

2020년 8월 18일 민간임대주택법 개정으로 임대주택의 의무임대기간과 중과배제 요건이 변경되었다. 이와 관련해서는 뒤에서 더 자세히 살펴보기로 하자.

〉〉사연 11 : 조정대상지역 공고일 이전에 계약한 주택

조정대상지역의 공고일 이전에 해당 지역의 주택을 양도하기 위해 매매계약을 체결하고 계약금을 지급받은 사실이 증빙서류에 의해 확인되는 주택은 중과를 적용하지 않는다.

〉〉 사연 12 : 소형 신축주택과 비수도권 준공 후 미분양주택

일정 요건을 갖춘 소형 신축주택과 비수도권 준공 후 미분양주택에 대해서도 양도소득세 중과를 하지 않는다. 단, 취득 당시 다음의 요건을 충족해야 한다.

(1) 소형 신축주택

① 2024년 1월 10일부터 2027년 12월 31일까지 취득(아파트 제외)

② 전용면적 60㎡ 이하

③ 취득가액 6억 원(수도권 밖 지역 3억 원) 이하

④ 2024년 1월 10일부터 2027년 12월 31일까지의 기간 중 준공

⑤ 양도자가 사업 주체 또는 분양사업자 또는 사업 주체 및 분양사업자

로부터 주택의 공사대금으로 해당 주택을 받은 시공자

⑥ 양수자가 사업 주체 또는 분양사업자 등과 최초 계약

⑦ 양도자와 양수자가 해당 주택에 대한 매매계약을 체결하기 전에 다른 자가 해당 주택에 입주한 사실이 없을 것

(2) 비수도권 준공 후 미분양주택

① 2024년 1월 10일부터 2026년 12월 31일까지 취득

② 전용면적 85㎡ 이하

③ 취득가액 6억 원 이하(2026년 2월 27일 소득세법 시행령 개정 이후 취득분부터는 7억 원 이하일 것)

④ 수도권 밖의 지역에 소재할 것

⑤ 양도자가 사업 주체 또는 분양사업자 또는 사업 주체 및 분양사업자로부터 주택의 공사대금으로 해당 주택을 받은 시공자

⑥ 양수자가 사업 주체 또는 분양사업자 등과 최초 계약

⑦ 사용검사 또는 사용승인을 받은 날까지 분양계약이 체결되지 않아 선착순의 방법으로 공급하는 주택일 것

⑧ 해당 주택의 소재지를 관할하는 시장·군수·구청장으로부터 해당 주택이 준공 후 미분양주택이라는 날인을 받은 주택일 것

＞＞ 사연 13 : 인구감소지역 및 비수도권 인구감소관심지역 주택

지방 소멸을 막고 지역 균형 발전을 돕기 위해 2026년 2월 「소득세법 시행령」이 개정되면서 인구감소지역 및 비수도권 인구감소관심지역 주택

이 양도소득세 중과배제 대상에 새롭게 추가되었다.

이 규정에 따르면 2026년 1월 1일 이후 해당 지역의 주택을 취득한 경우, 취득 당시 기준시가가 4억 원(비수도권 인구감소지역은 9억 원) 이하라면 양도 시 중과세를 적용하지 않는다. 이 특례 주택을 보유함으로써 얻게 되는 혜택은 크게 두 가지로 요약된다. 첫째는 거주용 일반주택을 양도할 때 해당 주택을 주택 수 산정에서 제외하여 '1세대 1주택 비과세' 지위를 유지해 주는 것이며, 둘째는 해당 주택 자체를 매도할 때도 다주택자 중과세율이 아닌 일반세율을 적용받는 것이다. 다만 인구감소지역과 비수도권 인구감소관심지역은 각각 혜택을 받을 수 있는 '취득 시기' 요건이 다르므로 계약 전 반드시 이를 확인해야 한다.

표44 인구감소지역과 비수도권 인구감소지역 주택의 취득 시기 요건

구분		다른 주택 비과세 판단 시 주택 수 제외	중과배제
취득 시기	인구감소지역 주택	2024. 1. 4.~ 2026. 12. 31.	2026. 1. 1. 이후 취득분
	비수도권 인구감소 관심지역 주택	2025. 11. 28.~ 2026. 12. 31.	2026. 1. 1. 이후 취득분

위 사연 12와 13에 해당하는 주택은 중과주택 수를 계산할 때도 포함되지 않지만, 당해 주택을 팔아도 중과 적용을 받지 않는다.

〉〉 사연 14 : 일시적 1세대 2주택 또는 「조세특례제한법」상 감면 주택을 보유하여 1세대 1주택 비과세 적용받는 주택

일시적 2주택이나 상속, 혼인·동거봉양 합가 등으로 인해 집이 두 채

가 된 경우에도 비과세를 적용받는 경우도 있다. 형식적으로는 다주택이지만, 국가가 비과세 혜택을 주는 주택인 만큼 양도소득세 중과 대상에서도 당연히 제외된다.

다만, 고가주택은 1세대 1주택 비과세 요건을 전부 갖췄더라도 양도차익이 12억 원을 넘으면 그 초과분에 대해서는 세금이 부과된다. 과거에는 이 12억 원 초과분에 대해 다주택 중과세율을 적용해 세금 폭탄을 맞는 경우가 종종 있었다. 하지만 2021년 2월 「소득세법 시행령」이 개정되면서 비과세 특례를 받는 고가주택의 12억 원 초과분에 대해 중과를 하지 않는 것으로 바뀌었다.

〉〉 사연 15 : 2009년 3월 16일부터 2012년 12월 31일까지 취득한 주택

2009년 3월 16일부터 2012년 12월 31일 사이에 취득한 주택이라면 다주택자 양도소득세 중과 규정을 적용하지 않는다. 비록 장기보유특별공제는 받을 수 없지만, 무거운 중과세율 대신 일반세율로 세금을 낼 수 있다는 것만으로도 큰 혜택이다. 실제로 이 기간에 취득한 주택을 처분하며 중과세율로 세금을 잘못 냈다가 나중에 경정청구를 통해 거액을 돌려받은 사례가 꽤 많다. 그러니 본인의 취득 날짜가 이 시기에 해당하지 않는지 반드시 확인해볼 필요가 있다.

〉〉 사연 16 : 2026년 5월 9일까지 양도하거나 일정 요건을 갖춘 경우

다주택자에게 주어졌던 한시적 중과배제 유예기간이 2026년 5월 9일로 종료된다. 따라서 2026년 5월 10일 양도부터는 다시 중과세율이 적용된다. 하지만 몇 가지 예외적인 요건을 만족한다면 중과를 피할 수 있는 길이 있다. 각 중과 배제되는 사례와 구체적인 요건은 다음과 같다.

사례 1. 2026년 5월 9일까지 양도를 완료한 경우

가장 확실한 방법은 유예 기간이 끝나기 전인 2026년 5월 9일까지 양도를 완료하는 것이다. 이 경우는 조정대상지역 내 다주택자라 하더라도 양도소득세 중과를 적용하지 않는다.

사례 2. 토지거래허가구역 내 주택으로서 2026년 5월 9일까지 계약 체결 등 일정 요건을 갖춘 경우

토지거래허가구역은 사전에 허가를 받아야 하는 등 절차가 까다롭다. 이곳에서 중과를 피하려면 다음 세 가지 요건을 갖춰야 한다.

첫째, 토지거래허가를 받아야 한다. 토지거래허가구역 내 주택을 거래하기 위해서는 사전에 토지거래허가를 받는 것이 필수다. 허가 심사는 신청일로부터 영업일 기준 15일 정도 소요된다. 특히 중과배제 혜택을 받기 위해 2026년 5월 9일까지 계약을 체결하려 한다면, 늦어도 2026년 4월 중순 이전에는 신청을 완료해야 한다.

둘째, 2026년 5월 9일 이전에 매매계약을 체결하고 실제로 계약금을 지급받아야 하며 그 사실을 금융거래내역 등 객관적인 자료를 통해 입증해야 한다. 이때 가계약이나 토지거래허가 이전의 사전 약정은 인정되지 않는다. 계약금을 나누어 지급하는 경우에도(2026년 5월 9일 이전에 1차 계약금을 지급, 2026년 5월 10일 이후에 추가 계약금을 지급) 요건을 엄격하게 따질 가능성이 높으니 주의가 필요하다.

셋째, 위 요건을 갖춰 계약을 체결했더라도 법에서 정한 일정 기간 내에 실제 양도를 마쳐야 중과를 피할 수 있다.

표45 계약 체결 후 양도해야 하는 기간

구 분	지역	계약일 기준	양도 기한
기존 조정대상지역	서울 강남·서초·송파·용산	2026. 5. 9. 이전 계약 및 계약금 지급 (증빙에 의해 확인)	계약일로부터 4개월 이내
2025년 10월 16일 신규 지정된 조정대상지역	서울 성동구, 마포구, 강동구, 영등포구, 양천구, 동작구, 광진구, 중구, 종로구, 서대문구, 강서구, 노원구, 성북구, 구로구, 동대문구, 관악구, 은평구, 중랑구, 금천구, 강북구, 도봉구 경기도 수원시 장안구·팔달구·영통구, 성남시 수정구·중원구·분당구, 안양시 동안구, 과천시, 용인시 수지구, 광명시, 하남시, 의왕시	2026. 5. 9. 이전 계약 및 계약금 지급 (증빙에 의해 확인)	계약일로부터 6개월 이내

사례 3. 토지거래허가구역 외 지역의 주택으로서 2026년 5월 9일까지 계약 체결 등 일정 요건을 갖춘 경우

2026년 3월 현재 토지거래허가구역과 조정대상지역의 범위가 동일하다. 다만, 토지거래허가구역 중 아파트가 아닌 경우 토지거래허가의 대상이 아니지만, 조정대상지역 내에 소재하는 경우가 있을 수 있다. 이 경우 사례 2와 마찬가지로 2026년 5월 9일까지 계약 체결과 계약금을 지급받은 사실이 확인된 경우로서 기존 조정대상지역이라면 계약일부터 4개월(추가 지정된 조정대상지역인 경우 6개월) 이내 잔금을 치르면 중과배제가 적용된다.

한편 정부는 토지거래허가구역 내 주택을 매도할 때 걸림돌이 되던 실거주 의무를 제한적으로 완화하기로 했다. 매수자가 주택을 취득하더라도 기존 임차인이 있으면 즉시 입주가 어렵다는 현실을 고려했다. 이에 따라 2026년 2월 12일까지 체결된 임대차 계약은 해당 계약의 최초 종료일까지 실거주 의무를 유예하도록 했다. 다만, 이는 2028년 2월 11일까지만 한시적으로 인정된다.

>> 사연 17 : 혼인으로 인해 3주택 이상이 되었을 때(1주택 이상자와 1주택 이상자의 혼인) 혼인일로부터 5년 이내 양도하는 주택

혼인하게 되면 부부를 하나의 세대로 보고, 각자 보유하던 주택을 모두 합산해 주택 수를 계산한다. 따라서 혼인 전에는 각자 1주택이나 2주택이었더라도, 혼인 후에는 3주택 이상이 되어 다주택자로 구분될 수 있다.

세법은 혼인을 투기 목적으로 보지 않기에 특별한 구제 규정을 두고 있다. 혼인하여 합산 주택 수가 3주택 이상이 되더라도, 혼인일로부터 5년 이내에 주택을 양도한다면 배우자가 양도일 현재 보유하고 있는 주택 수는 계산에서 제외한다. 즉, 양도자 본인의 주택 수만으로 중과 여부를 판단하는 것이다.

예를 들어, 남편이 2채, 아내가 1채를 보유한 상태로 혼인하여 총 3채가 되었다고 하자. 혼인 후 5년 안에 남편이 자신이 보유한 주택을 양도한다면, 아내의 주택 1채는 제외하고 남편이 보유한 2채를 기준으로 중과를 판단하는 것이다. 3주택이 아닌 2주택을 기준으로 과세되니 세 부담이 훨씬 가벼워진다.

그러나 이 혜택에도 유효기간과 조건이 있다. 혼인 후 5년이 지나기 전이라도 해당 기간 안에 새로운 주택을 추가로 취득하는 순간, 이 특례를 적용받을 수 없다. 결국 이 규정은 혼인으로 인해 일시적으로 다주택이 된 세대에게 늘어난 주택을 정리할 수 있는 시간적 여유를 주는 제도라고 할 수 있다.

중과주택 2주택일 경우의 중과배제 요건

이번에는 중과주택이 2주택일 경우 중과배제 요건에 대해 살펴보자. 3주택 이상일 때보다 2주택의 경우를 나중에 설명하는 이유는 더 복잡하기 때문이다.

중과 여부를 판단하는 방법은 3주택 이상일 때와 마찬가지다. 다만

2주택일 경우에는 중과에서 제외해주는 '사연 있는 주택'의 종류가 더 많다. 총 21가지의 사연이 있는데, 그중 사연1부터 사연17까지는 기존 3주택 이상의 경우와 동일하므로 여기에서는 설명을 생략한다. 사연18부터 하나씩 알아보자.

〉〉 사연 18 : 부득이한 사유로 1년 이상 거주한 주택

1주택자가 취학, 근무상 형편, 질병 요양 등의 부득이한 사유로 수도권 밖에 있는 주택 및 다른 시·군에 주거할 주택을 취득했을 경우 종전 주택을 팔면 중과를 하지 않는다. 이때 다른 시·군 주택의 취득 당시 가격은 기준시가 3억 원 이하여야 하고, 1년 이상 거주해야 하며, 파는 날짜는 당해 사유가 해소된 날로부터 3년이 경과하지 않아야 한다.

〉〉 사연 19 : 소송에 의해 취득한 주택

소송이 진행 중이거나 소송으로 취득한 주택은 확정판결로부터 3년 이내에 양도할 경우 중과를 적용하지 않는다.

〉〉 사연 20 : 기준시가 1억 원 이하 주택(소형주택)

1세대 2주택의 경우로 양도할 당시의 기준시가가 1억 원 이하인 주택, 즉 소형주택 자체를 양도하는 경우 중과를 적용하지 않는다. 다만, 「도시 및 주거환경정비법」상 정비구역 내의 주택은 제외된다.

소형주택 자체가 중과배제 되는 경우는 1세대 2주택만 적용하는 것이며, 1세대 3주택은 적용되지 않음을 기억하자. 또한 중과배제 되는 소형

주택은 수도권·광역시·세종시에 소재하여도 적용이 가능하며, 조정대 상지역 여부와도 무관하다.

〉〉 사연 21 : 앞 사연의 주택을 제외하고 남은 한 채의 주택

이것은 3주택 이상일 경우의 사연 10과 같은 경우다. 사연 11부터 사연 20 외 사연에 해당하는 주택을 제외한 후 남은 주택이 1채뿐일 때 그 주택(세법상으로는 '일반주택'이라 한다)에 대해서는 중과를 적용하지 않는다.

〉〉 중과 배제되는 1세대 2주택 관련 주의사항

과거에는 특정 사유로 2주택이 되었다면(동거봉양주택, 혼인합가주택, 일시적 2주택 등) 비록 비과세 요건을 다 채우지 못했더라도 중과세만큼은 면제해주는 별도의 안전장치가 있었다. 그러나 2023년 「소득세법 시행령」 이 개정되면서 이 안전장치가 사라지게 되었다.

이제 중과배제는 '비과세가 적용되는 주택'일 때만 세트로 따라오도록 바뀌었다. 따라서 일시적 1세대 2주택 비과세 특례와 같이 '비과세가 적용될 수 있는 주택'이거나, 「조세특례제한법」상 감면주택으로 다른 주택이 비과세를 적용할 수 있는 경우에 한해 중과배제를 인정한다.

대표적인 예가 일시적 2주택이다. 예전에는 신규주택을 취득하고 3년 안에만 종전주택을 양도하면, '종전주택 취득 후 1년 경과' 요건을 갖추지 못해도 중과를 면제해주었다. 비과세는 적용받지 못해도 중과세는 피할 수 있는 완충 장치가 있었던 셈이다. 하지만 이 규정은 2023년 3월 28일 자로 삭제되었다. 이제는 일시적 1세대 2주택 비과세 요건을 완벽히 갖추지 못하면, 원칙적으로 양도소득세 중과세가 적용된다.

혼인 특례도 오해하기 쉽다. 혼인한 날부터 5년 이내에 주택을 양도할 때 배우자의 주택 수를 제외해주는 규정은 '3주택 이상'인 경우에만 해당한다. 만약 각자 1채씩 보유한 상태에서 결혼해 2주택이 되었는데, 비과세 요건도 갖추지 못한 채 주택을 양도한다면 2주택 중과세율이 그대로 적용된다. 결혼했다는 사실만으로 무조건 중과배제가 보장되는 것은 아니다.

결국 현재 제도는 '비과세가 되어야 중과도 배제된다'고 요약할 수 있다. 비과세 요건을 충족하지 못하면 중과배제라는 출구는 사실상 사라졌다고 봐야 한다.

또한 조정대상지역 내 다주택자에게 주어졌던 한시적 양도소득세 중과배제 조치도 2026년 5월 9일을 끝으로 종료된다. 따라서 조정대상지역에 다주택을 보유하고 있는 납세자라면 '언젠가 정리하면 되겠지'라는 생각은 금물이다.

유예기간이 종료되면 다시 중과세율이 적용될 뿐만 아니라, 장기보유특별공제까지 막히는 강력한 규제가 동시에 작동한다. 이로 인해 세 부담 차이가 많게는 수천만 원, 수억 원에 달할 수 있다.

만약 비과세 특례나 중과배제 요건을 충족하기 어려운 상황이라면, 이 한시적 중과배제 기간 안에 주택을 정리하는 것이 가장 현실적인 절세 전략이다. 이때 적용 여부는 실질적인 양도 시점을 기준으로 판단하므로, 계약 체결 시기뿐만 아니라 잔금 지급 구조까지 세밀하게 설계해야 한다.

결국 다주택자에게 2026년 5월 9일은 세 부담이 바뀌는 분기점이 된다. 남은 기간 자신의 보유 주택 구조를 정확하게 점검하고 비과세 가능성, 중과배제 적용 여부, 최적의 매각 순서 등을 종합적으로 검토해야 한다. 절세의 핵심은 정확한 타이밍이라는 점을 잊지 말아야 한다.

1세대 1주택자의 비과세 요건 강화

2017년 8·2부동산 대책의 영향을 받게 된 것은 다주택자들뿐만이 아니다. 1세대 1주택자에게 주어지는 비과세 요건도 일부 강화되었다.

이전까지는 1주택자가 비과세 혜택을 받기 위해서는 그 집을 2년 이상 보유하기만 하면 되었다. 그러나 2017년 8월 3일부터는 가지고 있는 1주택이 조정대상지역 내에 있을 경우 2년 이상 보유하는 것 외에 2년 이상 거주해야 한다는 요건이 추가되었다.

다주택자 중과와 마찬가지로 1주택자 비과세 요건 역시 전국을 대상으로 하는 게 아니라, 조정대상지역만을 대상으로 한다. 또한, 이 규제는 8·2 대책에 의거 2017년 8월 3일 이후에 취득하는 주택부터 적용된다. 따라서 이전에 주택을 취득했던 1주택자들은 크게 걱정할 필요가 없다. 참고할 것은 반드시 2년 이상 거주하지 않아도 되는 예외가 세 가지 있다는 점이다.

첫째, 2017년 8월 3일 현재 아직 소유권이 넘어오지 않았지만 이미 매매계약을 체결한 상태라면 예외가 인정된다. 이 경우에는 매매계약 체결 당시 무주택 세대여야 하고, 2017년 8월 2일 이전에 주택 매매계약을 체결했어야 하며, 계약금을 지급한 사실이 인정되어야 한다. 이 세 가지 조건을 동시에 충족한다면 2년 거주요건을 충족하지 않아도 된다. 취득 당시 무주택 세대라면 분양권이나 조합원 입주권을 취득한 경우에도 거주요건을 충족하지 않아도 된다.

둘째, 1주택자이지만 그 집을 임대주택으로 등록한다면 비과세가 가능하다. 거주지의 관할 구청에 임대주택으로 등록하고, 관할 세무서에 임대사업자로 등록한 후 단기임대는 4년 이상, 준공공임대는 8년 이상 임대를 하면 직접 2년 이상 거주하지 않아도 거주요건을 충족한 것으로 보고 비과세 혜택을 주었는데, 12·16 대책에서 2019년 12월 17일 이후에 등록한 주택은 의무임대기간 동안 임대를 하고 나서 다시 2년 이상 거주해야 비과세 혜택이 가능하도록 조건을 강화하였다.

셋째, 2년 거주요건이 있지만 상생임대주택 비과세 특례 요건을 충족하는 경우 거주요건이 면제되어 비과세를 받을 수 있다. 주택을 취득한 후 직전 임대차계약(새로운 계약)을 체결하고 1년 6개월 이상 임대한 뒤, 2021년 12월 20일부터 2026년 12월 31일 사이 인상률 5% 이내로 상생임대차계약을 맺고, 2년 이상 임대한 후에 1세대 1주택으로 양도하면 2년 거주요건이 면제되어 비과세를 적용받을 수 있다.

여기서 주의할 점은 직전 임대차계약은 주택을 취득하기 전에 체결한 계약이나 취득하면서 승계한 계약은 인정되지 않는다는 점과 상생임대차계약은 2026년 12월 31일까지 임대차계약뿐만 아니라 임대개시까지 되어야 한다는 점이다.

조합원 입주권과 분양권도
중과주택에 포함될까

2017년 8 · 2 부동산 대책이 나온 이후 상당히 많이 받은 질문이 "재건축 · 재개발 물건을 샀을 때에도 중과 대상이 되나요?"였다. 결론부터 말하자면 조합원 입주권은 중과주택 수를 계산할 때는 포함되지만 그 자체를 매도할 때는 중과가 적용되지 않는다. 2021년부터 취득한 주택 분양권도 양도소득세 비과세 주택 수를 계산할 때와 중과주택 수를 계산할 때 주택 수에 포함된다. 주택 분양권 자체를 양도할 때는 중과세율이 적용되지 않았지만, 2021년 6월 1일부터 주택 분양권 양도세율이 보유기간 1년 미만일 경우 70%, 1년 이상부터 입주 시까지는 60%가 적용된다.

조합원 입주권과 주택 분양권은 모두 주택 수에 포함

흔히 세법상 조합원 입주권과 분양권을 헷갈리는 사람들이 많은데, 그 차이점부터 짚고 넘어갈 필요가 있다. 어느 재개발 지역에 헌 집이 1,000세대가 있는데 이것을 헐어 새로운 집을 1,500세대 짓는다고 가정하자. 이때 헌 집을 가지고 있었던 1,000세대는 새집을 분양받을 수 있는 권리를 받게 된다. 이것이 조합원 입주권이다. 반면 새로 생길 500세대는 일반에게 공모해서 분양하게 되는데 이것이 분양권이다.

그림24 조합원 입주권과 분양권의 중과주택 포함 여부

조합원 입주권과 분양권이 이번 중과 규정에서는 어떻게 적용되는지 살펴보자. 흥부 씨는 조정대상지역인 서울 내에 주택 2채와 조합원 입주권 1개를 가지고 있다. 놀부 씨는 똑같은 지역 내에 주택 2채와 분양권 1개를 가지고 있다.

흥부 씨가 가진 조합원 입주권은 주택 수에 포함이 된다. 다른 두 채의 집과 함께 조합원 입주권도 서울에 위치하므로 흥부 씨의 중과주택 수는 총 3채다. 놀부 씨가 취득한 주택 분양권도 2021년부터 주택 수에 포함되기에 놀부 씨의 중과주택 수는 총 3채가 된다. 같은 지역의 주택을 팔 경우 흥부 씨와 놀부 씨 모두 30%p의 중과를 적용받는다(2021년 6월 1일 개정).

조합원 입주권 자체를 팔 때는 중과되지 않는다

조합원 입주권은 그 자체를 양도할 때는 중과가 적용되지 않고, 일반 주택과 마찬가지로 일반세율을 적용받는다. 보유기간이 1년 미만이라면 70%의 세율을, 1년 이상 2년 미만일 때는 60%의 세율을, 2년 이상 보유할 경우는 과세표준에 따라 6%에서 45%까지의 기본세율을 적용받게 된다.

표46 흥부 씨의 중과주택 수(총 3채)

	소재지	중과주택 포함 여부
주택A	서울 용산구	포함됨
주택B	서울 송파구	포함됨
조합원 입주권	서울 강남구	포함됨

이 점을 활용해 매도 순서만 잘 조정해도 절세가 가능하다. 앞서 언급한 흥부 씨 사례의 경우 조합원 입주권을 먼저 파는 것이 절세 전략이 될 수 있다.

만약 흥부 씨가 주택A를 먼저 판다면 중과주택 3주택에 해당되어 세율에 30%p가 가산된다. 이것은 주택 B도 마찬가지다. 그런데 셋 중에서 조합원 입주권을 먼저 팔게 되면 상황이 달라진다. 조합원 입주권은 중과주택 수에는 포함되지만, 팔 때에는 중과가 적용되지 않으므로 30%p의 가산이 없다. 보유기간이 1년 미만일 때는 70%의 세율을, 1년 이상 2년 미만일 때는 60%의 세율을, 2년 이상 보유하면 과세표준에 따라 6%에서

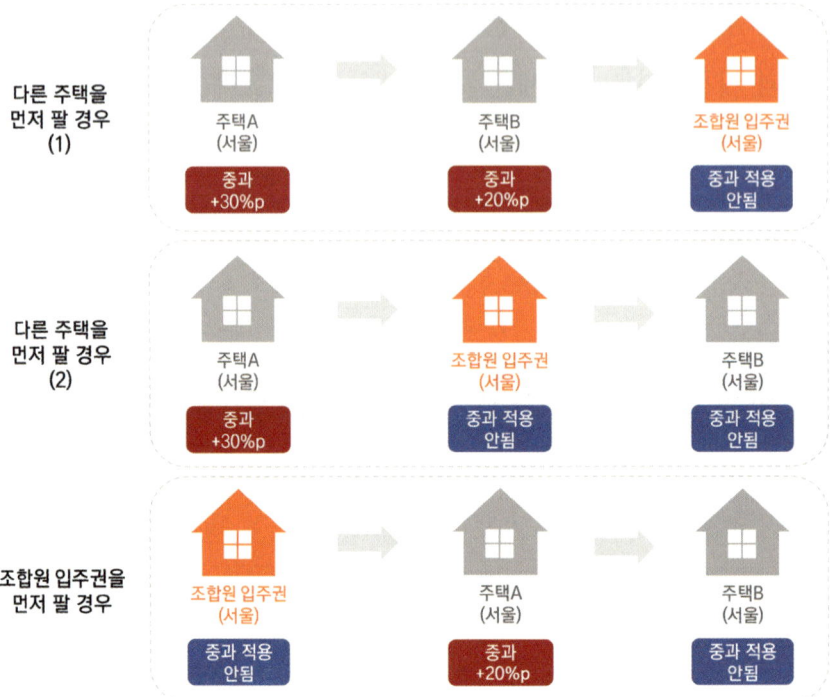

그림25 양도 순서에 따른 흥부 씨의 중과 여부

다른 주택을
먼저 팔 경우
(1)

주택A
(서울)
중과
+30%p

주택B
(서울)
중과
+20%p

조합원 입주권
(서울)
중과 적용
안됨

다른 주택을
먼저 팔 경우
(2)

주택A
(서울)
중과
+30%p

조합원 입주권
(서울)
중과 적용
안됨

주택B
(서울)
중과 적용
안됨

조합원 입주권을
먼저 팔 경우

조합원 입주권
(서울)
중과 적용
안됨

주택A
(서울)
중과
+20%p

주택B
(서울)
중과 적용
안됨

45%까지의 기본세율을 적용받는다.

조합원 입주권을 팔았다면 이제 남은 중과주택은 주택A와 주택B뿐이므로 총 2채가 된다. 이제는 어떤 것을 먼저 팔든 추가되는 세율은 20%p이다. 총 3채를 팔면서 첫 번째(조합원 입주권) 물건을 팔 때도 30%p의 추가세율을 피할 수 있을 뿐 아니라, 두 번째(주택A 또는 주택B) 물건을 팔 때도 중과세율이 낮아지므로 절세 효과가 생기는 것이다. 결과적으로 중과주택 중에 2년 이상 보유한 조합원 입주권이 있는 경우에는 조합원 입주권을 먼저 파는 것이 절세 측면에서 유리하다(2021년 6월 기준).

분양권의 양도소득세도 강화되었다

2021년 6월 1일부터 주택 분양권에 대한 양도소득세도 강화되었다. 기존에는 주택 분양권을 팔아서 양도차익을 얻었을 경우의 양도소득세율은 보유기간 1년 미만일 경우 50%, 1년 이상 2년 미만일 경우 40%, 2년 이상 보유한 후 매도하면 일반과세(6~45%)를 적용받았다.

그러나 2021년 6월 1일부터는 조정대상지역 또는 비조정대상지역에 관계없이 보유기간이 1년 미만일 경우 70%, 1년 이상 완공 시까지 60%의 고액세율이 적용된다.

분양권은 아파트의 잔금 청산일부터 주택의 보유기간을 기산하기 때문에, 분양권이 완공되어 주택으로 양도하는 경우에도 잔금을 치른 후 1년 이내에 처분하면 70%의 단기세율을 적용받을 수 있으므로 주의해야 한다.

다양한 사례를 통해
절세 전략 세우기

이렇게 복잡한 중과 규정을 이해하는 가장 좋은 방법은 구체적인 사례에 적용해 보는 것이다. 여기에서는 다양한 사례를 통해서 지금까지 배운 내용들을 다시 한번 익혀보고자 한다.

특례주택과 임대주택을 활용하자

주택의 수가 많아지더라도 지금까지 설명한 3단계 체크 과정만 잘 이해하고 있다면 걱정할 필요 없다. 총 8채의 주택을 가지고 있는 동광 씨의 경우를 살펴보자. 동광 씨가 보유한 8채 주택의 현황이 **표47**과 같을 때 동광 씨는 어떤 식으로 절세할 수 있을지 생각해보자.

표47 동광 씨의 주택 보유 현황

	소재지	기준시가	특이사항
A아파트	경남 거제	1억 원	없음
B아파트	경남 거제	5억 원	없음
C아파트	경북 영천	4억 원	없음
D아파트	전북 군산	2억 원	없음
E아파트	충북 충주	3억 원	없음
F아파트	경기도 연천	5억 원	상속받은 지 2년 경과
G아파트	서울 서초	5억 원	조특법 제99조의2 특례주택 (2013년 4·1 부동산 대책)
H아파트	서울 강남	6억 원	임대주택 등록 (2018.9.13. 이전 등록)

먼저 동광 씨의 중과주택은 몇 개인지 살펴보자. A아파트는 지역기준, 가액기준 모두 해당하지 않아 중과주택에서 제외된다. B아파트와 C아파트는 지역기준에는 해당하지 않지만, 가액기준인 3억 원을 넘으므로 중과주택에 포함된다. D아파트와 E아파트는 지역기준, 가액기준 모두 해당하지 않아 중과주택에서 제외된다. F아파트와 G아파트와 H아파트는 수도권(서울·경기·인천)에 소재하므로 셋 다 지역기준에 해당하여 중과주택에 포함된다. 결론적으로 동광 씨의 중과주택 수는 총 5채다.

이 중에서 A아파트, B아파트, C아파트, D아파트, E아파트, F아파트를 양도할 때에는 전혀 고민할 필요가 없다. 이 아파트는 모두 조정대상지역이 아니기 때문에 언제 팔든지 중과가 아닌 일반세율을 적용받는다.

그런데 서울 서초의 G아파트를 양도할 생각이라면 한번 따져볼 필요가 있다. 서울 서초는 조정대상지역이고 동광 씨의 중과주택은 5채이므로 30%p의 세율이 가산되어야 한다. 그러나 G아파트는 조특법 제99조의2에 해당하는 특례주택이다. 이는 앞에서 살펴보았던 '사연 있는 주택'에 포함되는 내용이기 때문에 동광 씨는 G아파트를 팔더라도 중과가 아닌 일반세율을 적용받게 될 것이다.

마찬가지로 강남의 H아파트를 팔 때도 그렇다. 원래대로라면 강남은 조정대상지역이므로 30%p의 세율이 가산되어야 한다. 그러나 H아파트는 임대주택으로 등록되어 있어 역시나 '사연 있는 주택'에 포함된다. 따라서 H아파트를 팔 때에도 중과가 아닌 일반세율을 적용받는 것이다. 이는 H아파트가 임대주택으로서 의무임대기간을 모두 채웠다는 것을 전제로 한 이야기다.

결과적으로 동광 씨는 전국에 8채의 주택을 보유하고 있고 그중의 5채가 중과주택이지만, 중과를 적용받는 주택은 한 채도 없다.

중과 제외 조항을 적극 활용하자

이번에는 종합 씨의 사례를 보자. 종합 씨는 전국에 7채의 주택을 보유하고 있는데 여기에는 임대주택과 특례주택, 상속주택이 섞여 있다. 구체적인 현황은 다음과 같다.

종합 씨가 가진 주택 중에서 A아파트는 지역기준, 가액기준 모두 해당하지 않아 중과주택에서 제외된다. B아파트 역시 지역기준, 가액기준 모

표48 종합 씨의 주택 보유 현황

	소재지	기준시가	특이사항
A아파트	강원 강릉	1억 원	없음
B아파트	충북 충주	2억 원	없음
C아파트	경기 평택 안중읍	3억 원	없음
D아파트	경기 안산	4억 원	조특법 제99조의2 특례주택 (2013년 4·1 부동산 대책)
E아파트	서울 송파	6억 원	임대주택 등록 (2018.9.13. 이전 등록)
F아파트	울산 북구	5억 원	상속받은 지 2년 경과
G아파트	서울 서초	4억 원	없음

두 해당하지 않아 중과주택에서 제외된다. C아파트는 경기도에 소재하지만 읍·면지역이므로 지역기준에 해당하지 않고, 가액기준인 3억 원도 넘지 않으므로 중과주택에서 제외된다.

D아파트는 경기도에 소재하므로 지역기준에 해당하여 중과주택에 포함된다. E아파트 역시 서울에 소재하므로 지역기준에 해당하여 중과주택에 포함된다. F아파트는 광역시에 소재하므로 지역기준에 해당하여 중과주택에 포함된다. G아파트도 서울에 소재하므로 지역기준에 해당하여 중과주택에 포함된다. 결론적으로 종합 씨의 중과주택 수는 총 4채다.

이 중에서 실제로 중과를 적용받는 주택은 무엇일지 생각해보자. 종합 씨는 일단 중과주택 수가 4채이므로 중과 대상자이다. 특히 조정대상지역에 있는 E아파트, G아파트를 팔고자 한다면 일단 신경을 쓸 필요가 있다. 먼저 송파에 있는 E아파트는 임대주택으로 등록되어 있으므로, 의무임대기간을 다 채운 후 팔거나 의무임대기간의 1/2이상 임대한 후 자진 말소한 상태로 1년 이내에 판다면 중과를 적용받지 않을 것이다.

문제는 서초의 G아파트다. 조정대상지역에 속해 있는 데다가 중과에서 제외될 만한 어떤 사연도 가지고 있지 않다. 그러나 아직 좌절하기는 이르다. 다른 중과주택들을 살펴보자.

D아파트는 특례주택이다. E아파트는 언급했듯이 임대주택이고, F아파트는 상속받은 지 5년이 아직 지나지 않아 역시 중과에서 제외된다. 종합 씨의 중과주택이 총 4채인데, 그중에 3채가 이렇게 '사연 있는 주택'인 것이다. 마지막 남은 중과주택은 바로 서초의 G아파트뿐이다.

그런데 앞서 '사연 있는 주택'을 설명할 때 마지막 사연은 다른 주택을 제외하고 남은 하나의 주택(일반주택)에는 중과를 적용하지 않는다는 것이었다. 결국 종합 씨는 G아파트를 팔 때도 역시 중과가 아닌 일반세율을 적용받을 수 있다. 이처럼 절세를 위해서는 중과에서 제외되는 '사연 있는 주택'을 적극 활용하는 것이 유리하다.

파는 순서만 바꿔도 절세가 된다

이번에는 조정대상지역 내에 조합원 입주권을 갖고 있는 갑돌 씨의 경우를 살펴보자. 갑돌 씨는 총 4채의 주택을 가지고 있는데 구체적인 현황은 다음 표와 같다. 그중에는 조합원 입주권도 있다.

표49 갑돌 씨의 주택 보유 현황

	소재지	기준시가	특이사항
A아파트	서울 서초	5억 원	없음
B입주권	서울 강남	3억 원	없음
C주택	인천 강화	2억 원	없음
D빌라	충북 충주	2억 원	없음

갑돌 씨의 중과주택 수를 계산해보면 먼저 A아파트는 서울에 속하므로 가격과 상관없이 무조건 중과주택 수에 포함된다. C주택은 광역시인 인천시에 있지만 군지역인 강화군에 위치하므로 지역기준에 해당하지 않고, 가액기준인 3억 원을 넘지도 않으므로 중과주택에 포함되지 않는다. D빌라 역시 기타지역에 소재하면서 가액기준인 3억 원을 넘지 않으므로 중과주택에 포함되지 않는다.

그러나 B입주권은 중과주택에 포함된다. B입주권의 경우 서울에 소재하기 때문에 금액과 상관없이 중과주택에 포함되는 것이다. 따라서 갑돌 씨의 중과주택 수는 A아파트, B입주권 등 총 2채다.

그런데 조합원 입주권은 중과주택 수는 포함되지만 그 자체를 팔 때는 중과가 되지 않는다. 이 점을 이용한다면 갑돌 씨가 무엇을 먼저 양도하느냐에 따라 중과 여부도 달라질 수 있다.

만약 서초의 A아파트를 먼저 양도한다면 양도소득세는 20%p가 가산된다. 서초는 조정대상지역이므로 일단 중과가 적용되는데, 가지고 있는 중과주택 수가 2채이므로 2주택 중과가 적용되는 것이다. 따라서 기본세율(6~45%)에 20%p를 가산하여 최소 26%에서 최대 65%까지 양도소득세를 내야 할 수 있다.

그러나 갑돌 씨가 A아파트 대신 B입주권을 먼저 양도한다면 상황은 달라진다. 조합원 입주권은 그 자체를 팔 때는 중과가 되지 않으므로, B입주권을 먼저 팔면 가지고 있는 중과주택이 2주택이라 해도 가산이 되지 않고 일반세율(6~45%)이 적용된다. 그 후에 A아파트를 팔게 되면 이때는 중과주택이 1채뿐이므로 역시 중과가 적용되지 않는다.

결론적으로 조정대상지역 내에 아파트와 조합원 입주권을 둘 다 가지고 있다면 조합원 입주권을 먼저 파는 것이 절세 측면에서는 더 유리하다. 이처럼 파는 순서만 잘 조정해도 절세 효과를 낼 수 있다.

새롭게 적용되는 다주택자 중과 규정은 매우 중요하고, 복잡한 부분이기도 해서 확실한 공부가 필요하다. 거듭 강조하지만 대충 알아뒀다가 실수를 하면 돌이키기 어려운 것이 바로 부동산 세금이다. 매수나 매도 의사결정을 내릴 때 혼자 판단하기가 어렵다면 미리 세무전문가의 자문을 받는 것도 하나의 방법이다.

실전에서 자주 실수하는
중과 관련 사례 모음

8·2 대책의 양도소득세 중과 규정은 워낙 복잡하다 보니 실제 적용하면 여전히 헷갈리는 부분이 많다. 투자자들이 자주 틀리는 지점에 대해 다시 한번 짚고 넘어가도록 하자.

1. 중과주택에 포함되지 않는다고 해서 비과세인 것은 아니다.

비과세주택은 전국의 모든 주택을 대상으로 숫자를 계산하며, 중과주택은 특정 지역의 주택만을 대상으로 계산한다. 두 가지는 완전히 별개의 개념이므로, 헷갈렸다가는 낭패를 볼 수 있다.

2. 중과주택 수는 개인이 아닌 세대별로 계산한다.

중과주택이 2주택인지 혹은 3주택 이상인지를 판단할 때는 개인별로 숫자를 계산하지 않고 세대별로 합산한다. 중과에서만큼은 배우자와 명의를 분산하는 것이 크게 도움되지 않는다.

3. 양도소득세 특례주택도 중과주택 수를 계산할 때 포함이 된다.

2013년 4 · 1 부동산 대책을 통해 5년간 양도소득세 100% 감면을 받게 되는 특례주택들이 있다. 조특법 99조의2에 해당하는 주택인데, 이들 주택은 양도소득세 면제 기간이 끝난 이후에도 중과를 적용받지 않는다. 그런데 중과주택 수를 계산할 때는 포함이 된다. 이것은 투자자들이 상당히 자주 실수하는 부분이므로 반드시 기억해 두기 바란다.

반면 다른 주택의 비과세 여부를 판정할 때는 특례주택이 주택 수에 포함되지 않는다. 이것만 봐도 중과주택과 비과세주택은 완전히 별개의 개념임을 알 수 있다.

4. 소득세법상 장기임대주택도 중과주택 수에 포함된다.

소득세법상 장기임대주택은 의무임대기간(2018년 3월 31일 이전 등록 4년, 2018년 4월 1일 이후 등록 8년, 2020년 8월 18일 이후 등록 10년)을 채운 후 그 주택 자체를 양도할 때 중과가 적용되지 않는다. 하지만 중과주택 수에는 포함이 된다. 이 또한 투자자들이 많이 실수하는 부분이므로 반드시 기억하자.

그런데 특례주택의 경우와 마찬가지로 소득세법상 장기임대주택 역시 거주주택의 양도소득세 비과세 여부를 판단할 때는 주택 수에 포함하지 않는다. 기준시가가 6억 원 이하(비수도권은 3억 원 이하)인 주택을 임대주택으로 등록하면 2년 이상 전 세대원이 거주한 주택을 양도할 때, 등록한 임대주택은 양도소득세 비과세 판정 시 주택 수에서 제외된다.

5. 매매사업자도 조정대상지역 내의 분양권이나 주택을 매도하면 중과를 적용받는다.

2018년 4월부터는 다주택자인 매매사업자도 조정대상지역 내 분양권과 주택을 매도하면 비교과세를 하게 된다. 따라서 중과를 적용받는다.

6. 중과주택 2주택 보유자가 기준시가 1억 원 이하의 주택을 양도할 경우에는 중과가 적용되지 않는다.

중과주택 수가 2주택인 사람이 기준시가 1억 원 이하의 주택을 팔 경우에는 소형주택이라 하여, 양도할 경우 중과를 적용하지 않는다.

7. 다가구주택 양도 시 다주택자로 중과될 수 있다.

　다가구주택의 경우 건물의 주거용 층수가 지하층을 제외한 부분이 3개 층 이하여야 한 덩어리의 주택으로 인정이 된다. 그러나 옥탑면적이 건축면적의 1/8을 초과하고 주거용으로 임대를 하였거나, 1층 상가+3개 층 주택의 1층 상가를 주거용으로 임대한 경우 주거용 층수가 3개 층을 초과하므로 각 호를 주택으로 삼아 1세대 3주택으로 중과되는 사례가 있으므로 주의해야 한다.

memo

6장

월세 받을 때
반드시 따져야 할
종합소득세

소득세를 계산하는
3가지 방법

종합소득세(종소세)란 모든 소득을 다 합쳐서 내는 세금이라는 뜻이다. 그러나 엄밀히 말하면 모든 소득을 합치는 것은 아니고 이자소득, 배당소득, 근로소득, 사업소득, 기타소득, 연금소득 등 여섯 가지를 합쳐서 계산한 세금이다.**(표50 참조)**

독자들 중에는 의아하게 생각하는 분도 있을 것이다. 생각해보면 우리가 은행에 돈을 맡기고 받는 이자소득에서도 15.4%를 세금으로 떼고, 회사에서 받는 월급에서도 원천징수라고 해서 일정금액을 떼지 않던가? 이미 소득세를 거둬가 놓고 왜 또 종합소득세를 거둔다는 말인가? 이는 소득세를 과세하는 방법이 다음과 같이 세 가지로 나뉘기 때문이다.

〉〉 소득마다 따로 매기는 '분리과세'

앞서 설명한 이자소득세처럼, 이자소득이 발생하면 금융회사에서는 일단 14%와 지방소득세 1.4%를 먼저 떼고 나머지 금액만 통장에 입금시킨다. 이로서 납세자는 납세의무가 끝난 것이므로, 나중에 별도로 신고할 필요도 없다. 이처럼 납세자의 다른 소득과 합산하지 않고 납세의무가 종결되는 것을 '분리과세'라고 한다.

그런데 금융소득 2,000만 원이 넘어가면 초과된 금액을 종합과세, 즉 종합소득에 합산하게 한다. 만약 근로소득이 3억 원이고 금융소득이 5,000만 원이라면 이 사람은 근로소득 3억 원에 금융소득 중 2,000만 원을 넘어가는 금액인 3,000만 원을 합해서 3억 3,000만 원에 대한 종합소득세를 추가로 내야 한다.

표50 소득원에 따른 소득세의 분류

분류	소득세 신고
이자소득	종합소득세
배당소득	
근로소득	
사업소득	
기타소득	
연금소득	
양도소득	양도소득세
퇴직소득	퇴직소득세

주택임대소득도 마찬가지다. 2,000만 원 이하일 경우 2018년까지는 비과세였지만 2019년부터는 분리과세를 통해 14%의 세율을 매긴다. 그리고 2,000만 원을 초과하면 임대소득 금액 전체가 종합소득에 합산된다. 참고로 상가임대소득은 2,000만 원을 넘든 안 넘든 금액 전체가 종합소득에 포함된다.

〉〉소득을 모두 합산하는 '종합과세'

종합소득세는 이름 그대로 종합과세(합산과세)가 기본이다. 이자소득, 배당소득, 근로소득, 사업소득, 기타소득, 연금소득으로 발생한 모든 소득을 합산해서 과세한다.

종합소득세는 이른바 부의 재분배를 추구한다는 목적이 있다. 많이 버는 사람은 세금을 많이 내는 구조라는 뜻이다. 그래서 종합소득세는 소득구간이 높아질수록 세율도 높아지는 누진세율을 적용한다. 소득 금액에 따라 최소 6%부터 최고 45%까지 적용된다.

〉〉완전히 별개의 소득으로 보는 '분류과세'

분류과세란 완전히 별도의 항목으로 따로 계산한다는 뜻이다. 부동산 투자자들이 가장 신경 쓰는 양도소득과 근로자의 퇴직소득은 분류과세에 속한다.

이 항목들을 분류과세하는 이유는 양도소득과 퇴직소득 모두 오랜 기간 동안 실현되지 않고 있다가 한 번에 발생하는 거액의 소득이기 때문이다. 그래서 소득액 자체가 매우 크다. 만약 이 금액을 일반 소득과 합쳐서 종합과세하면 누진세율이 엄청나게 높게 적용되어 납세자는 세금폭탄을 맞을 수도 있다.

예를 들어 30년의 직장생활을 마치고 퇴직한 사람의 퇴직금이 3억 원이었다고 하자. 이 사람은 은퇴 후 이 3억 원으로 아내와 함께 작은 카페를 차릴 생각에 마음이 부풀어 있다. 이 사람이 퇴직한 해에 받은 연봉과 기타소득을 합쳐 보니 1억 6,000만 원이라고 하자. 그런데 만약 퇴직금이 종합과세된다면, 이 사람의 그해 소득은 4억 6,000만 원이 되고, 세율은 무려 40%가 된다. 지방소득세를 포함해 총 1억 7,386만 6,000원을 세금으로 내야 하는 것이다. 이대로라면 작은 카페의 꿈은 멀리 날아가 버린다.

그래서 퇴직소득은 분류과세, 즉 다른 소득과 별도로 세금을 매긴다. 퇴직소득세를 계산할 때는 1년에 얼마의 퇴직소득이 적립되었는지를 계산해서 세율을 적용한다. 소득세율은 소득이 올라갈수록 높은 세율을 적용하는 누진세 구조이기 때문에 1년 단위로 분할한 퇴직세율을 적용하면 세금이 대폭 줄어들게 된다.

부동산을 팔아서 얻은 양도소득 역시 종합소득세에 합산되지 않고 양도소득세로 갈음한다. 투자자가 아니라면 일생에 집을 사고파는 횟수가 많지 않을 텐데 그것을 종합소득과 합산하기에는 무리가 있기 때문이다.

복잡한 종합소득세,
한눈에 정리하기

매년 5월이면 종합소득세 신고를 하라는 안내문이 날아온다. 월급만으로 생활하는 근로자들은 이미 연말정산을 했기 때문에 안내문이 날아오지 않겠지만, 수입원이 다양한 사업자나 투자자들은 5월이 두려울 수밖에 없다. 그만큼 종합소득세는 복잡한 구조로 이루어져 있다.

종합소득세 역시 기본공식은 '과세표준 × 해당 구간의 세율'이다. 누진세율이 적용되기 때문에 과세표준에 따라 최소 6%부터 최대 45%까지 적용된다. 구체적인 세율은 **표51**을 참고하기 바란다.

종합소득세 과세표준은 어떻게 구할까

종합소득세는 그 어떤 세금보다 과세표준을 구하기가 까다롭다. 기본적으로 여섯 가지의 항목을 각각 계산해야 하고, 각 항목마다 공제되는

표51 종합소득세의 과세표준과 세율

과세표준	소득 세율	누진 공제액	계산법
1,400만 원 이하	6%	–	과세표준 금액 × 6%
1,400만 원 초과 5,000만 원 이하	15%	126만 원	과세표준 금액 × 15% – 126만 원
5,000만 원 초과 8,800만 원 이하	24%	576만 원	과세표준 금액 × 24% – 576만 원
8,800만 원 초과 1억 5,000만 원 이하	35%	1,544만 원	과세표준 금액 × 35% – 1,544만 원
1억 5,000만 원 초과 3억 원 이하	38%	1,994만 원	과세표준 금액 × 38% – 1,994만 원
3억 원 초과 5억 원 이하	40%	2,594만 원	과세표준 금액 × 40% – 2,594만 원
5억 원 초과 10억 원 이하	42%	3,594만 원	과세표준 금액 × 42% – 3,594만 원
10억 원 초과	45%	6,594만 원	과세표준 금액 × 45% – 6,594만 원

내용이 다르기 때문이다. 직장인이라면 연말정산의 골치 아픈 기억을 떠올려보면 쉽게 이해할 것이다. 그렇지만 기본 구조를 이해하면 종합소득세를 계산하는 것도 그렇게 어려운 일은 아니다.

》 1단계 : 소득 – 비용 공제액 = 소득금액

종합소득세의 과세표준은 6개 분야의 소득금액을 합산한 것인데, 이때 소득금액이란 소득에서 경비를 공제하고 남은 것을 말한다. 정리하면 다음과 같은 구조로 볼 수 있다.

요컨대 6가지 분야에서 각각의 소득에 공제액을 뺀 금액의 합이 '종합소득금액'이다.

총 이자소득	= 이자소득금액
총 배당소득 + 배당가산액	= 배당소득금액
총 사업소득 − 필요경비	= 사업소득금액
총 근로소득 − 근로소득공제	= 근로소득금액
총 연금소득 − 연금소득공제	= 연금소득금액
총 기타소득 − 필요경비	= 기타소득금액
(+)	종합소득금액

〉〉 2단계 : 종합소득금액 − 소득공제 = 과세표준

이렇게 종합소득금액을 구했으면 이제 소득공제를 받을 차례다. 기본 공제, 추가공제, 특별공제 등 각자의 상황에 따라 소득공제를 받고 나면 비로소 종합소득세의 과세표준이 산출된다.

〉〉 3단계 : 과세표준 × 세율 = 종합소득산출세액

이렇게 산출된 과세표준에 각각의 세율을 곱하면 '종합소득산출세액'이 나온다.

〉〉 4단계 : 종합소득산출세액 ± 감면 및 가산세액 = 종합소득결정세액

아직 끝나지 않았다. 종합소득산출세액에서 다시 면제 및 감면세액을 빼고, 각종 세액공제* 항목을 뺀다. 여기에 신고를 불성실하

> **세액공제**
> 과세표준 금액에서 공제해주는 소득공제와 달리, 산출된 세액에서 공제해주는 방식이 세액공제다. 누진 세율 제도 위에서는 세액공제가 적용되면 저소득자가 고소득자에 비해 상대적으로 유리한 측면이 있다.

게 했거나 증빙을 제대로 첨부하지 않는 등의 문제가 있으면 가산세가 붙게 되는데 이것이 '종합소득결정세액'이다.

이제 원천징수세액이나 중간예납액 등 기존에 납부한 세액을 빼고 나머지 금액을 납부하면 된다.**(그림26 참조)**

종합소득세는 챙겨야 할 항목이 워낙 많기 때문에 계산이 복잡하고 어렵게 느껴진다. 그러나 기본 구조를 알고 있으면 매년 5월 종합소득세 신고를 할 때마다 조금은 덜 헤매게 될 것이고, 직장인이라면 연말정산이 좀 더 쉽게 느껴질 수도 있다.

이제부터는 종합소득세 항목 중에서도 투자자가 가장 눈여겨봐야 할 부분인 임대수익 부분을 자세히 들여다보자.

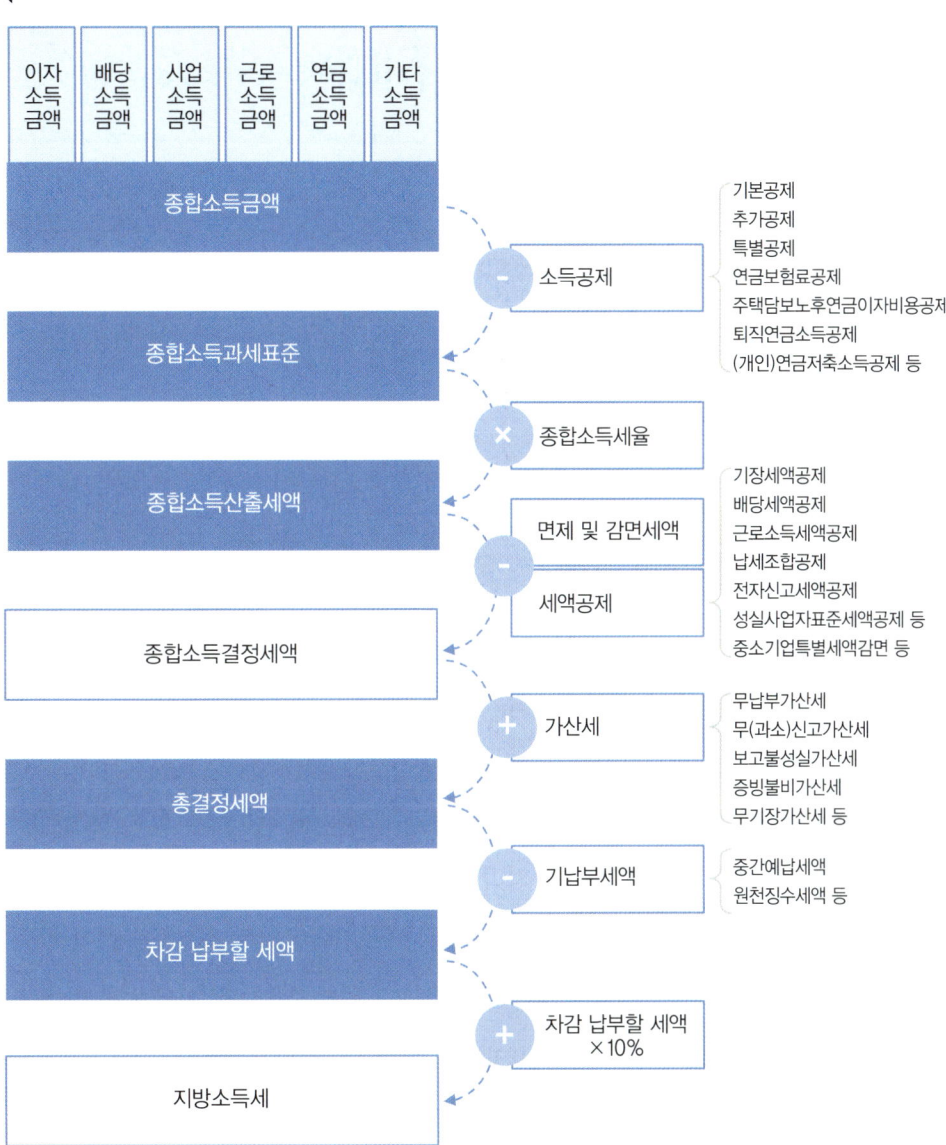

그림26 종합소득세 산출 방법

이자소득금액	배당소득금액	사업소득금액	근로소득금액	연금소득금액	기타소득금액

종합소득금액

(-) 소득공제
- 기본공제
- 추가공제
- 특별공제
- 연금보험료공제
- 주택담보노후연금이자비용공제
- 퇴직연금소득공제
- (개인)연금저축소득공제 등

종합소득과세표준

(×) 종합소득세율

종합소득산출세액

(-) 면제 및 감면세액 / 세액공제
- 기장세액공제
- 배당세액공제
- 근로소득세액공제
- 납세조합공제
- 전자신고세액공제
- 성실사업자표준세액공제 등
- 중소기업특별세액감면 등

종합소득결정세액

(+) 가산세
- 무납부가산세
- 무(과소)신고가산세
- 보고불성실가산세
- 증빙불비가산세
- 무기장가산세 등

총결정세액

(-) 기납부세액
- 중간예납세액
- 원천징수세액 등

차감 납부할 세액

(+) 차감 납부할 세액 ×10%

지방소득세

주택 수와 월세 규모에 따라
적용 방식도 달라진다

임대소득은 종합소득세를 구성하는 6개 항목 중 사업소득에 포함된다. 널리 알려져 있듯이 부부 합산 1주택일 경우에는 다양한 세금 혜택을 받을 수 있는데 임대소득에 대한 세금도 그중 한 가지다.

임대소득세를 계산할 때 주택 수를 산정하는 방법은 양도소득세를 산정할 때와 다르다. 양도소득세에서는 부모와 자녀의 집을 모두 합산하여 세대별로 주택 수를 계산하지만, 임대소득세에서는 본인과 배우자의 주택만 합산하며 자녀나 부모님의 주택은 포함하지 않는다. 예를 들어 아버지가 주택을 1채, 아들도 1채를 보유하고 있다면 임대소득세에서는 아버지와 아들이 둘 다 1주택자인 것으로 본다.

임대소득 계산 시에는 거주주택과 임대주택, 등록한 주택과 등록하지 않은 주택의 수를 모두 합산한다. 이때 다가구주택은 1주택으로 계산하되 구분등기된 경우에는 각각을 주택으로 계산한다.

공동소유의 주택은 지분이 가장 큰 자의 소유로 계산하되, 지분이 가장 큰 자가 2인 이상인 경우는 각각의 소유로 한다. 만약 합의를 통해서 그중 1인을 임대수입의 귀속자로 정한 경우에는 그 사람의 소유로 본다. 해당 주택에서 발생하는 임대소득이 연간 600만 원 이상이거나 기준시가가 12억 원을 초과하는 주택의 30%가 넘는 공동소유 지분을 소유한 경우 소수 지분자도 임대소득 주택 수 계산 시 주택 수에 가산한다.

반면 동일 주택이 부부 각각의 주택 수에 가산된 경우 부부 중 1인의 소유주택으로 계산한다. 먼저 부부 중 지분이 더 큰 자의 소유주택으로 계산하고, 다음으로 부부의 지분이 동일한 경우, 부부합의에 따라 소유 주택에 가산하기로 한 자의 주택으로 계산한다. 주거용 오피스텔도 실제로 주택으로 사용되고 있다면 주택 수에 포함한다.

이렇게 합산해서 부부의 주택 수가 1채이고 공시가격이 12억 원 (2023년 귀속분부터, 2022년 귀속분까지 9억 원)을 초과하지 않으면 월세와 전세 모두에 대해 과세하지 않는다. 1주택일 경우에는 비록 내 집에 세를 놓고 있더라도 어차피 본인의 가족은 다른 집에서 세를 들어 살아야 하기 때문이다.

연소득 2,000만 원 이하는 분리과세 가능

1주택자이지만 공시가격이 12억 원(2023년 귀속분부터, 2022년 귀속분까지 9억 원)을 초과하면 월세 수입에 대해 임대소득을 매기게 된다. 수입금액 2,000만 원을 기준으로 그보다 많으면 종합과세 대상이지만, 그보다

적으면 분리과세와 종합과세 중 원하는 방식을 선택할 수 있다.

종합과세란 개인이 벌어들인 다양한 소득을 모두 합하여 과세하는 것을 말한다. 1년의 과세기간 동안 발생한 이자소득, 배당소득, 사업소득, 근로소득, 연금소득, 기타소득을 합산한다. 소득세에는 누진세율이 적용되기 때문에 종합과세를 해서 과세 금액이 높아지면 상대적으로 세금 부담은 더 커지게 된다.

분리과세란 소득세를 신고할 때 특정한 항목의 소득은 다른 소득과 합산하지 않고 별도로 계산해서 세금을 내는 것이다. 분리과세를 하면 합산할 때보다 과세 금액이 적어지므로 세율도 낮아지고, 상대적으로 세금 부담도 가벼워진다. 현재 소득세법에서 분리과세 대상으로 규정하고 있는 것은 종합과세 대상을 제외한 이자소득(원천징수세율 14%), 종합과세대상을 제외한 배당소득(원천징수세율 14%), 일용근로자의 근로소득, 주택임

표52 주택 수에 따른 임대소득 과세 여부

구분			월세	전세
1주택	공시가격 12억 원 초과	2,000만 원 초과	종합과세	비과세
		2,000만 원 이하	분리과세와 종합과세 중 선택	
	공시가격 12억 원 이하		비과세	
2주택	2,000만 원 초과		종합과세	비과세
	2,000만 원 이하		분리과세와 종합과세 중 선택	
3주택	2,000만 원 초과		종합과세	보증금 합계액 3억 원 초과분
	2,000만 원 이하		분리과세와 종합과세 중 선택	

대소득(원천징수세율 14%) 등이 있다.

부부 합산 2주택 이상이 되면 공시가격과 상관없이 월세 수입에 대해 임대소득세를 내야 한다. 마찬가지로 수입금액 2,000만 원을 초과하면 종합과세를, 이하면 분리과세나 종합과세 중 하나를 선택하여 신고할 수 있다.

전세는 어떨까? 전세는 2주택까지 비과세다. 3주택 이상부터는 전세도 소득세를 매기되, 3억 원을 초과하는 보증금에 대해서만 매긴다. 3주택자가 과세 대상이 될 시 수입금액 2,000만 원을 초과하면 종합과세, 이하면 분리과세나 종합과세 중 선택하여 신고할 수 있다.

2026년부터 고가주택을 보유한 2주택자의 경우 과세 범위가 확대되었다. 기준시가 12억 원을 초과하는 고가주택을 2채 보유한 세대가 그 전세보증금 합계로 12억 원을 넘게 받았다면, 초과분에 대해 간주임대료를 계산하여 소득세를 부과받는다.

그동안 간주임대료는 주로 3주택 이상인 사람들에게만 적용되었기 때문에 2주택자들은 상대적으로 이 과세 체계에서 자유로웠다. 하지만 이제는 고가의 2주택을 보유하면서 보증금 규모가 큰 전세를 놓고 있다면, 실제 월세 수입이 전혀 없더라도 보증금의 일정 금액을 소득으로 간주하여 세금을 내야 한다.

따라서 2026년 이후에는 '2주택자라면 간주임대료와 무관하다'는 공식은 더 이상 통하지 않는다. 고가주택 2채를 보유한 사람들은 본인이 보유한 주택의 기준시가와 보증금 총액, 임대 방식 등을 종합적으로 점검하여 소득세 과세 대상 여부를 사전에 확인해야 한다. 자칫 방심하다가는 예상치 못한 임대소득세 부담이 발생할 수 있다는 점을 잊지 말아야 한다.

반전세인 경우는 전세와 월세를 모두 계산한다. 예를 들어 보증금 5억 원에 월세가 100만 원이라면 보증금과 월세 모두에 대해 소득세를 과세한다. 이때 보증금에 대한 소득을 간주임대료라고 한다. 전세를 놓으면 보증금을 받는데 그 보증금을 금융기관에 예치하면 이자 수입이 생기니 이에 대해 소득세를 부과하는 것이다.

주택 수에 따라 임대소득세가 완전히 달라진다

구체적인 사례를 들어보자. Y씨 부부는 알뜰살뜰 돈을 모아 드디어 내 집을 장만했다. 그러나 부수입을 얻기 위해 당장 그 집에 들어가 사는 대신 월 100만 원을 받고 월세를 수고, 자신늘은 당분간 50만 원에 월세를 얻어 살기로 했다. 이 경우 Y씨가 내야 할 소득세는 얼마일까?

비록 받은 월세에서 본인들이 내는 월세를 제하고 매월 50만 원의 소득이 생기기는 하지만, Y씨는 이에 대한 소득세를 내지 않아도 된다. 부부합산 1주택이기 때문이다.

시간이 흘러 돈을 좀 더 모은 Y씨는 집을 하나 더 매입하게 됐고, 이 집은 3억 5,000만 원에 전세를 주기로 했다. 이 경우의 소득세는 어떨까? 전세는 고가 2주택이 아닌 이상 비과세이기 때문에 전세에 대한 소득세는 내지 않는다. 하지만 이제부터는 월세 100만 원에 대한 소득세를 내야 한다. 비록 자신들은 여전히 다른 집에 월세로 살고 있지만 어쨌든 2주택자에 해당하기 때문이다. 다만 받는 월세가 월 100만 원으로 1년간 총

1,200만 원에 불과하므로, 2018년까지는 2,000만 원 이하는 비과세라는 정책에 따라 임대소득세가 없었다. 하지만 2019년부터는 2,000만 원 이하라도 분리과세나 종합과세 중 선택해 신고해야 한다.

다시 시간이 지나 Y씨는 집을 하나 더 샀다. 이번에는 자신들이 거주할 집이다. 그렇다면 소득세는 어떻게 될까? 이제부터는 3주택자에 해당하므로 월세뿐 아니라 전세보증금에 대한 소득세도 내야 한다.

상가와 달리 주택은 보증금 전체에 대해 소득세를 부과하지 않고 3억 원을 넘는 금액 중 60%에 대해서만 부과한다. 이때 주택 수 자체는 부부가 보유하고 있는 주택을 합산한다.

그러나 세액을 계산할 때는 부부 각자의 소득세를 따로 계산하고, 차감하는 보증금 3억 원 역시 부부 각각 나눠서 차감한다. 부부 공동명의로 되어 있는 경우에도 별도의 사업장으로 간주하여 3억 원을 따로 공제한다. 공동사업장을 기준으로 임대수입 금액을 계산한 후 각각의 지분비율대로 분배하는 것이다. 간주임대료 대상 주택이 2채 이상인 경우 3억 원의 공제 순서는 보증금의 적수가 가장 큰 주택부터 순서대로 공제한다.

Y씨의 경우 3억 5,000만 원의 전세보증금 중에서 3억 원을 넘어서는 5,000만 원에 60%를 적용한 3,000만 원이 과세 대상이다. 이 3,000만 원에 2025년 귀속 간주임대료율 3.1%를 곱하면 약 93만 원이 나온다. 이것이 Y씨의 전세보증금을 월세소득으로 환산한 간주임대료가 된다.

참고로 간주임대료율이란 세무 당국이 매년 고시하는 이자율로, 2025년도 귀속 이자율은 3.1%이다. 이것은 2026년 5월에 종합소득세를 신고할 때 적용된다(2024년도 귀속 이자율은 3.5%가 적용되었음).

(전세보증금 3억 5천만 원-3억 원)×60%×간주임대료율 3.1%
= 93만 원

　여기에 월세 1,200만 원을 합하면 Y씨의 임대수입금액은 연 1,293만 원이다. 하지만 앞으로 집의 개수가 늘어나고 전세나 월세를 놓는 집이 많아지면 그에 대한 소득세도 더욱 많아질 것이다. 참고로 2026년까지는 기준시가 2억 원이면서 전용면적이 40㎡ 이하인 주택의 전세보증금에 대한 과세는 유예된다.

전세를 월세로 환산하는
간주임대료 계산 방식

전세의 임대소득세는 부부 합산 2주택까지 비과세 대상(고가 2주택 전세 보증금 합계액 12억 원 초과 시 간주임대료 대상)이고, 3주택 이상부터 과세 대상이다. 이때도 3억 원을 넘어가는 전세금에 대해서만 과세를 한다.

2019년부터 2026년까지는 전세보증금에 대한 소득세를 계산할 때 40m^2 이하이면서 기준시가 2억 원 이하인 주택은 소형주택이라 하여 주택 수에 포함시키지 않는다. 소형주택은 열 채가 있든 백 채가 있든 소득세 대상이 아니라는 뜻이다.

예를 들어 7채의 주택을 보유하고 있는데, 이 중 5채가 전용면적 40m^2 이하면서 기준시가 2억 원 이하라면 소형주택으로 전세보증금 임대소득세에 대한 과세 대상에서 제외된다. 과세 대상 주택 수는 2채가 되는데, 전세보증금은 3채 이상부터 과세가 된다. 따라서 7채를 보유하더라도 전세보증금에 대해서는 과세가 되지 않는 것이다.

참고로 소형주택의 기준시가는 취득 당시가 아닌 과세연도의 최종공시된 가격을 기준으로 삼기 때문에 매년 고시되는 주택공시가격을 알아야 한다. 또한 다가구주택은 다른 세목과 달리 각 호별 면적 기준이 아닌 전체 면적을 기준으로 소형주택인지 여부를 따지므로 소형주택에 포함되기 어렵다.

어쨌든 기준시가 3억 원이 넘는 주택은 임대소득세를 내야 한다. 그런데 전세보증금은 나중에 돌려줘야 할 돈이기 때문에 엄밀히 말하면 임대소득이라 보기가 애매하다. 소득이 아니면 소득세를 낼 필요가 없는 것 아닌가?

그래서 세법에서는 전세보증금을 활용해 얻을 수 있는 이자에 대해 임대소득으로 본다. 이를 간주임대료라 한다. 세입자로부터 받은 전세금을 활용해 금융소득을 올렸을 것이라고 간주하는 것이다.

간주임대료수입은 어떻게 계산할까

기준이 되는 것은 정기예금 이자율이다. 즉, 전세보증금을 받아서 은행에 넣어놓았을 때 받을 수 있는 이자 금액에 대해 세금을 매긴다는 뜻이다. 간주임대료수입을 계산하는 방법은 다음과 같다.

간주임대료수입 = (전세보증금 합계액 − 3억 원) × 60%

× 정기예금이자율 3.1%(2025년 기준) − 수입이자 등

참고로 정기예금이자율 3.1%는 2025년도 귀속 이자율로, 2026년 신고시 적용되는 수치다. 또 수입이자란 전세보증금을 투자해서 번 금융소득, 즉 이 돈을 금융기관에 맡겨서 받은 진짜 이자소득을 말한다. 단 수입이자 공제는 장부에 기록되어 있을 때만 인정된다.

이 공식을 이용해서 실제 간주임대료를 계산해보자. 전세보증금 합계액이 5억 원인 사람의 간주임대료는 얼마일까? 수입이자가 0원이라고 치면 이 사람의 간주임대료는 372만 원이 된다(2025년도 귀속 이자율 기준).

간주임대료수입 = (5억 원 − 3억 원) × 60%

× 정기예금이자율 3.1% = 372만 원

앞서 설명했듯이 임대소득이 연 2,000만 원 이하일 경우 2018년까지는 비과세라는 정책에 따라 임대소득세가 부과되지 않았지만 2019년부터는 2,000만 원 이하라도 분리과세나 종합과세 중 선택하여 신고해야 한다.

간주임대료의 분리과세 마지노선

그렇다면 월세소득은 한 푼도 없고 오직 전세만 놓았을 때, 일반적인 3주택 이상인 경우 보증금 합계가 얼마를 넘지 않아야 분리과세 대상이 될 수 있을까? 다시 말해서 간주임대료가 2,000만 원을 넘지 않으려면 보증금 합계를 얼마까지로 책정하면 될까? 앞의 공식을 뒤집어서 계산하면 답이 나온다.

전세보증금 합계액

= {(2,000만 원 ÷ 60%) ÷ 정기예금이자율 3.1%} + 3억 원

= 약 13억 7,526만 8,817원(2025년 귀속 소득 기준)

쉽게 말해서 전세보증금 합계가 대략 13억 7,527만 원 이하라면 간주임대료가 2,000만 원 이하가 되어 분리과세 신고가 가능하다. 전세를 한두 채 놓았다고 벌써 간주임대료부터 걱정할 필요는 없어 보인다. 물론 월세소득이 있다면 위의 공식에 2,000만 원이 아니라 2,000만 원에서 월세소득을 뺀 금액을 대입해야 할 것이다.

복습을 위해 구체적인 사례로 계산해보자. J씨 부부는 남편 명의의 집에 거주하고 있고, 아내 명의의 집이 두 채 있다. 하나는 월 40만 원씩 월세를 받고 있고, 다른 하나는 5억 원에 진세를 놓았다. J씨 부부의 임대소득세는 얼마일까?

먼저 이들 부부는 3주택자에 해당되고, 그중에서도 전세는 3억 원을 초과하기에 세 채 모두 과세 대상이다. 이제 구체적인 액수를 계산해 보자. 월세 수입은 월 40만 원씩 1년에 480만 원이다.

전세보증금은 간주임대료로 환산해서 계산해야 하므로, 공식에 대입해보니 372만 원이 나온다(5억 원 − 3억 원) × 60% × 정기예금이자율 3.1%). 월세소득과 전세보증금 간주임대료를 합산하니 총 852만 원이 나온다. 2,000만 원 이하이므로 분리과세나 종합과세 중 선택하여 신고할 수 있다(**그림27 참조**).

기억할 점은 이 소득이 남편이 아니라 부인에게로 귀속된다는 점이다.

남편이 직장에서 월급을 얼마 받느냐와 상관없이 임대소득세는 모두 명의자인 부인의 몫이다. 남편 명의의 집도 있지만 여기에는 부부가 실제 거주하므로 소득이 발생하지 않는다. 절세의 기본이 분산이라는 것은 바로 이럴 때를 두고 하는 말이다.

이해를 돕게 사례를 몇가지 들어보겠다. 갑돌 씨의 전세보증금 현황이 다음과 같을 때 2025년 귀속 간주임대료는 얼마일까?(이자율은 3.1%로 한다)

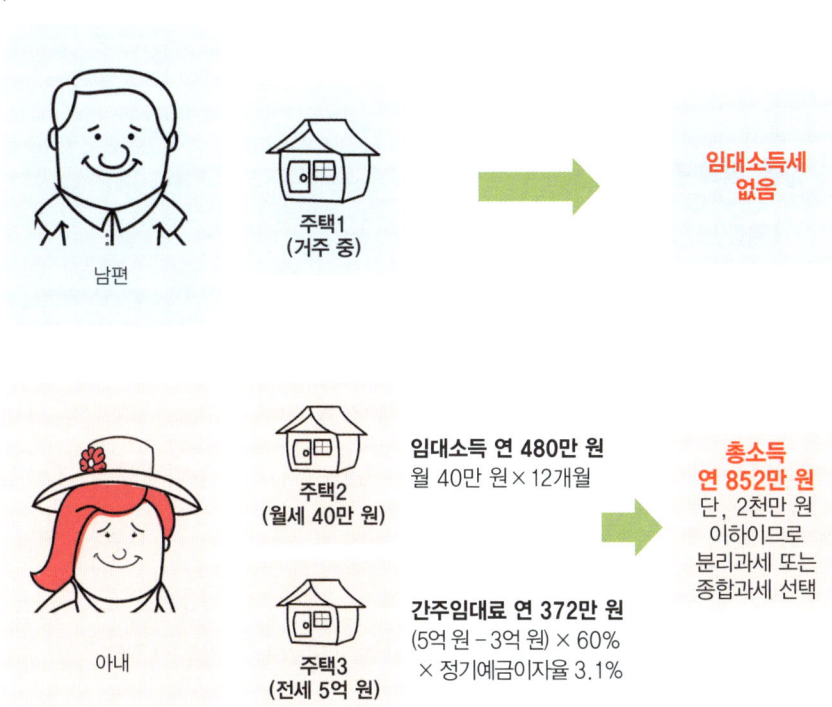

그림27 J씨 부부의 간주임대료 환산 소득(2025년 기준)

남편 / 주택1 (거주 중) → 임대소득세 없음

아내

주택2 (월세 40만 원) / 임대소득 연 480만 원 / 월 40만 원×12개월

주택3 (전세 5억 원) / 간주임대료 연 372만 원 / (5억 원 − 3억 원) × 60% × 정기예금이자율 3.1%

→ 총소득 연 852만 원 / 단, 2천만 원 이하이므로 분리과세 또는 종합과세 선택

갑돌 씨의 전세 현황 (2025년 1월 1일~2025년 12월 31일)

A주택 : 기준시가 2억 원, 전용면적 60㎡ (전세보증금 1억 원)

B주택 : 기준시가 10억 원, 전용면적 60㎡ (전세보증금 6억 원)

C주택 : 기준시가 7억 원, 전용면적 40㎡ (전세보증금 4억 원)

D주택 : 기준시가 4억 원, 전용면적 60㎡ (전세보증금 2억 원)

E주택 : 기준시가 2억 원, 전용면적 40㎡ (전세보증금 1억 원)

여기서 소형주택, 즉 기준시가 2억 원 이하이면서 전용면적 40㎡ 이하의 조건을 동시에 충족한 주택은 E주택뿐이다. 따라서 E주택을 제외한 나머지 4개 주택은 과세 대상이다. 이 4개의 보증금 총액은 13억 원이다. 이 금액을 간주임대료 계산식에 대입해보자.

갑돌 씨의 간주임대료

= (임대보증금 합계액 13억 원 − 3억 원) × 60% × 3.1%

= 1,860만 원

간주임대료가 2,000만 원 이하이므로 갑돌 씨는 분리과세나 종합과세 중 선택하여 신고할 수 있다. 이번에는 갑순 씨의 간주임대료를 계산해보자.

갑순 씨의 전월세 현황 (2025년 1월 1일~2025년 12월 31일)

A주택 : 월세 50만 원

B주택 : 월세 100만 원

C주택 : 기준시가 2억 원, 전용면적 40㎡ (전세보증금 1억 원)

A주택과 B주택에서 나오는 월세 수입만 매년 1,800만 원이다.{(50만 원 + 100만 원) × 12개월} C주택은 기준시가 2억 원 이하이면서 전용면적 40㎡ 인 소형주택이므로 간주임대료 과세 대상에서 제외된다.

따라서 갑순 씨의 전체 임대수입금액은 1,800만 원으로 분리과세나 종합과세 중 선택해서 신고할 수 있다. 이번에는 길동 씨의 간주임대료를 계산해보자.

길동 씨의 전월세 현황 (2025년 1월 1일~2025년 12월 31일)

A주택 : 월세 100만 원

B주택 : 기준시가 10억 원, 전용면적 60㎡ (전세보증금 4억 원)

C주택 : 기준시가 6억 원, 전용면적 45㎡ (전세보증금 5억 원)

D주택 : 기준시가 9억 원, 전용면적 60㎡ (전세보증금 6억 원)

E주택 : 기준시가 2억 원, 전용면적 40㎡ (전세보증금 1억 원)

A주택에서 나오는 월세는 1년에 1,200만 원이다(100만 원 × 12개월). 전세 놓은 집 중에서 기준시가 2억 원 이하이면서 전용면적 40㎡ 이하 조건을 둘 다 충족한 주택은 E주택뿐이다. 따라서 E주택을 제외한 B주택, C주택, D주택은 모두 간주임대료 과세 대상이다. 이 세 집의 전세보증금 합계는 총 15억 원이므로 간주임대료를 계산해보면 약 2,232만 원이 나온다.

길동 씨의 간주임대료

= (임대보증금합계액 15억 원 − 3억 원) × 60% × 3.1%

= 약 2,232만 원

길동 씨의 임대수입금액은 월세소득 1,200만 원과 간주임대료 2,232만 원을 합해서 3,432만 원이므로 종합과세 대상이다. 여기서 각종 수수료나 수리비 등의 필요경비를 빼고, 과세표준에 따른 세율을 곱하면 임대소득세를 구할 수가 있다.

부부 공동명의일 때의 임대소득세는 어떻게 계산되는지 살펴보자. 잉꼬부부인 이수일 씨와 심순애 씨는 다음과 같이 주택을 보유하고 있다.

(1) 남편 이수일 씨의 전세 현황

A주택 : 기준시가 6억 원, 전용면적 60㎡ (전세보증금 3억 원)

B주택 : 기준시가 2억 원, 전용면적 85㎡ (전세보증금 1억 원)

(2) 부인 심순애 씨의 전세 현황

C주택 : 기준시가 5억 원, 전용면적 45㎡ (전세보증금 3억 원)

D주택 : 기준시가 4억 원, 전용면적 60㎡ (전세보증금 2억 원)

(3) 이수일 씨와 심순애 씨의 공동명의 전세 현황

E주택 : 기준시가 12억 원, 전용면적 85㎡ (전세보증금 6억 원)

F주택 : 기준시가 6억 원, 전용면적 60㎡ (전세보증금 3억 원)

이수일 씨 소유주택의 간주임대료는 186만 원이고 {(전세보증금 합계액 4억 원 − 3억 원) × 60% × 3.1%}, 심순애 씨 소유주택의 간주임대료는 372만 원이다{(전세보증금 합계액 5억 원 − 3억 원)× 60% × 3.1%}.

문제는 공동명의 주택의 간주임대료 계산이다. 이 경우 공동명의 주택은 별도의 사업장으로 보고 3억 원을 따로 공제해준다. 이렇게 되면 이수일 씨 3억 원, 심순애 씨 3억 원 외에도 공동명의 주택에 대해 3억 원을 더 공제받는다. 공동명의 주택의 간주임대료는 1,116만 원이지만 두 사람의 지분이 각각 2분의 1씩이므로 각자 558만 원으로 계산한다.

공동명의 간주임대료

= (전세보증금 합계액 9억 원 − 3억 원) × 60% × 3.1%

= 1,116만 원

→ 이수일 씨와 심순애 씨 각각 558만 원씩

이수일 씨는 본인 명의 주택에서 186만 원, 공동명의 주택에서 558만 원의 소득이 계산되었으므로 총 744만 원이 임대수입금액이다. 심순애 씨는 본인 명의 주택에서 372만 원, 공동명의 주택에서 558만 원의 소득이 계산되었으므로 총 930만 원이다. 이수일 씨와 심순애 씨는 모두 임대수익 금액이 2,000만 원 이하이므로 분리과세나 종합과세 중 선택해서 신고할 수 있다.

이번에는 갑돌 씨와 갑순 씨의 사례를 들어보겠다.

(1) 남편 갑돌 씨의 전세 현황

A주택 : 기준시가 10억 원, 전용면적 60㎡ (전세보증금 7억 원)

B주택 : 기준시가 2억 원, 전용면적 40㎡ (전세보증금 1억 원)

(2) 부인 갑순 씨의 전세 현황

C주택 : 기준시가 6억 원, 전용면적 45㎡ (전세보증금 3억 원)

D주택 : 기준시가 2억 원, 전용면적 40㎡ (전세보증금 2억 원)

(3) 갑돌 씨와 갑순 씨의 공동명의 전세 현황

E주택 : 기준시가 2억 원, 선용변석 40㎡ (전세보증금 1억 5,000만 원)

F주택 : 기준시가 2억 원, 전용면적 35㎡ (전세보증금 1억 원)

갑돌 씨와 갑순 씨가 보유한 주택은 총 6채이지만 이 중에서 기준시가 2억 원 이하이면서 전용면적 40㎡ 이하인 소형주택은 4채이다. 이 소형주택들은 간주임대료 계산 시 제외되므로 임대소득 대상 주택은 갑돌 씨의 A주택과 갑순 씨의 C주택뿐이다. 그런데 부부 합산 주택 수가 고가주택이 아닌 이상 2채 이하일 경우 전세는 과세 대상에서 제외된다. 따라서 갑돌 씨와 갑순 씨는 합쳐서 총 6채의 주택을 가지고 있지만 임대소득세는 내지 않아도 된다.

세금
돋보기

계약 파기로 받은 계약금은 소득세를 낼까

부동산 계약을 하다 보면 간혹 피치 못할 사정으로 계약을 파기하는 경우가 생긴다. 통상 살 사람이 계약을 파기하면 이미 지급했던 계약금을 포기하고, 팔 사람이 파기하면 계약금의 두 배를 사려던 사람에게 돌려주는 게 관례다. 그런데 이렇게 계약 파기로 인해 생긴 계약금도 소득세를 낼까?

세무당국에서는 파기 계약금을 소득으로 보고 있다. 공인중개사는 계약이 파기되면 시·군·구청에 실거래가 수정신고를 하는데, 그 내용은 고스란히 세무당국에 통보된다. 세무당국의 전산에는 당신이 받은 파기 계약금이 소득으로 등록되는 것이다.

이때는 양도소득세로 분류과세 되는 게 아니라, 기타소득으로 보아 종합소득세에 포함시킨다. 팔려던 사람이 계약금을 돌려주지 않게 된 경우라면 팔려던 사람의 기타소득으로, 사려던 사람이 두 배로 돌려받게 된 경우라면 사려던 사람의 기타소득으로 잡힌다.

적게는 수백만 원에서 많게는 수천만 원의 파기 계약금이 종합소득세에 포함되면 누진세율이 적용되어 상당히 높은 세금이 매겨질 것이다. 게다가 파기 계약금에 대해서는 필요경비를 전혀 공제해주지도 않는다. 만약 상대방이 계약을 파기해서 여러분에게 위약금이라는 소득이 생긴다면 이 돈은 종합소득세 산정 시에 소득으로 합산된다는 것을 감안하기 바란다. 각자의 소득 수준에 따라 적게는 6%에서 많게는 45%까지 세금을 내야 한다.

주택임대소득을
종합과세 방식으로 신고하는 방법

주택임대소득의 신고 방법은 크게 두 가지 경우로 나뉜다. 전년도 월세수입 금액과 전세보증금에 대한 간주임대료를 합한 금액이 2,000만 원이하일 경우에는 종합과세와 분리과세 중에 선택하여 신고할 수 있다. 반면 2,000만 원을 초과하면 무조건 종합과세 방식으로 신고하여야 한다. 종합과세 방식으로 신고할 때 절세를 위한 핵심은 비용을 인정받는 것이다. 종합소득세의 산출 기준은 엄밀히 말해 '소득'이 아니라 '소득금액'이기 때문이다. 세법에서 말하는 소득금액이란 단순히 벌어들인 금액을 말하는 게 아니라, 벌어들인 돈(수입)에서 나간 돈(비용)을 빼고 '남은 돈'을 의미한다.

비용을 많이 뺄수록 당연히 종합소득세는 줄어든다. 그런데 중요한 것은 돈을 많이 썼다고 해서 다 비용으로 인정받는 게 아니라는 사실이다. 비용으로 인정받기 위해서는 비용을 지출했다는 증빙을 형식에 맞게 첨부해야 한다. 소득의 규모, 사업자 등록 여부에 따라 적합한 증빙의 형태가 달라진다.

대표적인 것이 장부를 이용한 소득신고, 즉 '장부신고'다. 어디에 얼마를 지출했는지 기록한 장부를 제출함으로써 비용을 증명하는 것이다.

장부로 증빙하는 '장부신고'

장부신고는 두 가지로 나뉜다. 첫째는 '간편장부'로, 지출 날짜와 지출 항목과 금액 등 간단한 형식으로만 작성하는 장부다. 일정 규모 이하의 소규모 사업자는 간편장부만으로도 소득신고를 할 수 있다.

둘째는 '복식부기 장부'로, 말 그대로 복식부기를 활용해 정식 장부를 작성하는 것이다. 복식부기는 자산, 부채, 자본, 수익 등의 변화를 흔히

그림28 소득세를 신고하는 방법의 종류

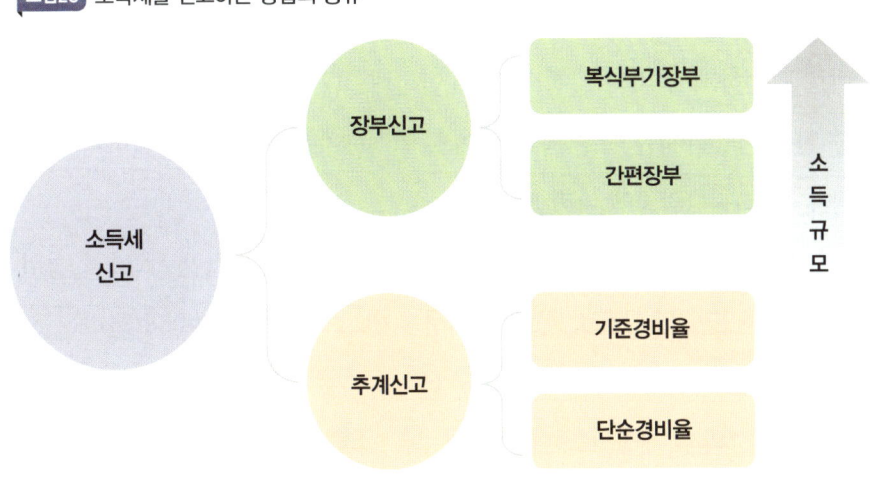

대차대조표라 불리는 재무상태표로 기록한다. 회계적 지식이 필요하기 때문에 회계 전문가의 도움을 받는 것이 좋다. 사업의 규모가 일정수준 이상으로 커지면 간편장부로는 소득신고를 할 수 없게 되어 있고, 반드시 복식부기를 통한 소득신고를 해야 한다.

장부 없이도 인정받는 '추계신고'

그런데 부동산 투자를 하려면 반드시 장부를 써야 하는 것일까? 꼭 그렇지는 않다. 장부 없이도 소득신고를 하는 '추계신고'라는 것이 있다. 추계(推計)라는 한문은 '추정해서 계산한다'는 뜻이다.

비용을 정확히 얼마나 지출했는지는 알 수 없지만 대략 이 정도를 썼을 것이라고 추정하는 방식이다. 장부를 사용하기가 현실적으로 쉽지 않은 영세사업자의 경우는 추계신고만으로도 소득신고를 할 수 있다.

추계신고 역시 두 가지로 나뉜다. 첫째는 단순경비율 적용이다. 말 그대로 단순하게 경비의 일정 부분을 인정해준다는 뜻이다. 전체 수입금액 중 일정 비율까지는 아무 증빙 없이도 인정해주는 방식이다. 얼마까지 인정해 주느냐는 업종에 따라 달라진다.

둘째는 기준경비율 적용이다. 단순경비율과 비슷하지만 세 가지 경비(인건비, 매입비용, 임차료 등)에 대해서는 반드시 증빙을 갖춰야 한다는 점이 다르다.

장부신고와 추계신고를 나누는 기준은 납세자의 업종과 전년도 매출액이다. 매출액이 적을 때는 추계신고를 해도 되지만 일정 수준을 넘어서면 의무적으로 장부신고를 해야 한다.

또 같은 장부신고 대상자 중에서도 매출에 따라 간편장부 대상자와 복식부기장부 대상자로 나뉜다. 추계신고 대상자도 매출에 따라 단순경비율 적용 대상자와 기준경비율 대상자로 나뉜다.

표53 업종별·수입별 신고방식

업 종 별	외부조정 계산서 첨부 대상자	복식 부기 의무자	간편 장부 대상자	기준 경비율 적용 대상자	단순 경비율 적용 대상자
가. 농업·임업 및 어업, 광업, 도매 및 소매업(상품중개업 제외), 부동산매매업, 아래에 해당하지 아니하는 사업	6억 원 이상자	3억 원 이상자	3억 원 미만자	6,000 만 원 이상자	6,000 만 원 미만자
나. 제조업, 숙박 및 음식점업, 전기·가스·증기 및 공기조절 공급업, 수도·하수·폐기물처리·원료재생업, 건설업(비주거용 건물 건설업 제외), 부동산 개발 및 공급업(주거용 건물 개발 및 공급업에 한정), 운수업 및 창고업, 정보통신업, 금융 및 보험업, 상품중개업, 욕탕업	3억 원 이상자	1억 5,000 만 원 이상자	1억 5,000 만 원 미만자	3,600 만 원 이상자	3,600 만 원 미만자
다. 부동산 임대업, 부동산업(부동산매매업 제외), 전문·과학 및 기술 서비스업, 사업시설관리·사업지원 및 임대서비스업, 교육 서비스업, 보건업 및 사회복지 서비스업, 예술·스포츠 및 여가관련 서비스업, 협회 및 단체, 수리 및 기타 개인 서비스업, 가구 내 고용활동	1억 5,000 만 원 이상자	7,500 만 원 이상자	7,500 만 원 미만자	2,400 만 원 이상자	2,400 만 원 미만자

요약하자면 매출액의 규모가 점점 커질수록 '추계신고(단순경비율) → 추계신고(기준경비율) → 장부신고(간편장부) → 장부신고(복식부기장부)'의 순서대로 소득신고 방법이 바뀐다고 볼 수 있다. 세무당국이 제시하는 업종별, 수입별 신고방식은 표와 같으니 참고하기 바란다.**(표53 참조)**

부동산 임대업의 소득세 신고 방법

이 중에서 부동산 투자자들이 눈여겨봐야 할 것은 '다'에 해당하는 '부동산임대업'이다. 임대사업자로 등록하지 않더라도 일단 임대소득이 발생하면 세무당국은 무조건 부동산임대사업자로 간주한다. 다만 2018년까지는 임대로 얻는 수입이 연 2,000만 원 이하일 경우 세금을 물리지 않았지만 2019년부터는 분리과세나 종합과세로 전환되어 소득세가 과세된다.

표53에 따르면 부동산을 임대해서 받는 수입이 연 7,500만 원 이상이면 규모가 큰 사업자로 간주해서 반드시 복식부기를 이용한 장부를 작성해야 한다. 복식부기는 꼭 회계사나 세무사를 거쳐야 하는 것은 아니지만, 작성 방식이 매우 복잡하기 때문에 전문가의 도움을 받는 것이 좋다.

임대수입이 연 7,500만 원보다 아래라면 간편장부를 제출해도 된다. 간편장부는 가계부처럼 수입과 지출을 날짜 및 항목별로 기록하면 된다. 국세청 홈페이지에서 '간편장부양식'을 엑셀 파일 형태로 제공하고 있으니 활용하는 것도 좋다. 만약 장부신고 대상자가 아니라면 추계신고를 해야 한다. 임대수입이 연 2,400만 원 이상이면 기준경비율이 적용되므로 필수항목에 대한 증빙을 반드시 갖춰야 하고 2,400만 원보다 적으면 단순경비율이 적용되므로 전체 수입 금액만 있으면 된다.

단순경비율과 기준경비율이 얼마인지는 업종에 따라 달라지는데 같은 부동산 임대업이라도 주거용, 비주거용, 장기임대, 다가구 등에 따라 세분화된다. 매년 3월이면 국세청에서 그해의 종합소득세 신고 시 적용할 경비율을 고시하므로 국세청 홈택스 홈페이지에서 '기준(단순)경비율' 조회 코너를 이용하거나 납세자에게 보내는 종합소득세 안내문을 통해서 해당 업종코드를 확인하고 그에 따른 경비율을 참고하면 된다.

참고로 2025년 3월에 고시한 2024년 귀속 경비율 중 부동산임대사업자와 매매사업자에 관련된 경비율은 아래와 같다. 일반주택임대의 단순경비율은 42.6%이지만 장기일반민간임대의 단순경비율은 61.6%로 훨씬 큰 비용을 인정해준다. 2025년 귀속 기준·단순경비율은 2026년 4월 이후 조회가 가능하다.

표54 부동산임대사업자와 매매사업자의 2024년 귀속 경비율

업종코드	업종명	단순경비율(%)	기준경비율(%)
701101	고가주택임대	37.4	9.1
701102	일반주택임대	42.6	15.5
701103	장기임대공동·단독주택	61.6	20.1
701104	장기임대다가구주택	59.2	17.2
701201	비주거용점포임대	41.5	19.9
703012	주거용건물매매업	70.0	11

종합소득세 절세를 위한
3가지 팁

비용을 많이 공제받는 것 외에도 종합소득세를 절세하기 위한 전략들이 존재한다. 첫째로는 '무조건 분산'이다. 종합소득세 역시 누진세율이 적용되는 세금이므로 무조건 분산하는 것이 절세의 기본이다.

근로소득과 임대소득을 분산하라

당신이 회사에서 월급을 받는 근로소득자이면서 동시에 부동산 투자를 통해 임대소득을 올리고 있다면 근로소득과 임대소득을 합쳐서 종합소득세를 매기게 된다. 따라서 근로소득이 일정 수준 이상이라면 임대소득을 합산했을 경우 세율이 많이 높아질 수 있다는 사실에 유념하자.

월세를 통한 주택임대소득의 경우 2018년까지는 연간 수입금액이 2,000만 원 이하인 경우 임대소득세를 매기지 않았지만 2019년부터는 연간 수입금액이 2,000만 원 이하인 경우라도 분리과세로 전환되어 임대소득세가 과세된다.

그런데 2,000만 원을 초과한 경우는 초과하는 금액만큼만 세금을 매기는 것이 아니라 2,000만 원에 해당하는 수입까지 모두 세금을 매긴다.

나의 월세 수입금액이 연 1,990만 원이라면 분리과세로 낮은 세율을 적용받고 다른 소득과도 합산되지 않지만, 20만 원이 추가되어 연 2,010만 원이 되면 2,010만 원 모두를 다른 소득과 합산하여 세금을 내야 한다는 것이다.

사업자로 등록하면 공제 항목이 많아진다

사업자로 등록하면 비용으로 인정받을 수 있는 항목이 많아지므로, 과세표준을 줄일 방법이 많아지기는 한다. 비용으로 인정받을 수 있는 항목으로는 먼저 인건비가 있다. 부동산 관리인 등을 고용함으로써 나가는 비용인데, 가족을 관리인으로 고용할 수도 있지만 실제로 근무한다는 것을 증명해야 한다. 또한 매입비, 임차료 등도 인정받을 수 있다.

그 외에도 사업자는 접대비, 차량유지비, 부동산중개보수료, 감가상각비, 지급이자, 기부금, 수도요금, 보험금 등의 비용을 인정받을 수 있다. 이러한 비용을 모두 인정받기 위해서는 장부를 써야 한다.

오히려 추계신고가 나을 때도 있다

이런 경비들을 모두 장부로 정리해 봤더니 오히려 추계신고를 할 때보다 비용이 적게 산출될 때가 있다. 이럴 때 당신이 추계신고(단순경비율) 대상자라면 차라리 추계신고를 하는 것이 당연히 이익이다.

예를 들어 2024년 귀속 월세 수입이 연 1,000만 원이었다면 단순경비율이 42.6% 적용되므로, 이를 제외한 574만 원에 대해서만 세금을 매긴다. 비용을 모두 합산해 봐도 소득이 574만 원보다 많이 나온다면 차라리 장부를 제출하지 말고 단순경비율에 의해 소득신고를 하는 게 낫다.

주택임대소득을 분리과세로 신고하는 방법

이번에는 진년도 월세수입과 긴주임대료 합계액이 2,000만 원 이하인 경우 분리과세로 신고하는 방법에 대해서 알아보기로 하자. 종합소득세의 기준은 '소득금액'이고, 이것은 수입금액에서 필요경비를 공제한 것이다. 세무서와 지자체에 모두 주택임대사업자로 등록한 경우에는 총 수입금액의 60%를, 미등록한 경우에는 50%를 필요경비로 공제해 준다.

여기에 추가로 기본공제를 해주는데, 기본공제는 임대소득 이외의 종합소득금액이 2,000만 원 이하인 경우에만 적용된다. 세무서와 지자체에 모두 주택임대사업자로 등록한 경우 400만 원, 미등록한 경우에는 200만 원을 공제해 준다. 수입금액에서 필요경비와 기본공제를 공제하면 과세표준이 나오는데 여기에 분리과세로 신고할 때의 소득세율인 14%를 곱하면 산출세액이 나온다.

여기서 끝이 아니다. 추가 세액감면 혜택이 있다. 단기임대주택은 30%, 장기일반민간임대주택은 75%의 세액감면을 해준다. 다만 2021년부터는 2주택 이상을 보유한 경우 세액감면 혜택이 축소된다. 이때 세액감면은 단기임대주택 20%, 장기일반민간임대주택 50%이다.

세액감면을 받을 수 있는 요건은 ①세무서와 지자체에 모두 임대주택으로 등록하고, ②주택의 크기가 국민주택규모 이하이며, ③임대개시일 당시 기준시가가 6억 원을 초과하지 않고(주택임대소득세에서는 '수도권 외 3억 원'이라는 규정이 없음), ④임대보증금 · 임대료의 증가율이 5%를 초과하지 않으며, ⑤단기임대주택은 4년, 장기일반민간임대주택은 8년 이상 임대하는 것이다.

표55 주택임대소득 분리과세 방식의 계산구조

	등록임대주택[1]	미등록임대주택
수입금액	월세 + 간주임대료	월세 + 간주임대료
필요경비	수입금액 × 60%	수입금액 × 50%
소득금액	수입금액 – 필요경비	수입금액 – 필요경비
과세표준	소득금액 – 기본공제(400만 원)[2]	소득금액 – 기본공제(200만 원)
산출세액	과세표준 × 세율(14%)	과세표준 × 세율(14%)
세액감면	단기임대로 4년 이상 임대 시 30% (2주택 이상은 20%) 장기임대로 8년 이상 임대 시 75% (2주택 이상은 50%)	–
결정세액	산출세액 – 세액감면	산출세액과 동일

1) 등록임대주택 : 지자체와 세무서에 모두 등록하고, 임대료의 증가율이 5%를 초과하지 않아야 함
2) 기본공제 : 분리과세 주택임대소득을 제외한 종합소득금액이 2,000만 원 이하인 경우 등록임대주택일 때 400만 원, 미등록임대주택일 때 200만 원 공제

만약 주택임대 수입금액이 2,000만 원이라면 임대소득세로 얼마를 내야 할지 계산해보자. 먼저 임대주택 등록자는 필요경비율 60%를 적용받을 수 있으므로 과세대상 금액은 800만 원이다. 여기서 기본공제 400만 원을 공제하면 과세표준은 400만 원인데, 분리과세를 적용할 경우의 세율은 14%이므로 소득세는 약 56만 원이다.

분리과세 시 종합소득세 = {임대수입금액 2,000만 원×(100%−필요경비율 60%)−기본공제 400만 원}×분리과세세율 14% = 56만 원

만약 장기일반민간임대주택으로 등록했다면, 계산세액의 75%가 감면되기에 실제 부담할 세액은 14만 원에 불과하다.

장기일반민간임대주택의 실제 세부담액 = 종합소득세액 56만 원×(100%−장기임대감면율 75%) =14만 원

참고로 단기임대로 등록했다면 계산세액의 30%를 감면해 주므로 부담할 세액은 39만 2,000원이다.

단기임대주택의 실제 세부담액 = 56만 원 ×(100%−장기임대 감면율 30%) = 39만 2,000원

이번에는 임대주택으로 등록하지 않았을 경우의 세액도 계산해보자.

이 경우에는 필요경비율이 50%만 적용되므로 과세대상 금액은 1,000만 원이 된다. 기본공제 역시 200만 원만 공제되므로 과세표준은 800만 원이다. 여기에 분리과세 시의 세율 14%를 곱하면 약 112만 원의 소득세가 나온다.

미등록임대주택의 분리과세 시 종합소득세 = {임대수입금액 2,000만 원×(100%−필요경비율 50%)−기본공제 200만 원}×분리과세세율 14%= 112만 원

표56 임대수입금액이 2,000만 원일 때 분리과세 세액비교

	세무서·지자체에 모두 등록한 경우		지자체에 등록하지 않은 경우
	장기일반민간임대 (8년)	단기임대(4년)	
총수입금액	2,000만 원	2,000만 원	2,000만 원
−)필요경비	1,200만 원 (60%)	1,200만원 (60%)	1,000만 원 (50%)
−)기본공제	400만 원	400만 원	200만 원
=)과세표준	400만 원	400만 원	800만 원
×)세율	14%	14%	14%
=)산출세액	56만 원	56만 원	112만 원
−)세액감면	42만 원 (75%)	16만 8,000원 (30%)	0원
=)결정세액	14만 원	39만 2,000원	112만 원

임대소득에 의한 종합소득세 외에도 많은 분들이 걱정하는 것이 바로 건강보험료다. 임대소득이 발생한다고 피부양자 자격이 모두 박탈되는 것은 아니다. 건강보험료 납부의 기준은 '소득세'이기 때문에 소득세가 발생하지 않으면 여전히 피부양자가 될 수 있기 때문이다.

구체적으로 살펴보자. 먼저 1주택자는 기준시가 12억 원이 넘는 고가주택이 아니면 월세를 놓든 전세를 놓든 임대소득세 과세대상이 아니다. 2주택자 중 전세로만 임대를 놓은 사람도 임대소득세 과세대상이 아니다. 따라서 건강보험료 피부양자 자격을 유지할 수 있다. 3주택자인데 전세로만 임대를 놓았다면 전세보증금 합계액이 3억 원 이하인 경우 피부양자 자격을 유지할 수 있다.

이 외에도 주택임대소득이 발생했지만, 필요경비를 인정받고 추가공제까지 받고 보니 실제 납부할 소득세는 0원이 되는 경우도 있다. 이와 같은 경우에도 건강보험료 피부양자 자격이 유지되며, 이것은 사업자등록을 했더라도 마찬가지다.

피부양자 자격을 유지할 수 있는 주택임대 수입금액은 최대 얼마인지 알아보자. 앞에서 살펴본 바에 따르면 임대사업으로 등록한 경우 필요경비 인정비율이 60%이고, 미등록 시에는 50%이다. 그리고 주택임대소득 외 종합소득금액이 2,000만 원 이하일 경우에는 추가로 공제해 주는 금액이 있는데, 임대사업등록 시에는 400만 원이고 미등록 시에는 200만 원이다.

이를 바탕으로 역산을 해보면, 임대등록을 한 경우에는 총 수입금액이 연간 1,000만 원 이하일 경우 소득금액이 0원이 된다. 한 달 기준으로 임대소득이 약 83만 원보다 적을 경우에는 실제 임대소득세를 납부하지 않으므로 건강보험료 피부양자 자격도 유지가 가능하다는 계산이 나온다.

임대사업으로 등록을 했을 경우의 임대소득세

= 임대소득 합계 1,000만 원×(100%−필요경비율 60%)

－추가공제 400만 원 = 0원

임대사업으로 등록하지 않은 경우에는 총 수입금액이 연간 400만 원 이하일 경우 소득금액이 0원이 된다. 한 달 기준으로 임대소득이 약 33만 원보다 적을 경우에는 실제 임대소득세를 납부하지 않게 된다.

임대사업으로 등록을 하지 않았을 경우의 임대소득세

= 임대소득 합계 400만 원×(100%−필요경비율 50%)

－추가공제 200만 원 = 0원

소득이 생기면 꼭
확인해야 할 건강보험료

대한민국 국민이라면 세금은 아니지만 세금처럼 의무적으로 부담해야 하는 것들이 있다. 이른바 '준조세'라 불리는 비용으로, 대표적인 것이 4대 보험이다. 4대 보험은 국민연금, 건강보험, 고용보험, 산재보험인데 부동산 투자자들을 가장 번거롭게 만드는 것은 건강보험일 것이다.

나머지는 직장에 소속되어 있지 않으면 내지 않을 수도 있고, 혜택을 어느 정도 돌려받기도 하지만 건강보험은 많이 낸다고 혜택을 더 받는 게 아니다(혜택을 받으려면 아파야 하니 오히려 불행일지도 모른다). 따라서 현명한 부동산 투자자라면 건강보험 부과체계를 잘 파악해 보험료를 절감해야 한다.

건강보험료 가입자는 크게 직장가입자와 직장가입자의 피부양자, 그리고 지역가입자로 나뉜다. 직장에 속해서 4대 보험 적용을 받으면 직장가입자이고, 직장가입자에게 생계를 의존하는 배우자와 직계존비속은 피부양자로서 혜택을 받는다. 직장가입자와 피부양자 모두에 속하지 않으면 지역가입자로서 건강보험료를 납부하게 된다.

직장가입자 vs 지역가입자

〉〉 직장가입자

직장가입자의 대상은 모든 사업장의 근로자 및 사용자와 공무원 및 교직원이다. 2026년 기준 건강보험요율은 7.19%인데 그중 절반은 사업주가 부담하기 때문에 근로자가 실제 부담하는 보험요율은 3.595%이다. 여기에 매달 건강보험료와 함께 내는 장기요양보험료는 건강보험료의 13.14%가 추가되는데 이 역시 근로자와 사업주가 반반씩 부담한다.

사업주가 절반을 부담해주기 때문에 직장가입자는 상대적으로 건강보험료 부담이 적은 편이다. 또한 소득 및 재산이 없거나 적은 직계가족은 피부양자로 등록할 수 있어 건강보험료 부분에서는 직장가입자가 훨씬 유리한 게 사실이다.

다만 직장에서 받는 근로소득 외에 보수 외 소득(이자소득, 배당소득, 사업소득, 연금소득, 기타소득의 합)이 연간 2,000만 원을 초과할 때에는 '소득월액보험료'라는 항목으로 별도의 보험료가 추가된다. 모든 소득에 대해서는 아니고 2,000만 원을 초과하는 금액에 대해서만 7.19%의 소득월액보험료를 추가로 납부해야 한다. 예를 들어 보수 외 소득이 1억 원이라면 그중 2,000만 원을 공제한 8,000만 원에 대해서만 건강보험료를 계산하여 추가한다는 것이다.

참고로 직장을 그만두었는데 피부양자로 등록할 수 없는 경우는 '임의계속가입제도'를 활용하자. 종전 사업장에서 1년 이상 직장가입자 자격을 유지했다면 지역가입자가 된 후 처음 고지받은 보험료 납부기한의 2개월 이내에 임의계속가입을 신청할 수 있다. 이후 3년간은 직장가입자 자격이 유지된다.

>> 지역가입자

직장을 다니지 않아 근로소득은 없지만, 국민건강보험법에서 정한 소득이나 재산이 일정기준을 초과하게 되면 직장가입자의 피부양자가 될 수 없다. 이런 경우는 자동으로 지역가입자가 된다.

2026년부터 지역가입자의 건강보험료는 소득과 재산(전월세 포함, 자동차 점수 제외) 규모에 따라 점수를 매기고, 여기에 부과 점수당 금액을 곱해 세대 단위로 부과한다. 지역가입자 역시 직장가입자와 동일하게 건강보험료의 13.14%를 장기요양보험료로 부담한다. 구체적인 계산식은 '(소득점수+재산점수)×211.5원(점수 당)'이다. 만약 사업을 하다가 휴업이나 폐업을 해서 소득이 줄어들었다면 증빙서류를 제출해 보험료를 조정하거나 정산 신청을 할 수 있다.

각 점수는 다음과 같은 기준으로 산정된다. 먼저 소득점수는 종합소득세 신고 금액을 기준으로 한다. 사업소득은 100% 다 반영하지만, 근로소득이나 연금소득은 50%만 반영한다. 이자소득과 배당소득 같은 금융소득의 경우도 100% 반영하는 것이 원칙이지만, 연간 금융소득이 1,000만 원 미만이라면 건강보험료 산정 대상에서 제외된다.

재산점수는 보유하고 있는 부동산 내역과 전세보증금을 반영해 계산된다. 이때 주택·토지·건물의 과세표준 금액과 전세보증금의 30%를 더한 금액에서 1억 원을 공제한 뒤 점수를 산정한다.

2026년 기준으로 지역가입자가 내는 건강보험료의 하한액은 월 20,160원이며, 상한액은 월 4,591,740원이다.

사업주가 절반을 내는 직장가입자와 달리 지역가입자는 모든 보험료를 스스로 부담해야 하고, 재산 점수가 반영되기 때문에 금액이 상대적으로 높다. 특히 부동산 투자자들은 소득에 비해 자산이 많은 편이니 건강보험료를 아끼려 한다. 가장 많이 하는 방법은 직장가입자의 피부양자로 등록하려는 것이다.

건강보험료가 곧바로 반영되지는 않는다

이번 달에 임대소득이 발생한다고 해서 바로 다음 달부터 피부양자 자격이 상실되고 건강보험료가 오르는 것은 아니다. 발생한 소득금액에 대한 국세청 자료가 국민건강보험공단으로 전달되기까지 다소 시차가 있기 때문이다.

근로자가 아닌 납세자는 매년 5월까지 국세청에 종합소득신고를 하고, 국세청은 자료를 확인 후 정리해 매년 10월까지 국민건강보험공단에 통보한다. 그러면 국민건강보험공단은 이 자료를 바탕으로 11월부터 다음해 10월까지 1년간 건강보험료에 반영하게 된다.

예를 들어 주부인 갑순 씨가 2025년 1월에 상가를 취득해 월세 100만 원을 받게 되었다고 하자. 국세청은 당장 다음 달부터 갑순 씨의 소득을 파악하는 것이 아니라 다음 해인 2026년 5월 종합소득세 신고를 통해 소득과 세금을 확정한다. 이 자료가 2026년 10월에 국민건강보험공단으로 전달되면 실제 건강보험료 부과는 2026년 11월부터 2027년 10월까지 이뤄진다.

건강보험료는 부과기준이 복잡하고 계산 방법도 까다로워 직접 계산해보기가 쉽지 않다. 자세한 내용을 확인하려면 가까운 지사를 방문하거나 국민건강보험공단 홈페이지(www.nhis.or.kr) 및 고객센터(1577-1000)를 이용하자.

건강보험료 피부양자로
인정받는 3가지 요건

보수 또는 소득이 없는 경우는 직장가입자인 가족에게 피부양자로 등록하면 건강보험료를 내지 않거나 아주 적게 낼 수 있다. 하지만 아무나 피부양자 자격을 가질 수 있는 것은 아니고 몇 가지 요건을 동시에 충족해야 한다. 이제부터 알아볼 조건 중 하나라도 충족되지 않으면 피부양자로 인정받을 수 없으니 주의하자.

직장가입자와의 관계

피부양자로 인정되려면 먼저 부양요건에 부합해야 한다. 표를 참고하면 이해가 쉽다. 예를 들어 배우자는 직장가입자 본인과 동거를 하든 안 하든 피부양자로 인정받을 수 있지만, 직장가입자의 사위나 며느리는 동거하지 않으면 피부양자로 인정되지 않는다.

표57 피부양자로 인정받을 수 있는 부양요건

가입자와의 관계	피부양자 인정 요건	
	동거 시	비동거 시
배우자	피부양자 인정	피부양자 인정
부모인 직계존속 (아버지 또는 어머니와 재혼한 배우자 포함)	피부양자 인정	부모(아버지 또는 어머니와 재혼한 배우자 포함)와 동거하고 있는 형제자매가 없거나, 있어도 보수 또는 소득이 없는 경우 인정
자녀인 직계비속 (법률상의 자녀가 아닌 친생자녀 포함)	피부양자 인정	미혼(이혼·사별 포함)인 경우 부양 인정 다만, 이혼·사별한 경우 자녀인 직계비속이 없거나, 있어도 보수 또는 소득이 없는 경우 인정
조부모·외조부모 이상인 직계존속	피부양자 인정	조부모·외조부모 이상인 직계존속과 동거 중인 직계비속이 없거나, 있어도 보수 또는 소득이 없는 경우 인정
직계비속의 배우자	피부양자 인정	불인정

소득요건

피부양자로 인정받으려면 종합소득금액이 2,000만 원(사적연금 제외, 공적연금 포함) 이하여야 한다. 이때 종합소득은 이자소득·배당소득·사업소득·연금소득·기타소득·근로소득을 합산한 금액이다.

특히 근로소득 중 '비과세 급여'는 소득세와 건강보험료를 부과하지 않는 소득으로 잘 활용하면 건강보험료를 아낄 수 있다. 급여 중 비과세 급여가 많이 포함될수록 건강보험료가 줄어들지만, 회사마다 급여지급 규정이 다르게 적용될 수 있다. 비과세 급여에 포함되는 것에는 다음과 같은 것들이 있다.

- 월 20만 원 이내의 식대(단, 식사를 제공받지 않아야 함)
- 월 20만 원 이내의 근로자 및 배우자의 출산이나 6세 이하 자녀의 보육수당
- 월 20만 원 이내 자가운전보조금
- 월 20만 원 이내 연구원 연구활동보조비

예를 들어 갑돌 씨가 매월 260만 원의 급여를 받는다고 하자. 갑돌 씨는 차량을 운행하므로 자가운전보조금 20만 원, 6세 이하 자녀가 있으므로 보육수당 20만 원, 그리고 식대 20만 원 등 총 60만 원의 비과세 급여가 포함되어 있을 수 있다. 그렇다면 실제 건강보험료 부과 대상이 되는 금액은 200만 원이다.

사업자등록이 있는 경우는 원칙적으로 지역가입자로 전환되지만 소득금액이 0원이라면 예외적으로 피부양자 자격이 유지된다. 사업자등록이 없지만 사업소득으로 소득세신고를 하는 학원강사, 보험설계모집인 등은 이자, 배당, 근로, 연금, 기타소득을 합한 소득금액이 500만 원 이하일 때 피부양자 자격이 유지된다. 하지만 주택임대소득의 경우 임대사업자로 등록한 경우 연간 1,000만 원 이하, 미등록한 경우 연간 400만 원 이하여야 한다. 결국 주택임대소득에 대한 피부양자 유지 조건은 분리과세로 계산하여 주택임대소득이 "0"이 되는 경우만 해당되는 것이다. 주택임대사업자의 피부양자 소득요건이 강화됨에 따라 2025년까지 약 31만 명이 피부양자에서 탈락되었다는 언론보도가 있었다.

재산요건

소득이 없어도 재산세 과표 합계액이 9억 원을 초과하면 피부양자로 인정받지 못한다. 재산세 과표는 정부에서 정한 개별단독주택가격이나 공동주택가격에서 재산세 공정시장가액비율 60%를 곱한 금액이다.

예를 들어 주부인 갑순 씨가 소득은 없으나 보유 중인 아파트 시세가 10억 원이라고 하자. 현재 이 아파트의 공동주택가격이 시중 시세의 약 70% 수준에서 매겨진 7억 원이라고 한다면, 재산세 공정시장가액비율 60%를 적용한 과세표준은 4억 2,000만 원이다. 10억 원짜리 아파트를 보유하고 있지만 갑순 씨는 피부양자 자격을 유지할 수 있다.

재산세 과표가 9억 원 이하라도 5억 4,000만 원 초과 9억 원 이하일 경우에는 이자소득, 배당소득, 사업소득, 근로소득, 연금소득, 기타소득의 합계액이 연 1,000만 원 이하일 때만 피부양자로 인정받을 수 있다.

참고로 직장가입자의 형제자매는 원칙적으로 피부양자에서 제외되지만 65세 이상, 30세 미만, 장애인이면서 연소득 2,000만 원 이하, 재산세 과표 1억 8,000만 원 이하일 경우 피부양자 자격을 유지할 수 있다.

꽤 복잡한 피부양자 자격 요건을 다시 정리했다. 아래 요건 중 하나라도 해당하면 피부양자가 될 수 없다는 것을 유념하자.

① 이자 · 배당 · 사업 · 근로 · 연금 · 기타소득금액 합계액이 2,000만 원을 초과하는 경우
② 재산세 과세표준이 9억 원을 초과하는 경우
③ 재산세 과세표준이 5억 4,000만 원 초과 9억 원 이하이면서 이자 · 배

당·사업·근로·연금·기타소득금액 합계액이 1,000만 원을 초과하는 경우

④ 사업자등록을 한 경우에는 사업소득금액이 발생할 때(적자이거나 수입이 0원이면 제외)

⑤ 사업자등록을 하지 않은 경우에는 사업소득금액이 500만 원을 초과할 때(주택임대업은 제외)

⑥ 주택임대사업자의 경우 단 1원이라도 소득이 발생했을 때

⑦ 직장가입자의 부양요건에 맞지 않는 경우

7장

주택임대사업자
자세히
알아보기

민간임대주택의
정의부터 알아보자

    주택을 사서 임대를 놓았다고 모두 임대주택인 것은 아니다. 세법에서 임대주택, 정확히 '민간임대주택'이라고 하면 임대 목적으로 제공하면서 시·군·구청 및 관할 세무서에 등록된 주택을 말한다. 전용면적이 85㎡ 이하라면 오피스텔도 임대주택으로 등록할 수 있다(「민간임대주택에 관한 특별법」 제5조 1호 및 「민간임대주택에 관한 특별법」 시행령 제2조 제1호).

    임대주택에 관심을 갖는 투자자들이 처음 부딪히는 난관은 바로 용어의 문제다. 임대사업자의 종류가 단기민간임대주택, 장기일반민간임대주택(준공공임대) 등으로 나뉘어 있다 보니 각각의 개념을 혼동하는 것이다. 이 같은 혼동이 일어나는 이유는 관련 법률을 주관하는 부처가 국토교통부, 기획재정부, 행정안전부 등으로 나뉘어 있고 각각의 법조문이 통일되어 있지 않기 때문이다. 각각의 용어를 간단히 정리하면 다음과 같다.

단기민간임대주택: 「민간임대주택에 관한 특별법」에서 규정한 4년 임대

장기임대주택: 「소득세법」에서 규정한 8년 임대(2018년 3월 31일 이전
에는 5년)

장기일반민간임대주택: ① 「민간임대주택에 관한 특별법」에서 규정한
8년 또는 10년 임대

② 「조세특례제한법」에서 규정한 8년 내지 10
년 임대

참고로 2018년 7월 17일부터 「민간임대주택에 관한 특별법」상 단기임
대주택은 단기민간임대주택으로, 준공공임대주택은 장기일반민간임대주
택으로 바뀌었다.

「민간임대주택에 관한 특별법」의 임대주택 규정

「민간임대주택에 관한 특별법」(이하 '민간임대주택법')에서는 임대주택을
단기민간임대주택과 장기일반민간임대주택으로 나누고 있으며, 관할 부
서는 국토교통부다.

민간임대주택법은 임대의무기간과 임대료 상승률 제한, 그리고 이에
대한 처벌만 규정하고 있다. 따라서 세제혜택과는 크게 상관이 없다. 각
종 세제혜택은 세금에 대한 개별법(소득세법, 조세특례제한법, 지방세특례
제한법)에 각각 규정되어 있다.

표58 민간임대주택법에 의한 임대주택 구분

구분	단기민간임대주택	장기일반민간임대주택
면적	제한 없음 (오피스텔은 85㎡ 이하)	제한 없음 (오피스텔은 85㎡ 이하)
가액	제한 없음	제한 없음
기타 제한사항	임대료 상승 5% 이내	임대료 상승 5% 이내
임대의무기간	4년	10년 (2020년 8월 17일 이전 8년)
세제혜택	개별법에 각각 규정	

　민간임대주택법상 단기민간임대주택 또는 장기일반민간임대주택으로 등록하기 위해서는 면적과 가액에는 제한이 없고, 오피스텔만 85㎡ 이하의 면적 제한이 있다. 임대의무기간은 단기민간임대주택이 4년 이상, 장기일반민간임대주택은 10년(2020년 8월 17일 이전 등록은 8년) 이상으로 이를 어기면 과태료를 부과한다.

소득세법상 장기임대주택 규정

　소득세법 시행령 제167조3에는 장기임대주택에 대한 규정이 별도로 나와 있다. 이에 따르면 장기임대주택이란 시·군·구청에 주택임대사업을 등록하고, 관할 세무서에 사업자등록을 한 거주자가 임대하는 주택으로 두 가지 조건을 모두 충족해야 한다. 호수는 1호 이상, 가액은 매입임대인 경우 임대개시일 현재(임대 후 등록한 경우는 등록일 현재) 기준시가가 수도권 6억 원, 비수도권은 3억 원을 초과하지 않아야 한다.

표59 소득세법상 장기임대주택의 요건 및 세제혜택

구분	장기임대	
	매입임대	건설임대
면적	제한 없음	대지 298㎡ 이하, 주택 149㎡ 이하
호수	1호 이상	2호 이상
임대개시일 가액	· 6억 원 이하(비수도권 3억 원 이하) · 6년 단기: 4억 원(비수도권 2억 원 이하)	· 9억 원 이하(2025년 2월 27일 이전 등록분 6억 원 이하) · 6년 단기: 6억 원 이하
기타 제한사항	임대료 상한 5% 이내(2019년 2월 12일 이후 신규 또는 갱신분부터 기산, 2020년 2월 11일 이후 신규 또는 갱신분부터 1년 이내 증액 금지)	임대료 상한 5% 이내(2019년 2월 12일 이후 신규 또는 갱신분부터 기산, 2020년 2월 11일 이후 신규 또는 갱신분부터 1년 이내 증액 금지)
임대의무기간	· 5년(2018년 3월 31일 이전 등록) · 8년(2018년 4월 1일~2020년 8월 17일 등록) · 10년(2020년 8월 18일 이후 등록) · 6년(2025년 6월 4일 이후 등록)	· 5년(2018년 3월 31일 이전 등록) · 8년(2018년 4월 1일~2020년 8월 17일 등록) · 10년(2020년 8월 18일 이후 등록) · 6년(2025년 6월 4일 이후 등록)
양도소득세 중과	중과배제	중과배제
거주주택 비과세	비과세 주택 계산 시 주택 수에서 제외	비과세 주택 계산 시 주택 수에서 제외
종합부동산세	합산배제	합산배제

※ 유주택 세대(1세대 1주택 이상)가 2018년 9월 14일 이후 조정대상지역에서 취득한 주택은 장기임대주택으로 등록하더라도 중과 적용 및 종합부동산세 합산배제 제외, 단, 거주주택 비과세 특례는 가능

※ 2020년 8월 18일 이후 아파트는 임대주택 등록 불가

※ 6년 단기민간임대주택의 경우 거주주택 비과세 및 임대주택 중과세 배제 적용 시 2018년 9월 13일 이전에 매매계약을 체결한 주택 또는 주택을 취득할 수 있는 권리와 비조정대상지역에서 취득한 주택 또는 무주택자가 2018년 9월 14일 이후 취득한 주택에만 적용

장기임대주택은 민간임대주택법에는 규정되어 있지 않고 소득세법에만 규정되어 있는데 소득세법의 주관부처는 재정경제부다. 따라서 시·군·구청에 가서 "장기임대주택으로 등록할게요"라고 하면 담당 공무원은 무슨 말인지 못 알아들을 수도 있다. 다시 한번 말하지만, 시·군·구청에서 취급하는 임대주택은 단기민간임대주택 또는 장기일반민간임대주택뿐이고, 이들에 대해서는 과태료 규정은 존재하지만 별도의 세제혜택이 존재하지 않는다.

임대인들이 임대주택을 등록하는 이유는 세제혜택을 받기 위해서다. 그럼 세제혜택을 받을 수 있는 장기임대주택으로 등록하려면 어떻게 해야 할까? 정답은 민간임대주택법에 의한 단기민간임대주택과 장기일반민간임대주택으로 등록하고 아래 요건만 맞추면 된다.

첫째 요건은 임대의무기간을 채우는 것이다. 2018년 3월 31일까지는 4년 단기임대주택과 8년 장기일반민간임대주택으로 등록을 하고 소득세법상 단기는 5년, 장기는 8년 의무임대를 해야 했으며, 2018년 4월 1일부터는 8년 장기일반민간임대주택으로만 등록해야 세제혜택을 받을 수 있었다. 그런데 2018년 9.13 부동산 대책으로 인하여 1주택이 있는 경우라면 2018년 9월 14일 이후 취득한 조정대상지역 내의 주택을 8년 장기일반민간임대주택으로 등록하더라도 세제혜택을 받을 수 없는 것으로 축소되었다. 물론 비조정대상지역일 때 취득한 경우라면 2018년 9월 14일 이후 등록하더라도 세제혜택은 받을 수 있다.

또한 2020년 7.10 부동산 대책의 영향으로 2020년 8월 18일부터는 민간임대주택법이 개정됨에 따라 아파트를 제외한 주택(단독, 다가구주택,

다세대주택, 오피스텔)만 등록이 가능하고, 장기일반민간임대주택의 의무임대기간이 8년 이상에서 10년 이상으로 개정되었다. 이 역시 조정대상지역 내라면 2018년 9월 14일 이후에 취득된 주택은 임대등록을 해도 세제혜택이 없음을 명심해야 한다.

둘째 요건은 가액기준을 맞추는 것이다. 시·군·구청에 민간임대주택법상 단기민간임대주택 혹은 장기일반민간임대주택으로 등록할 때는 가액기준이 없다. 하지만 소득세법에서는 수도권의 경우 기준시가 6억 원 이하, 비수도권의 경우 기준시가 3억 원 이하일 경우에만 장기임대주택의 세제혜택을 주기 때문에 이 기준을 맞춰야 한다.

소득세법상 장기임대주택은 크게 3가지의 세제혜택이 있다.

첫째는 양도세 중과배제와 장특적용이다. 다주택자가 조정대상지역 내 수택을 양도할 경우 양노세율의 20%p 내시 30%p가 가산된 중과세율을 적용받고 장특적용을 배제한다. 그런데 소득세법상 장기임대주택으로 등록하면 중과세율을 적용 받지 않고 장특적용 혜택도 받는다.

둘째는 2년 이상 거주한 주택 양도 시 소득세법상 장기임대주택으로 등록한 주택은 비과세 판정 시 주택 수에 산입을 하지 않으므로 2년 이상 거주한 주택의 비과세를 받을 수 있다.

셋째는 종합부동산세 합산배제 혜택을 준다. 소득세법상 장기임대주택으로 등록한 주택은 종합부동산세 계산 시 합산배제를 해주므로 종합부동산세를 내지 않는다.

2025년부터 6년 단기민간임대주택 제도가 새롭게 시행됨에 따라, 요건에 맞게 등록된 6년 단기민간임대주택은 양도소득세 중과배제, 거주주택 비과세 특례의 장기임대주택 및 종합부동산세 합산배제 혜택을 받을 수 있다. 6년 단기민간임대주택의 요건은 다음과 같다.

① 지방자치단체에 주택임대사업자 및 세무서에 사업자등록(아파트는 등록 불가)
② 임대의무기간: 6년 이상
③ 등록 당시 공시가격: 건설임대주택은 6억 원 이하, 매입임대주택은 수도권 4억 원(비수도권 2억 원) 이하
④ 주택 수: 건설임대주택은 2호 이상, 매입임대주택은 제한 없음
⑤ 면적 기준: 건설임대주택은 대지 298㎡ 이하, 주택 연면적 149㎡ 이하
⑥ 임대료 증액 제한: 5% 이하
⑦ 지역 제한: 매입임대주택은 조정대상지역 소재 주택 제외(다만, 조정대상지역 공고일 이전 또는 2018년 9월 13일 이전에 매매계약한 주택이나 주택을 취득할 수 있는 권리는 비조정대상지역에서 취득한 것으로 본다)

표60 소득세법상 장기임대주택 세제혜택

구분	세제혜택
다주택자 양도세 중과배제 및 장특적용	조정대상지역 중과세율 적용배제 및 장특적용
거주주택 양도세 비과세 특례	2년 이상 거주주택 양도 시 장기임대주택은 비과세 판정 시 주택 수 제외
종합부동산세 비과세	장기임대주택은 종합부동산세 합산배제

조세특례제한법에 의한 임대주택 규정

조세특례제한법(이하 '조특법')에는 장기일반민간임대주택에 대한 규정이 있다. 장기일반민간임대주택 역시 두 가지로 나뉘는데 하나는 조특법 제97조의3에서 규정된 것(이하 '장특준공공')이고, 또 하나는 조특법 제97조의5에서 규정된 것(이하 '감면준공공')이다.

장특준공공의 경우 8년 이상 임대 시 장기보유특별공제로 양도소득세 50%를 공제받을 수 있고, 10년 이상 임대 시 70%를 공제받을 수 있다. 반면에 감면준공공은 10년 이상 임대 시 그 기간의 양도소득세를 100% 감면받을 수 있다. 다만 감면세액의 20%인 농어촌특별세는 내야 한다.

장특준공공과 감면준공공은 수도권 6억 원, 비수도권 3억 원의 가액제한이 있고(2018년 9월 13일 이전 취득자는 가액요건 없음), 규모는 국민주택 규모 이하, 임대료상승률은 5%를 넘으면 안 된다.

장기일반민간임대주택으로 등록한 주택 중 가액이 수도권 6억 원 이하, 비수도권 3억 원 이하인 주택은 소득세법상 장기임대주택에 주어지는 양도소득세 중과배제, 장특적용, 종합부동산세 합산배제, 거주주택 비과세, 소득세감면 등의 세제혜택을 같이 누릴 수 있다.

다만 장특준공공 제도는 2020년에, 감면준공공 제도는 2018년에 일몰로 종료되어 더 이상 혜택이 주어지지 않는다. 그러나 일몰 전에 등록한 임대사업자의 경우는 의무임대기간을 충족한다면 여전히 혜택을 누릴 수 있다. 건설임대주택으로 2027년 12월 31일까지 10년 장기일반민간임대주택으로 등록한 경우에도 혜택을 받을 수 있다.

장기일반민간임대주택 장특준공공과 감면준공공

장기일반민간임대주택을 이해하기 좋도록 크게 두 가지로 나눠 보자. 첫째는 장기보유특별공제 혜택이 큰 '장특준공공'이고, 둘째는 세금 감면 혜택이 큰 '감면준공공'이다.

장특준공공과 감면준공공의 공통점은 다음과 같다.

첫째, 전용면적이 85㎡ 이하여야 한다.

둘째, 2018년 9월 13일 부동산 대책으로 인해 2018년 9월 14일 이후 취득한 주택은 6억 원 이하(수도권 외 3억 원 이하)여야 한다는 가액요건이 추가되었다. 다만 경과규정으로 2018년 9월 13일 이전에 주택, 입주권, 분양권을 취득하기 위해 매매계약을 체결하고 계약금을 지급한 경우에는 가액요건을 충족하지 않아도 가능하다.

셋째, 임대보증금 또는 임대료 증가율이 5%를 초과하면 안 되고, 임대료 증액청구는 1년 이내에 하지 못한다.

넷째, 중간에 공실이 생기면 3개월까지는 임대기간으로 인정해 준다. 예를 들어 기존 임차인이 나간 후 다음 임차인이 들어오기 전까지의 기간이 3개월 이내라면 이 기간도 임대기간에 포함해 주는 것이다.

이번에는 장특준공공과 감면준공공의 차이점을 알아보자.

첫째, 장특준공공은 장기보유특별공제(이하 장특공제)로 8년 이상 임대하면 양도차익의 50%를, 10년 이상 임대하면 양도차익의 70%를 공제받을 수 있다. 반면 감면준공공은 이러한 장특공제는 받을 수 없지만, 10년 이상 임대하면 양도소득세의 100%를 감면해 준다.

둘째, 장특준공공은 장특공제 50% 또는 70% 혜택을 받을 수 있으나 산출세액의 10%를 지방소득세로 추가 부담해야 한다. 반면 감면준공공은 양도소득세가 100% 감면되지만 감면된 세액의 20%를 농특세로 부담해야 한다.

셋째, 장특준공공은 중간에 임대가 중단되어 공실이 생겨도 임대기간을 통산하여 8년(10년) 이상이면 세제혜택을 주지만, 감면준공공은 공실 없이 연속하여 10년 이상 임대를 해야 양도소득세 100% 감면 혜택을 받을 수 있다. 즉, 감면준공공은 6개월 이상 공실이 생기면 양도세 감면혜택을 받을 수 없게 된다.

넷째, 단기민간임대주택을 장특준공공으로 변경하는 것은 2020년 7월 10일까지 신청한 사람만 가능하다. 단기임대주택을 장기일반민간임대주택으로 변경하는 것은 겉으로 보기에 단순히 임대 유형만 바뀌는 것처럼 보이지만, 세법상으로는 '임대개시일'이 달라지는 매우 중요한 변화다. 임대개시일에 따라 장기보유특별공제 적용 여부와 공제율이 달라지기 때문에 정확히 따져 보아야 한다.

단기임대주택을 장기일반민간임대주택으로 전환하면 기존의 단기임대 기간을 일부 이어받을 수 있다. 다만, 언제 전환했는지에 따라 승계 방식이 다르다. 먼저 2019년 2월 11일 이전에 전환했다면 매입임대주택, 단기임대주택, 단기민간임대주택의 구분 없이 단기임대 기간의 50%만 인정해준다. 그마저도 최대 5년까지만 승계가 가능하다.

반면 2019년 2월 12일 이후에 전환했다면 원칙적으로 단기임대 기간의 100%를 승계할 수 있다. 이 경우에도 한도가 있다. 단기임대주택 또는 단기민간임대주택은 최대 4년, 매입임대주택은 최대 5년까지만 인정된다.

또한 단기민간임대주택을 8년을 초과하여 임대한 예외적인 경우에는 다시 단기임대 기간의 50%만 인정하되, 최대 5년 한도를 두도록 규정하고 있다.

이처럼 전환 시점에 따라 승계되는 임대 기간이 달라지면 세법상 임대 개시일 역시 달라지고, 결과적으로 장기보유특별공제의 계산도 바뀐다. 특히 장기보유특별공제 혜택을 받는 임대주택이 단기에서 장기로 전환된 경우에는, 장기보유특별공제 50% 특례를 적용할 때 최초 취득일이 아닌 변경된 임대개시일을 기준으로 양도차익을 계산해야 한다.

이때 단기민간임대주택이었던 시기의 임대기간을 100% 인정해주되 최대 4년까지만 가능하였고 경과규정으로 2019년 2월 12일 당시에 이미 단기민간임대주택의 임대기간이 8년을 초과한 경우라면 최대 5년까지는 장특준공공 임대기간으로 인정해 주었다. 하지만 2020년 7월 11일부터는 단기민간임대주택을 장특준공공으로 변경할 수 없게 민간임대주택에 관한 특별법이 개정되었다.

| 표61 | 조특법상 장기일반민간임대주택의 요건 및 세제혜택 |

구분		장기일반민간임대주택	
		장특준공공	감면준공공
관련법 조항		조특법 제97조의3	조특법 제97조의5
등록기한		제한 없음	취득 후 3개월 이내
일몰 기한		2020년 말 혜택 종료 (건설 임대는 27년까지 등록분 유효)	2018년 말 혜택 종료
면적		국민주택 규모	국민주택 규모
가액		2018. 9. 14 이후 취득분 가액추가 6억 원(비수도권 3억 원)	2018. 9. 14 이후 취득분 가액추가 6억 원(비수도권 3억 원)
기타 제한사항		임대료 상승 5% 이내	임대료 상승 5% 이내
임대의무기간		8년	10년
양도소득세 중과		가액 6억 원(비수도권 3억 원) 이하면 중과배제	가액 6억 원(비수도권 3억 원) 이하면 중과배제
거주주택 양도소득세 비과세		거주주택 비과세 계산 시 가액 6억 원 (비수도권 3억 원) 이하는 주택 수에서 제외	거주주택 비과세 계산 시 가액 6억 원 (비수도권 3억 원) 이하는 주택 수에서 제외
세 제 혜 택	장기보유 특별공제	8년 이상 50%, 10년 이상 70%	–
	양도소득세	–	양도세액 100% 감면 (농특세 20%만 부담)
	소득세	가액 6억 원 이하 1호 75% 감면, 2호 이상 50% 감면	가액 6억 원 이하 1호 75% 감면, 2호 이상 50% 감면
	종합 부동산세	합산배제	합산배제

그 밖에 주의해야 할 사항들

이렇게 법률마다 조금씩 다르게 규정되어 있는 임대주택의 개념에 대해 알아보았다. 이에 더해서 임대주택으로 등록된 주택이 2호 이상이어야 재산세 감면 혜택이 있다는 것도 기억하자.

또 한 가지 알아둘 점이 있다. 만약 기준시가가 6억 원을 초과하고 면적도 국민주택규모를 초과해 양도소득세 비과세 거주요건 외 다른 세제 혜택은 받지 못하는 주택이 있는데, 이 주택을 구청에 가서 임대등록을 하겠다고 하면 받아줄까? 당연히 받아준다. 시·군·구청에서는 민간임대주택법상 임대주택만 취급하는데, 가액과 면적에 제한이 없기 때문에 일단 등록하는 주택은 모두 받아준다.

만약 이 사실을 모르고 일단 임대등록부터 한 사람이 있다고 하자. 뒤늦게 아무 혜택도 받지 못한다는 사실을 알고 화가 나서 등록한 날로부터 두 달이 지난 후에 이 주택을 팔아버린다면 어떻게 될까? 이 경우에는 다가구주택을 8년 장기일반민간임대주택으로 등록하고도 민특법상 임대의 무기간인 8년을 지키지 않았기 때문에 과태료 3,000만 원의 처분을 받게 된다.

다른 경우를 살펴보자. 주택을 두 채 보유 중인 사람이 거주주택의 양도소득세 비과세 혜택을 받기 위해서 가족이 2년 이상 거주한 주택 외에 다른 주택을 임대주택으로 등록했다. 이 아파트는 기준시가가 10억 원이 넘고 면적은 25평인 아파트라서 소득세법상 장기임대주택의 요건이 되지 않는다.

이 경우에도 구청에서 임대등록을 받아줄까? 마찬가지로 민특법에서는 가액과 면적에 제한이 없기 때문에 임대등록을 받아주긴 하지만, 가액이 6억 원을 초과하기 때문에 소득세법상 장기임대주택의 요건이 되지 않으므로, 의도했던 거주주택 비과세 혜택은 받을 수 없다.

민간임대주택법이
대폭 개정되었다

2020년 8월 18일, 6·17 부동산 대책과 7·10 부동산 대책의 후속 조치로 민간임대주택에 관한 특별법이 대폭 개정되었다. 결론부터 말하자면 단기임대주택(4년), 아파트 장기일반민간임대(8년 매입임대) 등록 제도가 폐지되었다.

주요 개정 사항을 살펴보면 다음과 같다.

첫째, 4년짜리 단기임대와 8년짜리 아파트 장기일반민간임대(매입임대)를 폐지하였다. 아울러 기존에 4년짜리 단기임대로 등록한 주택은 장기임대로의 전환이 금지된다.

둘째, 폐지된 단기임대는 4년, 아파트 장기일반민간임대는 8년의 최소

임대의무기간이 종료되면 자동 말소된다.

셋째, 폐지된 단기임대와 아파트 장기일반민간임대는 적법 사업자라면 임차인의 동의를 받아 최소 임대의무기간이 아직 끝나지 않았더라도 자진말소를 할 수 있도록 허용한다. 자진말소를 하는 경우에는 임대의무기간을 준수하지 않았을 때 내야 하는 과태료도 부과하지 않는다. 등록 후 자진말소 허용 기간도 종전 1개월 이내에서 3개월 이내로 연장된다.

넷째, 법 시행일(2020년 8월 18일) 이후 신규로 등록하는 임대주택은 임대의무기간이 10년으로 연장된다. 다만 기존에 등록한 장기임대주택은 종전대로 8년이다.

〉〉 자동말소와 자진말소

이때 자동말소와 사진말소를 구분할 필요가 있다. 자동말소는 기존의 단기임대와 아파트 장기일반민간임대의 임대의무기간이 종료되었을 때 자동으로 말소되는 것이고, 자진말소는 임대의무기간이 아직 끝나지 않았더라도 자진해서 말소할 수 있도록 하는 것이다. 자동말소됐거나 자진말소한 경우 모두 취득세, 재산세, 임대소득세, 종합부동산세 등을 추징하지 않는다.

양도소득세에서는 조금 다르다. 자동말소가 된 이후에는 기간에 상관없이 양도소득세 중과가 되지 않으며, 거주주택 비과세 혜택을 받은 경우에는 자동말소가 되더라도 비과세를 추징하지 않는다. 반면 거주주택 비과세 혜택을 아직 받지 않은 경우에는 첫 번째 임대주택이 말소된 후 5년 내에 거주주택을 양도해야만 비과세 혜택을 받을 수 있다.

자진말소 시에는 조건을 충족해야 양도소득세 중과를 적용하지 않는다. 민간임대주택법상의 의무임대기간 중 1/2 이상을 임대하고(단기는 2년, 아파트 장기일반은 4년), 자진말소 후 1년 내에 양도하면 양도소득세 중과를 받지 않을 수 있다.

거주주택 비과세 혜택을 이미 받은 경우에는 임대주택 의무임대기간 중 1/2 이상을 임대하였다면 비과세에 대한 추징을 하지 않는다. 반면 아직 거주주택 비과세 혜택을 받지 않은 경우에는 임대주택 의무임대기간 중 1/2 이상을 임대하고, 첫 번째 임대주택을 자진말소한 후 5년 내에 거주주택을 양도해야 비과세 혜택을 받을 수 있다.

〉〉 부기등기 의무화

또한 2020년 12월 10일부터 새로 등록하는 주택은 등기부등본상에 '이 주택은 임대의무기간 및 임대료 증액 기준을 준수해야 하는 민간임대주택임'을 표기하는 부기등기가 의무화된다. 법 시행일(2020년 12일 10일) 이전에 등록한 임대주택은 법이 시행된 후 2년 이내 부기등기를 완료해야 한다. 이를 위반할 경우에는 최대 500만 원의 과태료가 부과된다.

〉〉 보증보험 가입 의무화

마지막으로 임대사업자가 가장 유의해야 할 대목이 바로 보증보험 가입 의무화이다. 법 시행일(2020년 8월 18일) 이후에 신규로 임대주택을 등록하는 경우에는 즉시 가입하여야 하고, 기존에 등록한 주택은 법 시행일로부터 1년 이후(2021년 8월 18일) 임대차계약을 체결할 때부터 보증보험에 가입하여야 한다. 보증보험료는 임대인이 75%, 임차인이 25%를 부담한다.

2021년 9월 14일부터 임대보증보험 가입 요건이 완화되어 아래 3가지 사례에 해당되면 임대보증금 보증보험 가입의무가 면제된다.

첫째, 임대보증금이 '주택임대차 보호법'상 최우선변제금액 이하이고 임대보증금 보증보험 미가입에 대해 임차인이 동의한 경우(임차인 동의는 필수사항임).

둘째, 임대사업자가 LH, SH 등 지방공사와 같은 공공주택사업자와 임대차계약을 체결하고 해당 공공주택사업자(임차인)가 보증보험을 가입한 경우.

셋째, 임차인이 보증회사(주택도시보증공사 또는 SGI서울보증)에서 전세보증금 반환보증보험에 가입했고, 임대사업자가 해당 반환 보증보험 가입에 따른 보증수수료 전액을 임차인에게 지급한 경우에는 임대보증금 보증보험 가입의무가 면제된다.

보증보험에 가입할 때도 기준이 있다. 먼저 선순위 담보설정액과 보증금을 합한 금액을 주택가격으로 나누었을 때 해당 주택의 부채비율이 90% 이하여야 한다. 즉 보증금과 다른 부채를 합한 금액의 90%가 집값보다 크면 안 된다.

부채비율 = (선순위 담보설정액 +보증금) / 주택가격

이때의 주택 가격은 감정평가액, 공시가격(또는 기준시가), '부동산시세, 1년 이내 해당세대의 매매가격'을 활용하여 이 중 임대사업자가 원하는 것을 선택할 수 있다. 보증보험 가입 한도를 결정하는 기준은 공시가격의 보정 비율이다. 최근 이 기준이 변경되어 공시가격 적용 비율은 140%로 통일되었고, 담보인정비율(LTV)은 90%로 낮아졌다. 결과적으로 공시가격의 126%(140% × 90%)까지만 보증 한도로 인정된다. 따라서 본인의 보증금과 부채 합계액이 공시가격의 126%를 초과하지 않는지 반드시 확인해야 한다.

그림29 보증보험 위험 여부 판단 기준

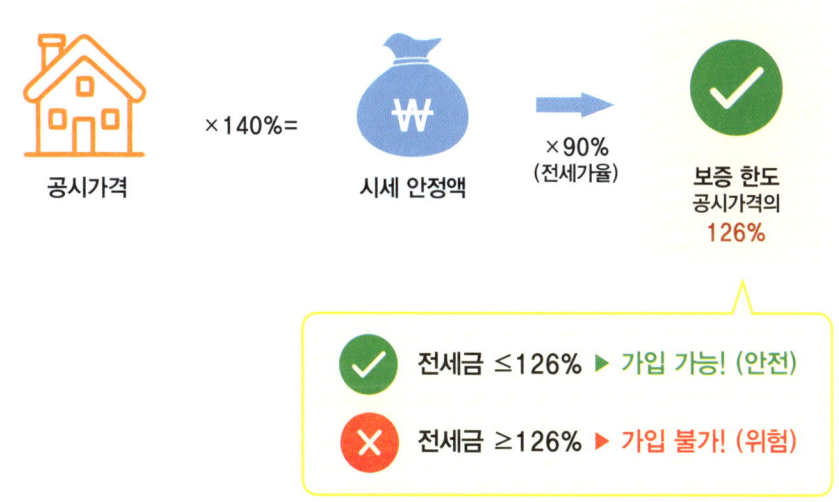

보증보험 가입요건으로 해당 주택에는 압류 · 가압류 · 가처분 등이 없어야 하고, 해당 주택의 선순위 채권금액이 주택 가격 대비 60% 이하여야 하고, 근저당권은 세대별로 분리되어야 한다. 마지막으로 임차인이 전세권 설정을 요구할 경우에는 전세권을 설정하여야 한다. 임차인이 전세권 설정을 요구하지 않으면 전세권 설정 요건이 충족된 것으로 본다.

원칙적으로 임대보증금 전액이나 '담보권 설정액+보증금' 요건을 충족하면 주택가격의 60%를 차감한 금액이 보증보험 가입대상이 될 수 있다.

현재 보증보험 가입 의무 위반 시 '2년 이하의 징역이나 2천만 원 이하의 벌금'에 처하고 있는데 2022년 1월 15일부터 보증보험 미가입에 따른 현재의 형사처벌 조항은 삭제되고 위반 건당 임대보증금의 10%에 해당하는 금액의 과태료(부과 금액은 최대 3천만 원)가 부과된다.

주택임대사업자의 혜택이
점점 축소되고 있다

민간임대주택은 주택 취득 방법에 따라 크게 건설임대주택과 매입임대주택으로 나뉜다. 말 그대로 건설임대주택은 임대사업자가 건설하여 임대하는 것이고, 매입임대주택은 매매 등으로 소유권을 취득하여 임대하는 것이다. 부동산 투자자의 대부분은 매입임대주택 사업자에 해당될 것이다.

주택을 임대 놓는다고 해서 반드시 임대주택으로 등록해야 하는 것은 아니지만 임대주택으로 등록하면 취득부터 양도까지 다양한 세제혜택과 자금지원을 받을 수 있다. 그러나 각종 부동산 대책과 2020년 8월 18일 민간임대주택법 개정으로 인해 세제혜택을 받을 수 있는 요건이 더욱 까다로워졌기 때문에 각 세금별 혜택 조건을 잘 알아둘 필요가 있다. 먼저 주택임대사업자에게 주어지는 세제혜택에는 어떤 것들이 있는지 살펴보자.

〉〉 취득세 감면

취득세 감면은 모든 임대주택에 해당되는 것은 아니다. 건축주로부터 전용면적 60㎡ 이하 공동주택 또는 오피스텔을 최초로 분양받은 임대주택의 경우 2027년 12월 31일까지 취득세가 100% 감면된다. 다만 2020년 7월 10일 발표된 부동산 대책 이후 가격요건이 신설되었기 때문에 2020년 8월 12일 이후 취득분부터는 취득당시 가액이 6억 원(수도권 외 3억 원)을 초과할 경우 감면 대상에서 제외된다.

단독주택과 다가구주택은 감면 대상이 아니다. 전용면적 60㎡ 초과 85㎡ 이하인 공동주택도 취득세를 50% 감면받을 수는 있지만, 이 경우에는 보유한 주택이 20호 이상이어야 하므로 대상자가 많지는 않다. 감면 대상자는 취득한 날로부터 60일 이내에 신청하면 된다.

감면액 100% 중에서 15%는 '최저한세'라고 하여 납부를 해야 한다. 최저한세란 법인이나 개인사업자가 각종 조세감면을 받더라도 최소한의 세금은 납부하도록 하는 제도다. 만약 감면받을 취득세액이 500만 원이라면 모두 감면해 주지 않고 최저한세로 75만 원은 부담해야 한다.

조합원 입주권은 취득세 감면의 대상이 되지 않지만, 분양권은 취득세 감면의 대상이 된다. 또한 최초 원분양자가 아니더라도 마지막에 분양권을 전매로 취득한 사람이 요건을 갖추고 주택임대사업자로 등록하면 취득세 감면혜택을 받을 수 있다.

〉〉 재산세 감면

일정 규모 이하의 임대주택을 2호 이상 등록했다면 2027년 12월 31일까지 재산세를 감면받을 수도 있다. 단기민간임대주택은 전용면적 60㎡ 이하일 경우 50% 감면, 전용면적 60㎡ 초과 85㎡ 이하일 경우 25%를 감면받는다(지방세특례법 제31조).

공동주택을 2호 이상 또는 오피스텔을 2호 이상 장기일반민간임대주택으로 등록하여 임대시 전용면적 40㎡ 이하일 경우 전액 면제, 전용면적 40㎡ 초과 60㎡ 이하일 경우 75% 감면, 전용면적 60㎡ 초과 85㎡ 이하일 경우 50%를 감면받는다(지방세특례법 제31조의3).

공동주택과 오피스텔은 각각 2호 이상일 경우에만 장기일반민간임대주택에서 정하는 재산세 감면을 받을 수 있다. 만약 공동주택 1채와 오피스텔 1채를 장기일반민간임대주택으로 등록했다면 단기민간임대주택에서 정하는 재산세 감면 혜택만 받을 수 있다.

다만 2020년 8월 12일 이후 취득분부터는 공동주택 가액이 6억 원(수도권 외 3억 원), 오피스텔은 4억 원(수도권 외 2억 원)을 초과하면 감면에서 제외된다.

다가구주택은 장기일반민간임대주택으로 등록한다면 1채일 경우라도 재산세 감면이 가능한데, 이는 재산세 과세기준일(6월 1일) 현재 소유자가 실제 거주하는 호수를 제외하고 건축물대장상 모든 호 또는 가구별 전용면적이 40㎡ 이하로 기재된 다가구주택일 경우에 한한다.

〉〉 종합부동산세 합산배제

종합부동산세는 보유하고 있는 주택의 가액을 모두 합해서 세금을 매기는데, 일정 요건에 부합하는 임대주택은 그 합산대상에서 제외해 준다. 이를 합산배제라고 한다. 매입임대주택이 합산배제되려면 면적은 상관없이 등록 당시 수도권 기준시가 6억 원 이하, 비수도권 기준시가 3억 원 이하의 가액 요건만 충족하면 된다. 또한 합산배제를 받으려면 2018년 3월 31일 이전 등록한 주택은 5년 이상 임대하면 되지만, 2018년 4월 1일 이후부터는 장기일반민간임대주택으로 등록해서 8년 이상 임대해야 한다. 2018년 9월 14일 이후부터는 1세대가 국내에 1주택 이상을 보유한 상태에서 가액요건을 갖춘 주택을 장기일반민간임대주택으로 등록할 때 해당 주택이 조정대상지역에 있다면 종합부동산세 합산배제를 해주지 않는다.

또한 2020년 8월 18일 이후부터는 아파트를 제외한 주택(단독주택, 다가구주택, 다세대주택, 오피스텔)만 장기일반민간임대주택(매입임대)으로 등록이 가능하고, 현재 조정대상지역이너라도 2018년 9월 13일 이전에 취득했거나 비조정대상지역이었을 때 취득한 주택을 등록한 후 10년 이상 의무임대기간을 지켜야 종합부동산세 합산배제를 받을 수 있게 되었다.

〉〉 소득세 및 법인세 감면

1호만 임대주택으로 등록해도 해당 주택에서 나오는 소득세(법인세)에 대해 단기민간임대주택은 30%, 장기일반민간임대주택은 75%의 감면 혜택이 있다.

2021년부터는 2호 이상일 경우 단기민간임대주택은 20%, 장기일반민간임대주택은 50%가 감면된다. 다만 감면을 받기 위해서는 기준시가 6억 원 이하이면서 전용면적 85㎡ 이하 두 가지 요건을 모두 충족해야 하며, 임대의무기간을 지켜야 한다. 단기임대는 4년 이상, 장기일반민간임대주택은 8년 이상이다.

2020년 8월 18일 이후에는 아파트를 제외한 주택(단독주택, 다가구주택, 다세대주택, 오피스텔, 도시형생활주택)만 장기일반민간임대주택(매입임대)으로 등록이 가능하고, 등록 후 10년 이상 의무임대기간을 지켜야 소득세(법인세) 감면 혜택을 받을 수 있다.

〉〉 거주주택 양도 시 1세대 1주택 비과세

집이 여러 채라도 거주하는 주택을 제외한 나머지가 모두 임대주택으로 등록되어 있다면 1세대 1주택자로 인정받을 수 있고, 그 주택에 2년 이상 거주한 경우 양도소득세 비과세 혜택을 받을 수 있다(소득세법 시행령 제155조20항). 다만, 등록된 장기임대주택이 자동말소 또는 자진말소된 이후에 새롭게 취득한 주택의 경우, 해당 주택에서 2년 이상 거주했더라도 거주주택 비과세 특례를 적용받을 수 없다.

2년 이상 보유하면서 전 가족이 2년 이상 거주한 주택을 거주주택이라고 한다. 양도일 현재 거주하고 있지 않아도 되고 2년을 연속해서 거주하지 않아도 된다. 드문드문 거주했더라도 기간을 합해서 2년 이상이면 가능하다. 거주주택은 2년 거주 요건이 필수이나 상생임대주택의 요건을 충족하면 2년 거주하지 않아도 된다.

임대주택으로 등록한 나머지 주택은 모두 임대의무기간을 지켜야 한다. 임대의무기간이 아직 충족되지 않은 상태에서 거주주택을 먼저 팔더라도 비과세 혜택을 적용받을 수 있다. 다만 추후에 임대의무기간을 충족하지 않고 임대주택을 양도해 버린다면 비과세되었던 세금을 돌려줘야 한다(의무임대기간의 2분의 1 이상 임대한 후 자진말소하였거나, 임대의무기간이 종료되어 말소되는 경우는 제외).

이러한 사후관리 외에도 거주주택을 양도하기 전 임대주택이 자동말소되었거나, 임대 의무 기간을 1/2 이상 채우고 자진말소를 한 경우에는 주의해야 한다. 이때는 임대주택의 최초 말소일로부터 5년 이내에 거주주택을 처분해야 비과세를 받을 수 있다. 만약 이 기한을 놓쳐 5년이 지난 뒤에 거주주택을 양도하면 요건을 갖췄더라도 비과세 혜택을 받을 수 없다.

〉〉 양도소득세 장기보유특별공제

장기임대사업자의 임대의무기간은 5년이지만, 그 기간을 넘어서 6년 이상 임대하게 되면 연 2%씩 장기보유특별공제를 추가해준다. 원래 다주택자의 장기보유특별공제의 최고 한도는 30%이지만, 2018년 3월 31일까지 등록한 장기임대사업자는 최고 40%까지 공제가 가능하다(조세특례제한법 제97조의4).

장기일반민간임대주택 사업자의 경우는 8년 이상 임대하면 장기보유특별공제 50%를, 10년 이상 임대하면 70%를 공제해준다. 다만 2020년 8월 18일에 민특법이 개정되어 8년 장기일반민간임대주택으로 등록한 아파트는 8년 의무임대기간이 종료되면 자동말소되므로, 이 경우는 자동말소 이후 2년의 임대기간이 더 지나 10년을 채운다고 하더라도 장기보유특별공제는 50%만 받을 수 있다는 점을 기억하자.

하지만 2020년 12월 31일 이전에 8년 장기일반민간임대주택으로 등록한 아파트 외 주거용 오피스텔, 다가구주택, 다세대주택, 단독주택은 자동말소가 적용되지 않기 때문에 10년 이상 의무임대기간을 충족하면 장기보유특별공제 70% 감면을 적용받을 수 있다.

>> 양도소득세 100% 감면

2015년부터 2018년까지 주택을 취득한 후 3개월 이내에 장기일반민간임대주택으로 등록하고, 10년 이상 계속해서 임대하면 임대보유기간 동안의 양도소득세는 100% 감면된다(조세특례제한법 제97조의5). 다만 2020년 8월 18일 민특법 개정으로 자동말소의 개념이 등장했다. 아파트를 기존 8년 장기일반민간임대주택으로 등록한 경우 의무임대기간 8년이 경과하면 자동말소돼 사실상 양도소득세 100%를 감면받는 것은 불가능하다. 하지만 2018년 12월 31일까지 취득일부터 3개월 이내 8년 장기일반민간임대주택으로 등록한 아파트 외 주거용 오피스텔, 다가구주택, 다세대주택, 단독주택은 자동말소가 적용되지 않으므로 10년 이상 의무임대기간을 충족하면 양도소득세 100% 감면을 적용받을 수 있다.

>> 임대소득세 필요경비에 대한 폭넓은 인정

주택임대사업자는 공제받을 수 있는 필요경비의 범위가 훨씬 넓다. 사업자등록을 하지 않고 임대를 할 경우 대출금 이자, 도배 및 장판 비용, 사무실 운영비 등은 양도소득세를 신고할 때 필요경비로 인정되지 않지만 주택임대사업자의 경우는 종합소득세 신고 시 필요경비로 인정받을 수 있다. 그만큼 소득이 줄어들기 때문에 유리하다.

결손금을 10년간(2020년 귀속 이후 발생 분은 15년간) 이월할 수 있는 것도 장점이다. 올해 이익금이 많이 발생해서 세금을 많이 내야 할 처지인데 작년에 결손이 났다면 두 개를 합산해서 세금을 줄일 수 있는 것이다. 이처럼 주택임대사업자로 등록하게 되면 사업자등록을 하지 않고 임대하는 것보다 다양한 세제혜택을 받을 수 있다.

주택임대사업자가
지켜야 할 의무사항

2019년 1월 9일 정부는 '등록 임대주택 관리 강화방안'을 통해 주택임대사업자에게 주어지는 각종 세제혜택에 상응하는 의무사항을 강화한다고 발표했다. 이에 따라 임대료 증액 제한을 위반하고 의무임대 기간 내 양도 금지를 위반할 경우의 과태료가 2019년 10월 24일부터 기존 1,000만 원에서 3,000만 원으로 인상되었다.

사실 과거에는 주택임대사업자가 신고의무사항을 제대로 이행하지 않아도 적당히 넘어가는 경우가 많았지만, 지금은 '등록 임대주택 관리 강화방안'이 본격적으로 시행되고 있다. 또 '렌트홈 전산시스템'이 정상 가동되고 있어 의무사항을 위반하게 되면 빠짐없이 과태료가 부과되고 있다.

이제 주택임대사업자는 과태료 규정과 렌트홈 신고절차를 반드시 알아야 한다. 교통범칙금 과태료 부과기준이 도로교통법에 잘 나와 있듯이 주택임대사업자에 대한 과태료 부과기준은 '민간임대주택에 관한 특별법 시행령' 제55조 별표3에 잘 나와 있다.

이에 따르면 위반행위가 둘 이상일 경우에는 각각 부과하는 게 아니라 위반사항 중 높은 과태료만 부과한다. 또한 지자체장의 재량으로 과태료 금액을 2분의 1 범위에서 늘리거나 줄일 수 있다. 아래 표를 보면 과태료 부과기준은 1차에서부터 3차 이상까지 순차적으로 높아지는 구조로 되어 있다.

표62 주택임대사업자에 대한 과태료 부과기준

위반행위		위반 시 과태료 (만 원)		
		1차	2차	3차 이상
임대의무기간 중 임대주택에 본인이 거주하거나, 임대하지 않은 경우		임대주택당 3,000		
임대의무기간 중 임대사업자가 아닌 자에게 민간임대주택을 양도한 경우		임대주택당 3,000		
임대료 5% 상한 규정 위반 시	위반건수 1건	500	1,000	2,000
	위반건수 2~10건 미만	1,000	2,000	3,000
	위반건수 10건 이상	2,000	3,000	3,000
임대차계약 신고를 계약일로부터 3개월 내에 하지 않거나 거짓 신고한 경우		500	700	1,000
표준임대차계약서 미사용 시		500	700	1,000
임차인에 대한 설명의무 위반 시		500		
오피스텔을 주거용으로 사용하지 않은 경우		500	700	1,000
임대의무기간 중 정당한 사유 없이 임대차계약을 해제·해지하거나, 재계약을 거절한 경우		500	700	1,000
등록사항 변경 신고 또는 말소 신고하지 않은 경우		200	400	500
부기등기를 하지 않은 경우		200	400	500

>> 주택임대사업자의 의무사항

이제 주택임대사업자의 의무사항과 과태료 부과액을 살펴보자.

첫 번째 의무사항은 임대의무기간 내에 매각할 수 없다는 것이다. 임대의무기간은 단기민간임대주택 4년, 장기일반민간임대주택 10년(2020년 8월 17일 이전 등록은 8년)이다. 이 기간 안에 임대주택을 양도하거나 본인이 임대주택에 거주하면서 임대를 하지 않은 경우에는 그동안 감면받았던 세금을 모두 반환해야 하고, 임대주택 한 채당 3,000만 원의 과태료가 부과된다(「민간임대주택에 관한 특별법」 제43조, 동법 시행령 제34조. 2019년 10월 24일 시행).

여기서 주목할 것은 민간임대주택법 개정으로 2019년 10월 24일부터는 과태료가 건당 1,000만 원에서 건당 3,000만 원으로 상향되었다는 점이다.

특별한 경우에는 임대의무기간 내에 매각해도 과태료를 부과하지 않는다.

첫 번째는 임대사업자에게 매각하는 것이다. 매수자가 현재 임대사업자이거나 앞으로 임대사업을 하려는 사람이라면 구청에 '임대주택양도신고'를 하면 된다. 이때 집을 넘겨받은 사람은 판 사람이 유지했던 임대의무기간을 뺀 나머지 기간만 임대를 유지하면 된다.

실무적으로는 포괄적으로 양도자의 지위를 승계한다는 조항을 양수도계약서에 명기해야 하고, 잔금을 치르기 전에 먼저 지자체장에게 양도신고를 해야 한다. 잔금을 치르고 나서 양도신고를 하면 과태료 부과 대상이 될 수 있으니 조심해야 한다.

다만 포괄 양도하더라도 양도인은 과태료 처분만 받지 않을 뿐 그동안 받았던 취득세, 종합부동산세, 기타 임대소득세 관련 세제혜택은 다시 환수된다. 마찬가지로 양수인은 의무임대기간 중 양도인의 임대기간을 제외한 나머지 기간만 임대를 유지하면 과태료를 내지 않아도 되지만, 세제혜택을 받으려면 취득한 날부터 다시 의무기간을 채워야 한다.

두 번째는 부도 및 파산 등 불가피한 경제적 사정이 생겼을 경우다. 이경우도 조건이 엄격한데, 다음 네 가지 중 하나 이상은 반드시 충족해야 한다.

① 2년 연속 적자가 발생한 경우
② 2년 연속 부(負)의 영업현금흐름이 발생한 경우
③ 12개월간 공실이 된 경우(최근 12개월간 전체 임대주택 중 20% 이상
   이고 같은 기간 동안 특정 임대주택이 계속하여 공실인 경우)
④ 관계법령에 따라 재개발 · 재건축 등으로 민간임대주택의 철거가
   예정되어 민간임대사업을 계속하기 곤란한 경우

경제적 사정으로 매각을 할 때는 시·군·구청에 '임대주택양도허가 신고'를 해야 한다. 즉 허가를 받아야 팔 수 있다는 것이다. 이렇게 허가를 받고 양도할 때는 취득세와 재산세를 다시 추징하지 않는다. 참고로 2020년 8월 18일 민특법이 개정되어 4년 단기임대주택과 8년 장기일반민간임대주택 중 아파트는 폐지되는 유형으로, 더 이상 등록이 불가능해졌다. 따라서 이미 이 폐지유형으로 등록한 경우에 한하여 자진말소를 하더라도 과태료는 부과되지 않는다.

〉〉표준임대차계약서를 작성해야 한다

주택임대사업자는 임대차계약 체결 시 반드시 표준임대차계약서를 사용해야 한다. 여기에는 임대료, 계약기간, 임대보증금, 선순위 담보권 등 권리관계 등이 명기되어 있다(「민간임대주택에 관한 특별법」 제47조 동법 시행규칙 제24호). 이를 위반할 경우 1차 500만 원, 2차 700만 원, 3차 1,000만 원의 과태료가 부과된다.

〉〉임차인에 대한 설명의무를 이행해야 한다

주택임대사업자가 임차인과 임대차계약을 체결하거나 변경할 때는 표준임대차계약서를 임차인에게 보여주고 임대보증금에 대한 보증의 보증기간, 민간임대주택의 권리관계, 임대의무기간 중 남아있는 기간, 임대료 증액제한사항 등을 임차인에게 설명해주어야 한다. 이때 분명히 설명했다는 확인을 위해서 임차인으로부터 표준임대차계약서에 서명 또는 기명날인으로 확인을 받아야 한다(「민간임대주택에 관한 특별법」 제48조, 동법 시행령 제37조). 이를 위반할 경우 사유 발생 시마다 500만 원의 과태료가 부과된다.

〉〉임대차계약 3개월 이내에 신고해야 한다

주택임대사업자는 임대차계약 체결일(변경신고 시에는 변경한 날)로부터 3개월 이내에 표준임대차계약서를 첨부하여 소재지 또는 주소지의 관할 지자체장에게 임대차계약 신고를 해야 한다(「민간임대주택에 관한 특별법」 제48조, 동법 시행령 제37조). 위반 시에는 1차 500만 원, 2차 700만 원, 3차 1,000만 원의 과태료가 부과된다.

이때 주의할 점은 신고기준이 잔금일이 아니고 계약체결일이라는 점이다. 예를 들어 잔금일이 계약체결일로부터 4개월 후라고 하면 잔금일 당일 신고해도 과태료 대상이 되므로 유의해야 한다. 임대 중인 주택을 주택임대사업자등록을 하고, 등록 후 처음 맺는 묵시적 갱신 임대차계약인 경우에는 표준임대차계약서로 계약서를 작성한 후 임대차계약 변경신고를 해야 한다.

주택임대사업자 등록 이후 체결하는 두 번째 임대차계약부터는 묵시적 갱신 임대차계약인 경우에도 임대차계약 변경신고를 해야 하며, 이때는 표준임대차계약서로 계약서를 작성하지 않아도 되므로 표준임대차계약서 사본을 지자체에 제출하지 않아도 된다.

〉〉 특정 사유 외에는 계약을 해지할 수 없다

주택임대사업자는 임대의무기간 중 특별한 사유 없이는 임대차계약을 해제하거나 재계약을 거절할 수 없다. 위반 시에는 1차 500만 원, 2차 700만 원, 3차 1,000만 원의 과태료가 부과된다. 이때의 특별한 사유란 법령에서 정한 아래 6가지를 말한다.

① 거짓이나 그 밖의 부정한 방법으로 민간임대주택을 임대받은 경우
② 임대사업자의 귀책사유 없이 제34조 1항 각 호의 시점으로부터 3개
　　월 이내에 입주하지 아니한 경우
③ 월 임대료를 3개월 이상 연속하여 연체한 경우

④ 민간임대주택 및 그 부대시설을 임대사업자의 동의를 받지 아니하고 개축·증축 또는 변경하거나 본래의 용도가 아닌 용도로 사용한 경우

⑤ 민간임대주택 및 그 부대시설을 고의로 파손 또는 멸실한 경우

⑥ 법 제47조에 따른 표준임대차계약서상의 의무를 위반한 경우

이 조항 덕분에 임차인은 주택임대사업자의 주택을 임차할 경우 2년마다 임대료나 전세보증금을 5%만 올려주면 해당 의무임대기간 동안 안심하고 살 수 있다.

〉〉 오피스텔은 주거 이외의 용도로 임대가 불가하다

오피스텔을 임대주택으로 등록했다면 임대도 주거용으로만 놓아야 한다. 다른 용도로 임대했다면 1회 위반 시 500만 원, 2회 위반 시 700만 원, 3회 위반 시 1,000만 원의 과태료가 부과된다.

〉〉 변경말소신고를 해야 한다

주택임대사업자의 등록사항 중 변경사항이 발생하거나 양도 등으로 말소사유가 발생하면 사유 발생일로부터 30일 이내에 등록사항변경신고나 말소신고를 해야 한다. 재개발·재건축으로 인해서 임대의무기간이 경과되기 전에 등록주택이 멸실되는 경우에도 멸실 후 30일 이내에 말소신고를 해야 한다. 위반 시 1회 200만 원, 2회 400만 원, 3회 500만 원의 과태료가 부과된다.

〉〉 임대료 상한률 5% 이내를 준수해야 한다

가장 중요한 임대료 상한에 대해 알아보자. 주택임대사업자는 임대료를 5% 이상 올릴 수 없다. 2020년 1월부터 임대료 상한에 '연 5%'에서 '연' 조항을 삭제했다. 그리고 임대차계약 체결 또는 임대료 증액 후 1년 이내 재증액은 할 수 없게 세법이 개정되었다.

임대료를 일시적으로 낮췄더라도 마찬가지다. 예를 들어 임대료가 5억 원이었지만 재계약하며 4억 5,000만 원으로 낮췄다고 하자. 그렇다고 해도 다음 임대차계약 시 인상률은 5억 원의 5%가 아니라 4억 5,000만 원의 5%인 2,250만 원보다 많이 올릴 수 없다.

세제혜택에도 적용되는
임대료 5% 상한 규정

지금까지 알아본 것은 '민간임대주택에 관한 특별법(이하 '민간임대주택법')에 의한 규제 내용이다. 이 규정을 지키지 않으면 과태료를 내긴 하지만 세법과는 별개의 법률이기 때문에 세금에는 크게 영향이 없었다.

하지만 2019년 2월 12일부터 세법시행령이 개정되어 세금에도 큰 변화가 생겼다. 임대료 5% 상한 제한을 지키지 않으면 임대사업자 세제혜택을 받을 수 없게 된 것이다.

5% 상한 제한 기간은 과거에는 임대의무기간까지였지만, 민간임대주택법 개정으로 이제는 양도 시까지 5% 상한 제한 기간을 지켜야 한다. 임대료 5% 상한을 지키지 않을 경우 잃게 되는 주택임대사업자의 세제혜택에는 다음과 같은 것들이 있다.

① 양도소득세 중과배제 및 장기보유특별공제 적용

2018년 4월 1일부터 조정대상지역 내 주택 양도 시 적용되는 중과세율을 적용하지 않고, 장기보유특별공제에서도 배제하지 않는다.

② 조정대상지역 내 2년 거주요건에서 제외

2017년 8월 3일부터 조정대상지역 내에 취득하는 주택의 1주택자 비과세 혜택을 받으려면 종전 2년 이상 보유와 함께 2년 이상 거주를 해야 하지만, 2019년 12월 16일 이전까지 임대등록을 한 경우에는 2년 이상 보유만으로 비과세가 가능하다.

③ 거주주택 양도소득세 비과세

다주택자가 가액요건(수도권 6억 원 이하, 비수도권 3억 원 이하)을 충족한 주택들을 모두 5년 이상 임대등록했다면, 2년 이상 거주한 주택을 양도할 때 임대등록한 다른 주택은 주택 수에 포함하지 않으므로 1주택자와 마찬가지로 생애 한 번만 양도소득세 비과세를 적용받는다.

④ 장기보유특별공제 적용 및 양도소득세액 감면

2020년 말까지 한시적으로 장기일반민간임대주택(준공공임대주택)으로 등록하여 8년 이상 임대 후 양도하면 양도소득에 대해 장기보유특별공제 50%를, 10년 이상 임대 후 양도하면 70%를 적용해 준다.

또한 2018년 말까지 한시적으로 취득한 주택을 3개월 이내에 장기일반민간임대주택으로 등록해서 10년 이상 계속 임대 후 양도한다면 임대기간에 발생한 양도소득세액은 100% 감면된다.

⑤ 종합부동산세 합산배제

2018년 4월 1일부터 가액 6억 원(수도권 외 3억 원) 이하인 주택을 장기일반민간임대주택으로 등록하고 8년 이상 임대하면 종합부동산세 대상에서 제외된다(단, 2018년 9월 14일 이후 1주택 이상 보유자가 조정대상지역에서 추가로 취득하여 등록한 주택은 등록하더라도 종합부동산세 과세대상이다).

⑥ 주택임대소득 분리과세 경비율 우대

2019년부터 2,000만 원 이하의 소규모 주택임대사업자의 임대소득세는 분리과세를 적용받는다. 이때 단기민간임대나 장기일반민간임대로 등록하면 미등록자보다 더 높은 필요경비율(60%)과 더 많은 임대소득공제(400만 원)를 받을 수 있다.

⑦ 임대소득세(법인세) 감면

국민주택규모 이하이면서 가액 6억 원 이하의 요건을 갖춘 주택단기임대는 임대주택을 1호 임대하는 경우 2028년 12월 31일까지 소득세 또는 법인세 산출세액의 30%를 감면해주고, 장기일반민간임대는 75%를 감면해준다. 임대주택을 2호 이상 임대하는 경우에는 2028년 12월 31일까지 단기임대주택은 20%, 장기일반민간임대주택의 경우에는 50%를 감면해 준다.

이 내용은 사실 앞에서 살펴본 주택임대사업자의 세금 혜택을 요약해

놓은 것이다. 핵심은 이 많은 혜택을 받으려면 임대료 5% 상한을 지켜야 한다는 것이다. 해당 기간 중 한 번이라도 임대료를 5% 초과해서 받으면 짧게는 4년, 길게는 10년 이상 임대사업을 하며 세금혜택을 받으려던 계획이 도로 아미타불이 될 수 있다.

여기에 과태료까지 내야 한다. 2019년 10월 24일부터 임대료 5% 상한 규정 위반 시 과태료가 적게는 500만 원에서 많게는 3,000만 원으로 인상되었다.

최초 임대료 규정도 강화되었다. 2019년 10월 23일까지는 기존 세입자가 있는 상태에서 임대주택을 등록할 경우, 이후에 기존 임대차계약 갱신 시 또는 새로운 임대차계약 체결 시에 설정되는 임대료를 최초 임대료로 인정하여 임대료 5% 상한 규정에 제약을 받지 않고 임대인이 임의로 임대료를 정할 수 있었다. 그러나 이제는 임대주택 등록 당시 기존에 임대차계약이 있었다면, 기존의 임대료를 최초 임대료로 보아 임대차계약 갱신 시에 설정되는 임대료부터 바로 5% 상한 규정이 적용된다. 이는 2019년 10월 24일 이후 등록하는 임대주택에만 적용된다.

참고로 임대차계약서를 작성하기 전에는 국토교통부와 LH공사가 운영하는 렌트홈 사이트(www.renthome.go.kr)에서 임대료 인상률 계산기를 이용하여 반드시 금액을 확인한 후 계약을 체결하기 바란다. 렌트홈에서는 임대사업자 등록은 물론 계약신고 및 변경신고, 양도허가신청, 말소신고 등 다양한 기능을 제공하고 있으므로 임대사업을 유지하는 데 큰 도움이 될 것이다. 혜택이 많은 만큼 의무사항도 많은 것이 주택임대사업자이므로 의무규정을 제대로 숙지하는 것이 기본 중의 기본이다.

세금 부담이 증가한
부동산 법인

부동산 투자에 조금이라도 관심을 가졌던 사람이라면, 한 번쯤은 부동산 법인에 대해 들어봤을 것이다. 과거 부동산 법인을 활용한 투자는 세금은 물론 많은 부분에 있어 큰 장점을 가지고 있었기 때문에 투자자들에게 굉장히 매력적인 투자 방식이었다.

그러나 2020년 6·17 부동산 대책과 7·10 부동산 대책이 연이어 발표되면서 기존에 최고의 투자 기술로 각광받았던 부동산 법인은 사실상 사망선고를 받게 되었다. 취득할 때부터 시작해 보유 중에도, 그리고 양도할 때까지 전방위적인 중과세율이 적용되기 때문이다.

그럼 이제부터 새롭게 변화된 부동산 법인의 세제에 대해 알아보도록 하겠다.

법인의 취득세 및 종합부동산세

2020년 8월 12일 취득분부터 법인은 주택 수와 조정·비조정지역에 관계없이 12%의 취득세 중과세율이 적용된다. 다만 시가표준액 1억 원(비수도권 2억 원) 이하의 주택은 중과가 아닌 기본세율을 적용하되 정비구역은 중과된다.

개인은 종합부동산세를 계산할 때 9억 원까지(1주택의 경우 12억 원까지) 기본공제를 받을 수 있다. 그러나 법인은 이러한 기본공제가 폐지되었다. 또한 세율도 최고세율을 적용하여, 법인이 2주택 이하를 소유한 경우에는 2.7%, 3주택 이상 또는 조정대상지역 2주택을 소유한 경우에는 5%의 단일세율이 적용된다. 기본공제도 받지 못하고, 세율도 높기 때문에 개인의 종합부동산세와 비교해보면 큰 차이가 있다.

세부담상한도 폐지됐다. 보유세에는 기준시가 인상 등으로 세부담이 전년보다 급격하게 증가하는 것을 막기 위해 전년대비 일정 비율 이상으로는 세금을 부과하지 않는 세부담상한제도가 있다. 개인의 세부담상한은 150%인데, 법인은 이러한 세부담상한을 폐지했다. 그래서 이론상으로는 전년대비 10배 이상의 종부세를 내야 하는 경우도 발생할 수 있다.

2018년 발표된 9·13 부동산 대책에서는 개인이 2018년 9월 14일 이후 조정대상지역 내 주택을 신규로 취득하면 이것을 임대주택으로 등록해도 종합부동산세가 과세되도록 했다. 법인은 이에 대한 별도의 규제를 하지 않았는데, 2020년 6·17 부동산 대책에 의거하여 법인도 2020년 6월 18일 이후부터는 조정대상지역 내 주택을 8년 장기일반민간임대주택으로 등록하더라도 종합부동산세가 과세된다.

법인의 추가세율 인상

법인이 주택을 거래하는 경우에는 법인세 본세 외에 추가 법인세를 10% 부담하였는데, 2021년 1월 1일 이후 양도분부터는 추가 법인세가 20%로 인상되었다. 또한 2021년 양도분부터는 법인이 보유한 조합원 입주권과 분양권에 대해서도 추가 세율을 적용한다.

법인이라도 일정한 요건을 갖춘 임대주택은 양도 시 추가 법인세를 면제받을 수 있다. 2018년 3월 31일 이전에 등록한 4년 단기민간임대주택이나 매입임대주택으로서 임대개시 당시 기준시가가 수도권 6억 원(비수도권 3억 원) 이하인 8년 장기일반민간임대주택이 그 대상이다. 다만, 2020년 6월 17일 이전에 지방자치단체에 사업자등록을 신청해야 하고 임대 의무 기간과 임대료 연 5% 증액 제한 규정을 모두 지켜야 한다는 조건이 붙는다.

또한 아파트를 제외한 민간건설임대주택을 2호 이상 10년 장기일반민간임대주택 또는 6년 단기민간임대주택으로 등록하고 임대 의무 기간과 임대료 연 5% 증액 제한을 준수하면 추가 법인세를 면제받을 수 있다. 그러나 매입임대주택은 면제되지 않는다.

성실신고대상법인

성실신고대상법인은 부동산 임대업을 주된 사업으로 하거나 이자·배당·임대소득의 합계액이 전체 매출액의 50% 이상이어야 한다. 또한 상시 근로자는 5인 미만이어야 하며 지배주주와 특수관계인의 지분 합계가 50%를 초과하는 소규모 법인이어야 한다. 가족 단위로 설립된 부동산 임대 법인의 대부분이 이 요건을 충족하는 경우가 많다.

성실신고확인대상 내국법인은 법인세 신고 시 세무대리인에게 계산한 과세표준 금액이 적정한지 확인받은 후 작성된 '성실신고확인서'를 제출해야 한다. 각 사업연도 종료일이 속하는 달의 말일부터 4개월 안에 관할 세무서장에게 제출하면 되는데, 만약 기한 내에 제출하지 않는다면 산출세액의 5%가 가산세로 부과된다.

또한 성실신고확인대상 법인은 일반 법인에 비해 비용 인정 범위가 축소된다. 접대비 기본한도는 연 1,800만 원으로 50% 줄어들고(일반 법인은 3,600만 원), 업무용 승용차 감가상각비 한도 역시 50% 적은 연 400만 원(일반 법인은 800만 원)이다. 차량 운행기록부를 작성하지 않았을 때의 업무사용금액 기본한도도 750만 원 수준으로 50% 축소된다(일반 법인은 1,500만 원)다.

이처럼 성실신고확인대상으로 분류되면 각종 비용 처리에 제한이 따르게 된다. 이러한 세무상 불이익 때문에 부동산 임대업을 법인 명의로 하는 것은 실익이 많이 줄었다. 특히 취득세와 종합부동산세의 영향으로 법인 명의로 주택을 투자하는 경우 오히려 손해이기 때문에 거의 활용되지 않는다. 그러나 상가나 빌딩 등과 같은 수익형 부동산은 개인 종합소득세에 비해 법인세가 상대적으로 적기 때문에 수익형 부동산에 한정해서 법인을 이용하는 경향이 있다.

memo

8장

매매사업자 자격 200% 활용하기

부가가치세의
기본 구조를 이해하자

필자는 강의에서 부가가치세(부가세)를 설명할 때마다 이렇게 말한다.

"부가가치세는 '부'자와 '가'난한 사람이 '가치(같이)' 내는 '세'금이다."

농담을 섞긴 했지만 틀린 말은 아니다. 지금까지 언급했던 다른 세금들은 수익이 발생한 경우에만, 그리고 그 수익을 얻은 사람만 내는 직접세였다. 그러나 부가가치세는 재화나 서비스를 구매하는 사람이라면 남자, 여자, 어른, 아이, 부자, 가난한 사람 할 것 없이 누구나 똑같이 10%씩 내야 하는 간접세다.

흔히 VAT(Value Added Tax)로 표시하는 부가가치세는 제품이나 서비스가 생산·유통되는 모든 단계에서 기업이 만들어내는 부가가치에 대해 매기는 세금이다. 모든 제품과 서비스에는 부가가치세가 붙는다.

정부는 부가가치세를 기업에 부과하지만, 기업은 이것을 다시 제품이나 서비스 가격에 붙여서 판매한다. 결국 부가가치세를 내는 것은 일반

소비자들이다. 기업은 소비자가 낸 세금을 잠시 보관했다가 국가에 납부해주는 것이라 볼 수 있다.

부가가치세가 붙는 부동산은 따로 있다

부동산에도 부가가치세가 붙는다. 그러나 토지와 국민주택 범위 내 주택은 부가가치세가 붙지 않는다.

앞부분에서 했던 '주택은 특별하다'는 이야기를 떠올려보자. 주택은 국민들의 거주와 관련이 있고, 정부는 이를 도와야 할 의무가 있기 때문에 다른 부동산에 비해 혜택을 주겠다는 뜻이다. 비슷한 맥락에서 국민주택 범위 이내의 주택에 대해서는 서민들의 주거안정에 도움을 주기 위해 부가가치세를 매기지 않는다.

토지 매매는 부가가치세 대상이 아니다. 토지는 부가가치의 원천이기는 하지만 그 자체만으로 부가가치를 창출하는 것은 아니라고 보기 때문이다. 토지 위에서 어떠한 생산 활동을 했을 때 비로소 부가가치가 발생하므로 토지 자체에는 매매 시 부가가치세를 매기지 않는다.

따라서 부가가치세의 대상이 되는 부동산은 국민주택 범위를 초과하는 중대형 주택, 오피스텔, 사무실, 상가 등 사업용으로 사용되는 부동산, 그중에서도 사업자가 매매하는 것들이다. 만약 상가건물 하나를 통째로 취득한다면 그 건물이 들어서 있는 토지에는 부가가치세가 매겨지지 않지만, 상가건물 부분에는 부가가치세가 매겨진다.

그렇다면 상가주택처럼 한 건물에 사업용 공간과 주거용 공간이 같이 있는 경우는 어떨까? 당신이 4층짜리 건물을 매입하는데 1층부터 3층까지는 사무실과 상가로 쓰고 4층은 주택으로 쓴다고 치자. 각 층의 용도와 공급가액이 다음과 같다고 하면 이 건물을 취득할 때 내야 할 부가가치세는 얼마일까? **(그림30 참조)**

공급가액의 총액은 6억 원이고, 부가가치세는 10%지만 토지와 4층의 주택은 부가가치세 대상이 아니다. 이런 식으로 1~3층의 부가가치세만 계산해보면 4,000만 원이 나온다. 따라서 이 건물을 매입할 때 드는 금액은 6억 원이 아니라 6억 4,000만 원이다.

그림30 용도에 따른 부가가치세 예시

	공급가액	부가가치세	합 계
주택 (국민주택 규모)	1억 원	없음	1억 원
오피스텔	1억 원	1,000만 원	1억 1,000만 원
사무실	1억 원	1,000만 원	1억 1,000만 원
상가	2억 원	2,000만 원	2억 2,000만 원
토지	1억 원	없음	1억 원
건물 총액	6억 원	4,000만 원	6억 4,000만 원

계약서 쓸 때는 부가가치세를 반드시 확인할 것

독자들 중에는 '나는 오피스텔을 매입할 때 부가가치세를 내지 않았는데?'라며 의아해하실 분이 있을지 모른다. 이 경우는 매매대금에 이미 부가가치세가 포함되어 있었다고 볼 수 있다. 상가나 오피스텔 등을 매매할 때 계약서에 부가가치세 또는 VAT에 대한 별도의 언급이 없다면 매매대금에 부가가치세가 포함된 것으로 보고 매도인이 부가가치세를 부담하는 게 원칙이다.

만약 당신이 토지가 포함되지 않은 상가를 1억 원에 매입한다고 하자. 이때 계약서에 'VAT 별도' 또는 그와 비슷한 조항이 들어있다면 당신은 부가가치세 10%를 포함해 1억 1,000만 원을 지급해야 한다. 반면에 그런 조항이 없다면 당신은 1억 원만 지급하면 된다. 이때는 매매대금이 9,091만 원이고 부가가치세가 909만 원인 깃으로 본다.

따라서 부동산을 매입하기 위해 계약서를 작성할 때는 부가가치세에 대한 문구가 있는지 반드시 확인하기 바란다. 혹시 아무런 문구가 없다면 입을 다물고 있는 편이 유리하다. 실제 거래대금이 줄어드는 효과가 있을 뿐 아니라, 만약 사업자등록을 하게 되면 매입세액공제를 받음으로써 매도인에게 지급한 부가가치세 909만 원을 환급받을 수도 있다.

부가가치세는 누가 부담할까

뒤에서 다시 한번 다루겠지만, 부가가치세는 최종소비자가 낸 것을 사업자가 대신 납부해주는 것이다. 이때 최종소비자란 부동산을 최종적으로 소비하는 '개인'을 말한다.

개인끼리의 거래에서는 부가가치세가 발생하지 않지만, 사업자와의 거래에서는 부가가치세가 발생한다. 이때 누가 부담하느냐의 문제가 생길 수 있다. 만약 파는 사람이 사업자이고 사는 사람이 개인이라면, 부가가치세는 개인이 부담한다. 만약 파는 사람과 사는 사람이 모두 사업자라면, 부가가치세는 사는 사람이 부담하되 나중에 매입세액공제를 통해 보전받을 수 있다.

시행사는 오피스텔을 분양할 때, 분양받는 개인들에게 분양대금 납부일로부터 20일 이내에 사업자등록을 하라고 권유한다. 그러면 지금 더 내야 하는 건물가액의 10%를 부가가치세로 환급받을 수 있다고 말이다. 그런데 세상에 공짜는 없다. 세무당국에서는 부가가치세를 환급해 주는 대신 10년간 사업용 임대사업을 유지하라는 조건을 붙인다. 만약 이 조건을 이행하지 않고 본인이 거주하거나 주택용으로 임대하게 되면, 조건을 이

표63 계약 당사자에 따른 부가가치세 발생 여부

매도자	매수자	부가가치세 발생 여부
개인	개인	발생하지 않음
개인	사업자	발생하지 않음
사업자	개인	발생 매수자(개인)가 부담하고, 매도자(사업자)가 대신 납부함 (단, 공급시기가 속한 과세기간이 끝난 후 20일 이내에 사업자 등록을 신청한 경우 환급받을 수 있음)
사업자	사업자	발생 매수자(사업자)가 부담하고, 매도자(사업자)가 대신 납부하되, 추후 매수자가 환급받을 수 있음

행하지 않은 기간 동안 환급받은 부가가치세를 매년 10%씩 계산해서 반환해야 한다.

또한 개인과 개인 간의 거래라 해도 세무당국이 사업자로 간주하는 개인의 경우는 '간주사업자'라고 해서 부가가치세를 내야 할 때가 있다. 이에 대해서는 나중에 다시 한번 다루기로 한다.

미리 내고 나중에 돌려받는
매입세액공제

앞서 설명했듯이 부가가치세를 실제로 내는 것은 재화나 서비스를 구입하는 최종소비자이고, 사업자는 그 중간에서 부가가치세를 잠시 받아두었다가 정부에 전달할 뿐이다. 사업자는 그 대신 판매 시 받은 부가가치세에서 매입할 때 지급한 부가가치세를 공제받을 수 있다. 이것을 매입세액공제라 한다.

살 때 낸 부가가치세를 팔 때 돌려받는다

어렵게 들리지만 사업을 해보았거나 회사에서 관련 업무를 담당해본 독자라면 쉽게 이해할 수 있을 것이다. 외부업체와 거래할 때 주고받는 것이 바로 세금계산서인데, 세금계산서를 발급할 때 계산하는 세금이 바로 부가가치세다.

예를 들어 설명하자면 이렇다.**(그림31 참조)** 우리 가게는 빵을 만들어 파는 동네 빵집이다. 빵을 만들기 위해 밀가루 한 봉지를 밀가루 회사로부터 1,100원을 주고 구입했다고 하자. 하지만 이 밀가루 가격에는 부가가치세가 약 100원 포함되어 있다. 실제 밀가루 가격은 1,000원이지만, 부가가치세 10%에 해당하는 100원이 붙어서 총 가격이 1,100원이 된 것이다.

우리 가게는 이 밀가루로 빵을 만들어 2,200원에 판다. 그러나 마찬가지로 여기에도 부가가치세가 200원 들어있다. 우리 가게가 빵을 하나 팔아서 받는 실제 금액은 2,000원이지만, 부가가치세 10%에 해당하는 200원이 붙어서 2,200원으로 빵값을 매긴 것이다. 이 200원은 나중에 우리 가게가 가지는 게 아니라 부가가치세 신고를 통해 세무당국에 내야 할 돈이다.

그러나 우리 가게는 이미 밀가루 1,100원어치를 살 때 부가가치세 100원을 포함해서 지불했다. 따라서 우리 가게는 소비자로부터 받은 200원에서 밀가루 회사에 지불한 100원을 뺀 나머지 금액만 세무당국에 납부하면 된다. 이것이 바로 매입세액공제다. 매입세액공제는 개인은 받을 수 없고 사업자만 받을 수 있다.

그림31 부가가치세의 전달 과정

이때 우리 가게가 매입세액공제를 받으려면 밀가루를 사면서 부가가치세를 함께 지불했다는 증명서, 즉 세금계산서를 받아두어야 한다. 이 세금계산서가 바로 매입세액공제의 근거자료가 된다. 세무당국은 중간에서 매출액이 누락되는 경우를 방지하기 위해 각 거래 단계마다 세금계산서 발행을 의무화하고, 세금계산서 없이는 매입세액공제를 받을 수 없도록 하고 있다.

개인은 부가가치세를 환급받을 수 없다

부동산을 거래할 때도 마찬가지다. 당신이 분양회사로부터 오피스텔을 분양받았다면 분양대금 중 건물 부분에는 부가가치세 10%가 포함되어 있는 것이다.

매입세액공제는 사업자만 받을 수 있고, 개인은 받을 수 없다. 개인은 부동산의 최종소비자이므로, 부가가치세를 내야 할 당사자이기 때문이다. 비록 당신이 오피스텔을 소비하려고 산 게 아니라 매매하려고 샀다 해도 마찬가지다. 어쩌면 사업자가 받을 수 있는 가장 큰 혜택은 바로 부가가치세 환급이 아닐까 싶다.

10%면 적지 않은 돈인데 이것을 공제받는 방법은 없을까? 현행 「부가가치세법」 제39조 1항 8호에 의하면 공급시기가 속하는 과세기간 종료 후 20일 이내 사업자등록을 신청한 경우에는 부가가치세를 환급받을 수 있도록 되어있다.

예를 들어 잔금을 2022년 3월 1일에 치렀다면 부가가치세 과세기간은

2022년 1월 1일부터 6월 30일까지다. 따라서 이 기간이 종료된 후 20일 이내인 2022년 7월 20일까지 사업자등록을 하면 부가가치세 환급을 신청할 수 있다. 이 기간이 지나면 사업자를 등록해도 부가가치세를 환급받을 수 없다.

그래도 필자는 가급적이면 과세기간이 끝날 때까지 기다리지 말고, 대금을 지급한 후 20일 이내에 사업자등록을 할 것을 권한다. 분양을 받을 때는 대부분 계약금을 10% 내고, 중도금 70%를 네 차례로 나눠서 내고, 마지막으로 잔금 20%를 내게 된다. 그런데 완공을 한 후에 사업자등록을 하면 마지막에 낸 잔금 20%에 대해서만 부가가치세를 환급받을 수 있다. 따라서 계약금과 중도금에 대한 부가가치세를 모두 환급받고자 한다면 계약금을 치르고 20일 이내에 사업자등록을 하는 것이 더 유리하다.

세무낭국은 임대사업자에게 부가가치세를 환급해주는 대신 조건을 달고 있다. 사업용 임대사업(주택임대사업이 아님)을 10년간 성실히 수행해야 한다는 것이다. 10년 이내에 이 오피스텔을 처분하게 되면 환급받은 건물 부분에 대한 부가가치세를 다시 반환해야 한다. 그뿐만 아니라 부가가치세를 환급받은 상태에서 본인이 주거용으로 사용하거나 직접 자신의 사업장으로 사용해도 환급받은 부가가치세를 반환해야 한다.

반환하는 비율은 1과세기간(6개월)마다 5%씩, 1년에 10%씩이다. 만약 3년간 상가임대사업을 하다가 자가사용을 하거나 주거용으로 임대하게 되면 총 10년의 의무기간 중 3년을 뺀 나머지 7년에 해당하는 70%의 부가가치세를 반환해야 한다.

오피스텔에 세입자로 들어갈 경우 종종 주민등록 전입을 하지 말라는 조건을 내거는 임대인들을 종종 보게 된다. 아마 주거용으로 임대를 하다가 적발되면 환급받은 부가가치세를 반환해야 하기 때문일 것이다. 그러나 주민등록상 전입이 아니라도 세무당국이 이러한 편법을 적발하는 수단은 여러 가지가 있다. 따라서 이 책을 읽는 독자들은 편법을 쓰지 말기를 바란다.

양도소득세 피하려다
부가가치세에 당할 수 있다

부가가치세와 관련해서 투자자들이 가끔 저지르는 실수가 있다. 바로 중대형 주택이다.

흔히 주택은 부가가치세 대상이 아니라고 생각하지만, 그것은 국민주택 규모 이하의 소형주택에만 해당되는 이야기다. 국민주택 규모에 해당하려면 주거전용면적이 85㎡ 이하(수도권을 제외한 도시지역이 아닌 읍 또는 면 지역은 100㎡ 이하)여야 한다. 반대로 말하면 85㎡를 초과하는 중대형 주택은 부가가치세 과세 대상이다.

물론 중대형 주택을 매매하더라도 매매 대상자가 사업자가 아니라 개인이라면 부가가치세 납부 대상이 아니다. 그런데 부동산을 많이 사고팔았다면 세무당국은 이 사람을 매매사업자로 간주한다. 세무당국이 매매사업자로 간주한 사람은 그동안 납부하지 않았던 부가가치세를 내야 한다. 그런데 그 부가가치세가 장난이 아니다.

첫째, 부가가치세는 거래 금액 중 건물 부분에 대해 무조건 10%를 추징한다. 양도소득세는 양도차익이 발생할 경우 그 금액 안에서 추징하지만, 부가가치세는 건물 부분 거래 금액 전체에 대해 매겨지기 때문에 납부세액이 월등히 많다.

둘째, 그동안의 부가가치세를 제대로 신고하지 않았다는 이유로 가산세가 추징될 수도 있다. 무신고인 경우는 7년까지 추징이 가능한데, 신고불성실가산세는 납부세액의 20%이고 납부지연가산세는 하루에 0.022%로 1년에 약 8%씩 추가된다(2022년 2월 14일 이전까지는 0.025%). 만약 7년이 지난 시점에서 과세되었다면 가산세만 약 76%가 추가되므로 엄청난 세금폭탄을 맞게 될 수도 있다.

양도소득세 내는 개인 vs 부가가치세 내는 사업자

투자자 K씨가 그런 상황이었다. 그는 40평대 아파트를 5억 원에 매입해서 이른바 단타매매를 하려고 했다. 5억 3,000만 원에 사겠다는 사람이 나타나서 팔고자 했지만, 보유기간이 1년 미만이다 보니 양도소득세 단기세율이 적용되어 세금을 70%나 내야 했다. 3,000만 원을 벌어서 그중에 2,100만 원을 양도소득세로 내야 할 상황이었다.

양도소득세를 아끼고 싶었던 K씨는 절세 차원에서 부동산매매사업자 등록을 했다. 부동산매매사업자는 주택을 하루만 보유하고 있다가 팔아도 단기세율 70%가 아니라, 일반세율 6~45%의 세율을 적용받기 때문이다. 그러나 K씨는 중요한 사실을 몰랐다. 국민주택 규모 이상의 주택은 부가가치세 대상이라는 것을 말이다.

주택을 거래할 때 개인끼리의 거래라면 주택 크기를 고려할 필요도 없고 부가가치세를 낼 필요도 없지만, 사업자는 다르다. 국민주택 규모 이상의 주택을 팔면 반드시 건물 부분 매매대금의 10%를 부가가치세로 납부해야 한다.

문제는 양도소득세가 양도차익, 즉 수익을 기준으로 과세표준을 매기는 것과 달리 부가가치세는 건물 부분의 매매대금 그 자체를 기준으로 삼는다는 점이다. 쉽게 말해 양도소득세는 번 돈에서 적게 내느냐 많이 내느냐의 문제지만, 부가가치세는 얼마를 벌었느냐와 상관없이 무조건 매매대금(매출)의 10%라는 것이다.

앞서 K씨의 사례로 돌아가 보면 매매대금으로 받은 5억 3,000만 원 중에 건물 부분 감정가가 3억 원이라면 부가가치세는 3,000만 원이 된다. 가장 좋은 방법은 매매계약 시 '부가가치세 3,000만 원 별도'라는 조건을 달고 매수자에게 3,000만 원을 추가로 받는 것이다. 하지만 부가가치세를 낼 필요가 없는 개인 매도자의 주택도 즐비한데 굳이 3,000만 원을 추가로 지불하면서까지 사업자의 주택을 매입하려는 사람이 과연 있을까?

결국 부가가치세는 매도인인 K씨가 부담해야 했다. 매매차익으로 번 돈이 3,000만 원인데 그 돈을 몽땅 부가가치세로 내게 된 것이다. 이런 사실을 미리 알았다면 K씨는 매매사업자 등록도 하지 않았을 것이고, 단타매매도 하지 않았을 것이다.

괜히 양도소득세를 피하겠다고 매매사업자를 냈다가는 부가가치세라는 더 무서운 적을 만나게 될 수 있다. 늑대를 피하려다가 호랑이를 만나는 격이다. 국민주택 범위를 초과하는 주택은 부가가치세를 반드시 염두에 두어야 한다.

경매 낙찰가에는 부가가치세가 없다

참고로 경매를 통해 부동산을 낙찰받을 때는 부가가치세가 적용되지 않는다. '부가가치세법 시행령 제18조 제3항'에 따르면 '공매 및 민사집행법에 따른 경매에 따라 재화를 양도하는 것은 재화의 공급으로 보지 아니하는 것으로 부가가치세가 과세되지 아니함'이라고 되어 있다.

제18조 (재화 공급의 범위) ③ 제1항 제4호에도 불구하고 다음 각 호의 어느 하나에 해당하는 것은 재화의 공급으로 보지 아니한다.

1. 「국세징수법」 제66조에 따른 공매(같은 법 제67조에 따른 수의계약에 따라 매각하는 것을 포함한다)에 따라 재화를 인도하거나 양도하는 것
2. 「민사집행법」에 따른 경매(같은 법에 따른 강제경매, 담보권 실행을 위한 경매와 「민법」, 「상법」 등 그 밖의 법률에 따른 경매를 포함한다)에 따라 재화를 인도하거나 양도하는 것

그런데 경매로 낙찰받은 상가나 오피스텔을 일반매매로 팔 경우에는 부가가치세가 똑같이 적용된다. 경매로 낙찰받은 상가를 판다고 하면, 낙찰받았을 때는 부가가치세를 내지 않았겠지만 팔 때는 매매가격 중 건물 부분에 대한 부가가치세를 세무당국에 납부해야 한다. 이 부가가치세

는 매수자로부터 받아야 한다.

국민주택규모를 초과한 아파트를 낙찰받아 부가세 때문에 문제가 된 사례를 하나 소개한다. 지인 한 분이 법인 명의로 100㎡가 넘는 크기의 아파트를 낙찰받았는데, 뒤늦게 건물 부분에 대한 부가가치세를 내야 한다는 사실을 알고 해결방법을 물어왔다.

이 아파트는 국민주택규모를 초과했기 때문에 부가가치세를 납부해야 하므로, 팔 때 매수인으로부터 부가가치세를 따로 받아서 납부해야 한다. 하지만 매수인 입장에서는 다른 매물도 많은데 굳이 부가가치세까지 얹어주면서 매수하려 하지는 않을 것이다. 결국 울며 겨자먹기로 양도인이 대신 부가가치세를 물어야 한다.

이럴 때의 해결책은 최소 4년 이상 임대를 놓았다가 양도하는 것이다. 장기간 주택임대업을 영위하다가 당해 사업에 사용하던 국민주택규모 초과주택을 양도하는 경우에는 부가가치세가 면제된다는 유권해석이 있기 때문이다(부가, 부가가치세과-90, 2010. 1. 22.). 이렇게 알려드렸더니 지인은 비로소 놀란 가슴을 쓸어내렸다.

부동산 투자로 수익을 내기 시작한 이후 주위 분들이 궁금한 점을 물어오고는 한다. 그런데 희한하게도 상당수는 꼭 일을 저지르고 나서 문의를 한다. 거듭 강조하지만 세금은 이미 저지른 후에는 대안이 없다. 등기부등본은 국가장부이기 때문에 마음대로 소급해서 수정할 수도 없다. 잔금을 치르기 전이라면 계약금을 날리거나 배액상환해야 하는 경우가 대부분이다. 다시 한번 강조하지만, 저지르기 전에 반드시 전문가와 상담부터 하기 바란다.

표64 부가가치세 부과 대상

구 분		주택, 주거용 오피스텔		상가, 사업용 오피스텔
임대 시	면적	전용 85㎡ 이하	전용 85㎡ 초과	전체
	건물	면세	면세	과세
	토지	면세	면세	과세
양도 시	면적	전용 85㎡ 이하	전용 85㎡ 초과	전체
	건물	면세	과세	과세
	토지	면세	면세	면세

※ 주택의 부가가치세는 국민주택규모를 초과하는 부분과 상가 부분,
오피스텔 부분 등의 건물 부분에 한해 부과함

무턱대고 사고팔다가
간주매매사업자가 될 수 있다

열정적인 투자자 D씨는 열심히 발품을 팔아 저렴한 주택을 많이 확보했고, 최근 3년간 열 채의 집을 사고팔아서 꽤 괜찮은 수익을 보았다. 월세 몇 푼 받아 봐야 관리하기만 골치 아프다며 조금 적게 벌더라도 당장 현금화가 가능한 단타투자가 최고라는 게 그의 지론이다. 많이 사고 많이 팔았지만 취득세와 양도소득세는 성실히 납부했다.

그런데 D씨는 얼마 전 세무당국으로부터 날벼락 같은 통보를 받았다. 그동안의 부동산 매매 과정에서 누락된 부가가치세는 물론, 밀린 가산세까지 납부하라는 것이다. 부가가치세는 매도한 부동산 중 건물 부분에 대해 10%를 납부해야 한다.

만약 D씨가 국민주택 규모를 초과하는 4억 원짜리 집을 열 채 팔았다면 매매가는 총 40억 원이다. 이 중 건물 부분이 20억 원이라면, 무려 2억 원을 부가가치세로 내야 한다. D씨는 눈앞이 깜깜해질 수밖에 없었다.

부가가치세는 사업자가 내는 것이 아닌가? D씨는 매매사업자 등록을 한 적이 없는데 왜 부가가치세를 내라는 것일까? 세무당국은 D씨처럼 짧은 기간 안에 많은 수의 부동산을 사고 판 사람을 '간주매매사업자'로 본다. 별도의 사업자등록을 하지는 않았지만, 실제로 매매사업을 하고 있다고 보는 것이다.

이처럼 간주매매사업자로 지정되는 게 무서운 이유는 부가가치세 때문이다. 양도차익이 났든 안 났든 무조건 판 금액 중 건물 부분의 10%는 부가가치세로 내야 하는 것이다. D씨는 스스로 매매사업자라고 생각하지 않았으므로 집을 팔 때 부가가치세를 받지 않았는데, 이제 와서 부가가치세를 납부하려면 엄청난 손해를 봐야 할 상황이다. 특히 경매로 취득한 부동산의 경우는 부가가치세가 포함되어 있지 않으므로, 나중에 매입세액공제를 받을 수도 없다.

얼마나 사고팔아야 간주매매사업자가 될까

대체 얼마나 많은 부동산을 사고팔면 간주매매사업자가 되는 것일까? 부가가치세법 시행규칙 제2조 제2항을 보면 1과세기간(6개월) 중 1회 이상 취득하고 2회 이상 판매하는 경우, 즉 1년 6회를 매매하는 경우에는 사실상 계속 반복적인 공급행위로서 부동산 매매업을 영위하는 것으로 본다고 되어 있다. 즉 일 년에 두 번 취득하고 네 번 판매하는 경우는 사실상 매매사업자로 본다고 해석할 수 있다. 그런데 반대 내용의 대법원 판결도 있다.

1) 1과세기간 중에 1회 이상 부동산을 취득하고 2회 이상 부동산을 판매할 때 부동산매매업으로 간주하는 것은 부동산매매업을 판단하는 데 하나의 예시적 기준에 불과하다.(대법97누12785,98.2.10)
2) 부동산매매업에 해당하는지 여부는 그 거래 행위가 수익을 목적으로하고, 그 규모, 횟수, 태양 등에 비추어 사업 활동으로 볼 수 있는 정도의 계속성과 반복성이 있는지 여부 등을 고려하여 사회통념에 비추어 가려져야 할 것이고, 부가가치세법 시행규칙 제1조 제1항은 부동산매매업으로 볼 수 있는 경우를 예시적으로 규정한 것에 불과하다.

판결문이 어려운 법률용어로 되어있으나, 결국은 세무당국의 판단이 많이 작용한다고 보면 된다. 부동산의 취득 및 보유 현황, 양도 규모, 양도 횟수 등을 전체적으로 살펴봤을 때 세무당국이 '이 정도면 단순 거래가 아니라 사업이다'라고 판단하면 간주매매사업자가 된다.

결국 이 사람이 이른바 '꾼'이냐 아니냐를 판단하는 데에는 세무당국의 재량이 많이 개입될 수밖에 없다. 그래도 대략 부가가치세 과세기간 6개월에 1회 취득, 2회 양도를 최소한의 기준으로 볼 수 있으므로, 매매사업자로 간주되는 것을 원치 않는다면 이 기준을 유념하고 아래 기준을 준수해야 한다.

- 부가가치세 과세기간 6개월 기준, 매수가 단 한 번이라도 있으면 매도는 1회만 함(연간으로는 2회 양도).
- 부가가치세 과세기간 6개월 기준, 매수가 없으면 양도는 2회까지 가

능함(연간으로는 4회까지이며 그동안 매수가 한 건이라도 있으면 안 됨).

- 부가가치세 과세기간 6개월 기준, 양도가 없다면 매수는 몇 채든 상
  관없음.

세금은 호랑이보다 무섭다

동서고금을 막론하고 사람들은 세금을 두려워한다. 심지어 공자님도 '가정맹어호(苛政猛於虎)', 즉 가혹한 정치는 호랑이보다 무섭다고 하지 않았던가. 이때의 가혹한 정치란 지나친 세금을 뜻한다.

세금에 대한 공포의 흔적은 전 세계에 남아있다. 영국의 오래된 건물에는 벽돌로 창문을 막아놓은 모양을 자주 볼 수 있는데, 이것은 17세기 윌리엄 3세가 창문 개수대로 세금을 매겼던 '창문세' 때문이었다고 한다. 창문세가 도입되자 세금을 안 내려고 멀쩡한 창문을 모두 막아버린 것이다.

러시아의 표트르 대제는 귀족들에게 선진문물을 받아들이는 데 솔선수범하는 모습을 보이자며 함께 수염을 깎자고 권유했다. 하지만 귀족들은 "하느님이 주신 수염은 죽는 한이 있어도 깎을 수 없습니다"라고 반발했다. 그래서 표트르 대제는 수염을 기르는 대신 수염세를 내도록 했는데, 죽는 한이 있어도 수염을 깎지 않겠다던 귀족들이 모두 수염을 깎았다고 한다.

우리나라에도 세금의 힘을 볼 수 있는 곳이 많다. 맛집이 많기로 유명한 대구 들안길도 그중 하나다. 단층건물이 길 양쪽으로 쭉 늘어서서 손님들로 북적이는 들안길은 90년대까지만 해도 매우 한적한 곳이었다. 그러다가 토지초과이득세가 도입되었다. 토지초과이득세는 유휴토지나 비사업용 토지의 가격이 올랐을 때 그 상승분에 대해 매기는 세금으로, 현재는 사라졌다.

하지만 당시에 이 세금이 도입되자, 들안길 공터의 지주들은 난감해졌다. 때마침 대구 구도심에서 영업하던 식당 주인들은 들안길의 지주에게 임대료 대신 건물을 지을 테니, 일정 기간 식당들이 영업을 할 수 있게 해달라고 제안했다. 그래서 빈 공터에 단층건물이 들어서고 식당들이 영업하기 시작했다. 지주들은 토지초과이득세를 내지 않아서 좋고, 식당 주인들은 교통이 편리한 곳에서 새롭게 영업을 하게 되니 좋았다. 이처럼 세금에 대한 서로의 이익이 맞아 떨어지면서 하나둘 생겨나기 시작한 식당들이 오늘날 대구의 명물거리로 이어지게 되었다.

매매사업자,
잘 사용하면 강점이 된다

부동산 매매사업자가 되는 것이 반드시 나쁜 것만은 아니다. 매매사업자로 등록하는 것 역시 나름의 장점이 있다.

첫째, 매입 후 하루 만에 팔아도 양도소득세 중과세가 적용되지 않는다. 예를 들어 일반인이 상가를 매입한 지 1년 이내에 매도했다면 50%의 양도소득세를 내야 하겠지만, 매매사업자는 기본세율(6%~45%)이 적용된 사업소득세를 낸다. 다만 분양권·비사업용 토지·미등기 자산 및 조정대상지역 내 중과가 적용되는 2주택 이상은 단기 양도세율과 중과세율이 적용되니 주의해야 한다.

둘째, 본인이 거주하는 주택에 대해서는 비과세 혜택을 받을 수 있다. 이 혜택을 받으려면 사업을 개시할 때 매매를 목적으로 취득한 부동산은 회계장부상 반드시 재고자산으로 기록해두어야 한다. 또한 해당 과세 기간 내에 실제 매도가 이루어지지 않아 수입이 발생하지 않았더라도, 복식부기 원칙에 따라 장부를 작성하고 종합소득세를 신고해야 한다.

셋째, 사업자이기 때문에 공제받을 수 있는 필요경비의 범위가 넓어진다. 개인과 달리 대출금 이자, 도배 및 장판 교체 비용, 사무실 운영비, 차량유지비, 교통비 등도 소득세 신고 시 필요경비에 포함할 수 있다.

넷째, 사업자이므로 결손금을 15년간 이월해서 다른 종합소득과 합산할 수 있다. 만약 다른 사업소득이나 근로소득이 높아서 소득세를 많이 내야 하는 상황인데, 상업용 임대에서 손해를 봤다면 이익과 손해를 서로 상계함으로써 세금을 줄일 수 있다.

다섯째, 사업자 신분이므로 개인 신분일 때보다 대출을 받기가 다소 수월하다.

부가가치세를 부담해야 한다는 것은 단점이지만, 국민주택 범위 이하의 소형주택은 부가가치세를 내지 않는다. 매매사업자라면 이 점을 활용하는 것도 좋은 전략일 수 있다.

종합소득세를 산정할 때 매매를 통해 벌어들인 수익이 합산된다는 점은 단점일 수 있다. 매매사업자의 소득은 양도소득이 아니라 사업소득에 해당되기 때문에 분리과세가 아니라 합산과세된다. 이렇게 되면 전체 소득이 늘어나므로 누진세율이 적용되는 소득세에서는 불리하다. 또한 사업자 신분이 되면 4대 보험료가 높아질 수 있다.

특히 조세특례제한법에 의한 양도세 감면주택을 가지고 있는 경우 매매사업자가 되면 기존에 가지고 있던 감면 혜택이 박탈된다는 것에 유념해야 한다. 이 경우 세무당국에서는 매도 시 양도차익을 양도소득으로 보지 않고 사업소득으로 보기 때문이다.

예를 들어 2013년 4·1 부동산 대책으로 인해 양도소득세가 100% 감면되는 주택을 가진 투자자들의 경우 매매사업자가 되면 100% 감면 혜택을 받을 수 없게 된다.

사업자 등록 전에 내 상황을 꼼꼼히 따지자

최근 몇 년간 부동산 시장에는 이른바 '갭(gap)투자'가 유행했다. 전세가가 매매가를 바짝 추격하는 상황을 이용해서, 전세를 끼고 집을 매입함으로써 적은 실투자금으로 보유주택 수를 늘리는 전략이다. 그 열풍을 틈타 서울 및 수도권의 중대형 아파트를 적게는 몇 채, 많게는 열 몇 채를 매입했다는 분들을 종종 만난다.

부지런히 투자하는 것을 뭐라 할 수는 없지만 가끔 걱정될 때도 있다. 세무당국이 간주매매사업자로 판단하면 어쩌나 싶어서다. 국민주택 범위 내 주택은 비과세 대상이므로 상관없지만, 중대형 주택을 많이 매입한 사람들은 문제가 된다.

처음 몇 년간은 세무당국도 가만히 지켜보고 있을지 모른다. 그러다가 몇 년이 지난 후 갑자기 '아무래도 귀하를 사업자로 봐야 할 것 같다, 건물 부분에 대해 부가가치세를 내라' 하고 통보해 올 수도 있다. 그리고 그동안 부가가치세를 제때 납부하지 않았다며 가산세를 부과할지도 모른다. 만약 지난 5년간 매도한 중대형 주택의 건물 부분에 대해 부가가치세를 내라는 통보가 날아온다면 이들은 과연 괜찮을까?

직장에 다니면서 매매사업자 등록을 고려하는 분들을 종종 만나게 된다. 필자의 경험상 상당수의 회사가 이것을 사규로 허용하지 않는 것으로 알고 있다. 임대사업자 등록의 경우는 상대적으로 너그러운 편이지만, 이 역시 미리 사규를 체크해 보는 게 좋겠다.

게다가 고액연봉자라면 매매사업자 등록이 별로 도움이 되지 않을 것이다. 일반인이 얻는 양도차익은 양도소득세로 분류과세되지만, 사업자가 얻는 양도차익은 사업소득으로서 종합소득에 합산된다. 이 소득이 당신의 연봉과 합산될 경우 종합소득세율은 오르면 올랐지 내려갈 일은 거의 없을 것이다.

오히려 단기매매를 할 때 별다른 이득은 없으면서 중대형 주택 건물 부분에 대한 부가가치세만 내게 될 수도 있다. 따라서 만약 근로소득이 많은 사람과 적은 사람이 똑같이 매매사업자를 낸다면 아무래도 적은 사람이 상대적으로 유리할 수밖에 없다.

취득세를 계산할 때 부동산 매매업자가 판매를 목적으로 취득했더라도 해당 주택을 포함해 계산한다. 따라서 이미 주택을 보유한 다주택자가 매매용 주택을 추가로 취득한다면 「지방세법」에 따라 높은 취득세 중과세율이 그대로 적용될 수 있다. 게다가 해당 주택을 양도할 때 해당 지역이 조정대상지역이고, 본인이 다주택자라면 「소득세법」상 다주택자 양도소득세 중과 규정에서도 자유로울 수 없다.

실무에서는 이런 취득세 중과를 피하기 위해 공시가격이 낮은 지방 저가 주택을 노리거나, 경매를 통해 주택을 확보하는 전략을 쓰기도 한다, 하지만 예상과 달리 해당 물건이 장기간 처분되지 않으면 투입된 자금이 묶여 유동성이 악화되고 자금 흐름이 막히는 문제가 발생한다. 이처럼 부동산 매매업은 겉으로 보이는 세율 구조나 예상 수익률만 보고 접근하기에는 고려해야 할 변수가 많다. 그러니 사업자를 내기 전에는 반드시 개인의 상황을 꼼꼼히 따져봐야 한다. 미리 전문가의 조언을 청하는 것도 좋다.

부가가치세와
정권의 상관관계

"경제는 자네가 대통령이야!"

전두환 전 대통령이 이렇게 말했다는 일화로 유명한 김재익 경제수석은 80년대 말 우리나라 최고의 호황기를 주도한 인물로 유명하다. 그러나 정작 본인은 그 성과를 눈으로 보지 못한 채 1983년 아웅산 묘소 테러 사건으로 순직한 비운의 경제학자이기도 하다.

그의 대표적인 성과 중 하나가 바로 경제기획원 기획국장으로 재직할 당시 부가가치세 도입을 주도한 일이다. 우리나라는 1977년부터 부가가치세 제도를 시행했는데 이는 일본보다 무려 12년이나 빠른 것이다. 당시 박정희 정권은 건설 등 대규모 공사를 통해 경제를 부흥시키려 했지만 그러기에는 세수가 턱없이 모자랐다. 이를 획기적으로 해결한 것이 바로 부가가치세였다. 그러나 박정희 정권은 부가가치세 도입 후 치른 국회의원 선거에서 야당인 신민당에 패배하게 된다.

부가가치세는 정권지지율을 떨어지게 한다

일본은 부가가치세를 '매상세'라는 이름으로 매기는데, 1989년 3%를 시작으로 점차 10%까지 올랐다. 그 과정에서 부가가치세를 올린 정권은 예외 없이 다음 선거에서 패배했다. 캐나다 멀로니 총재가 부가가치세를 도입한 후 그가 이끄는 보수당의 의석이 169석에서 단 2석으로 줄었다는 이야기는 유명하다.

동서고금을 막론하고 세금 내는 걸 좋아할 국민은 없지만, 그중에서도 부가가치세에 대한 저항은 특히 심했다. 그 이유는 부가가치세가 대표적인 간접세, 즉 남녀노소 구분 없이 누구나 내는 세금이기 때문이다.

오늘날 빈부격차가 점점 벌어지면서 간접세에 대한 비판도 거세지는 추세다. 그렇지만 정치적 부담을 감수하더라도 나라의 장래를 위한 재정 확충을 위해 부가가치세 제도를 도입한 점에 대해서는 높이 평가해야 한다고 본다. 세금 문제는 이처럼 항상 딜레마를 만들곤 한다.

memo

9장

가족의 미래를 위해
챙겨야 할
증여세 & 상속세

증여세와 상속세,
비슷한 듯 다르다

　신문 지면을 장식하는 안 좋은 뉴스 중 하나가 재벌들의 재산 편법증여 소식이다. 다양한 방법을 동원해서 세금을 내지 않거나 아주 적은 금액만 내고 어마어마한 재산을 물려받았다는 소식은 이제 새롭지도 않다. 국민의 공분을 살 만한 일이지만, 한편으로는 대체 얼마나 세금이 무섭기에 그렇게 기를 쓰고 세금을 피하나 싶기도 하다.

　증여세 또는 상속세의 세율은 최소 10%에서 최고 50%까지로 상당히 높다. 우리나라의 세금 체계는 노동 없이 얻은 소득, 이른바 불로소득에 대해 세율을 높게 매기는 경향이 있기 때문이다. 증여 또는 상속되는 재산의 과세표준이 30억 원을 넘으면 최고 세율인 50%가 적용된다. 재벌기업들의 재산 규모를 생각하면 몇천억 원, 몇조 원의 재산을 상속세나 증여세로 내놓아야 할 수도 있다.

　다행히(?) 재벌이 아닌 우리는 그 정도를 걱정할 필요는 없을 듯하다.

그래도 어느 정도 자산이 커지면 내 가족에게 나눠줄 재산에 대해 고민해야 할 시기가 올 것이므로 미리 준비하는 것도 나쁘지 않다. 뿐만 아니라 증여세는 명의를 분산해서 절세를 하고자 할 때 반드시 고려해야 할 사항이기도 하다.

증여세 · 상속세의 과세표준과 세율

증여세와 상속세는 내가 아닌 다른 이에게 내 재산이 무상으로 넘어갈 때 매겨지는 세금이라는 점에서 비슷한 점이 많다. 실제로 증여세와 상속세는 세율 구조가 같다. 구체적인 과세표준과 세율은 제시된 표를 참고하자.

표65 증여세와 상속세의 과세표준 및 세율

과세표준	세율	누진공제액	계산방법
1억 원 이하	10%	0원	과세표준 × 10%
1억 원 초과 5억 원 이하	20%	1,000만 원	과세표준 × 20% − 1,000만 원
5억 원 초과 10억 원 이하	30%	6,000만 원	과세표준 × 30% − 6,000만 원
10억 원 초과 30억 원 이하	40%	1억 6,000만 원	과세표준 × 40% − 1억 6,000만 원
30억 원 초과	50%	4억 6,000만 원	과세표준 × 50% − 4억 6,000만 원

증여세와 상속세의 과세표준은 넘겨주는 재산 금액에서 각종 공제를 뺀 금액이다. 각각의 공제액은 뒤에서 자세히 알아보도록 하자.

증여세와 상속세의 가장 큰 차이라면, 증여세는 재산이 무상으로 이전될 때 수시로 발생하지만, 상속세는 재산을 넘겨주는 사람이 사망한 경우에만 발생한다는 점이다. 증여는 당사자들의 의지가 많이 반영되지만, 상속은 상대적으로 당사자들의 의지와 상관없이 이뤄질 수 있다는 것이다. 그래서 상속은 증여에 비해 받는 사람의 입장을 상대적으로 많이 고려하고, 그만큼 공제해주는 금액도 더 많다.

증여의 대상이 누구냐, 언제 증여할 것이냐에 따라 세금이 많이 달라질 수 있다. 이제부터 그 차이를 자세히 알아보도록 하자.

증여세 절세의 핵심은
증여공제액

증여세는 재산을 무상으로 이전할 경우에 부과되는 세금이다. 앞서 설명했듯이 증여세는 과세표준에 따라 최소 세율 10%에서 최고 세율 50%까지 누진세율을 적용한다. 이때 과세표준이란 증여재산에서 증여재산공제액을 뺀 금액을 말한다. 따라서 얼마나 공제받느냐에 따라 과세표준이 달라지고, 그에 따라 내야 할 증여세도 달라진다.

증여공제액은 가족 중 누구에게 증여하느냐에 따라 정해진다. 전혀 남남인 사람에게 증여할 경우는 공제가 이뤄지지 않지만, 가족에게 증여하는 경우에는 일정 금액에 대해 증여세를 면제해준다. 증여자에 따른 증여공제액은 표와 같다. 이때 주의할 점은 한 번에 증여하는 금액이 아니라, 10년 동안 증여한 금액을 모두 합친 것이라는 점이다. 증여공제 금액과 적용대상은 2016년부터 다소 확대되었다.

표66 대상에 따른 증여공제액

증여 대상	증여공제액 (10년간 합산)
배우자	6억 원
직계존속 (양가 부모, 양가 조부모 등)	5,000만 원
직계비속 (자녀, 양가 손주 등)	5,000만 원 (미성년자는 2,000만 원)
기타친족 (4촌 이내의 혈족, 3촌 이내의 인척)	1,000만 원

배우자 증여공제액은 무려 6억 원

주목할 것은 배우자에 대한 공제액이 무려 6억 원으로 상당히 크다는 점이다. 과거에는 대부분의 재산이 남편에게 귀속되었고 전업주부인 아내는 재산을 소유하는 경우가 적었다. 그러나 요즘에는 재산을 형성하는 데에 아내도 공로가 크다고 인정하는 추세이므로, 남편이 아내에게 재산을 넘겨주는 것에 대해 관대한 잣대를 적용하는 것이다. 이를 활용하면 부부가 함께 투자를 하는 것이 얼마나 유리한지 알 수 있다.

그림32를 보자. P씨는 2022년 1월에 1억 원을 주고 토지를 샀다. 2년이 지난 2024년 2월, 이 토지의 시세는 6억 원을 호가한다. 만약 P씨가 이 토지를 지금 팔면 얼마의 세금을 내야 할까?

살 때 금액이 1억 원이었으니 시세차익은 5억 원이다. 비사업용 토지의 양도소득세율은 50%(40%+10%p)이므로 양도소득세만 2억 2,406만 원을 내야 하는 상황이다. 장기보유특별공제라는 것이 있지만, 때마침 이 토지는 보유기간이 3년 미만이라서 아직 장기보유특별공제의 대상이 되지 않는다.

그런데 만약 P씨가 이 토지를 부인에게 증여한다면? 지난 10년간 P씨가 부인에게 다른 재산을 증여하지 않았다는 전제하에 6억 원까지는 증여공제를 인정받을 수 있다. 따라서 6억 원의 땅값에 대한 증여세를 전혀 낼 필요가 없다. 다만 부인은 남편으로부터 이 땅을 취득했으므로, 취득세 4%에 해당하는 2,400만 원은 내야 한다.

그런데 P씨의 부인이 증여받은 지 10년 이내에 이 토지를 판다면 '배우자 등 이월과세'를 생각해야 한다. 배우자 등 이월과세란 배우자 또는 직

그림32 배우자 증여공제와 배우자 이월과세 예시

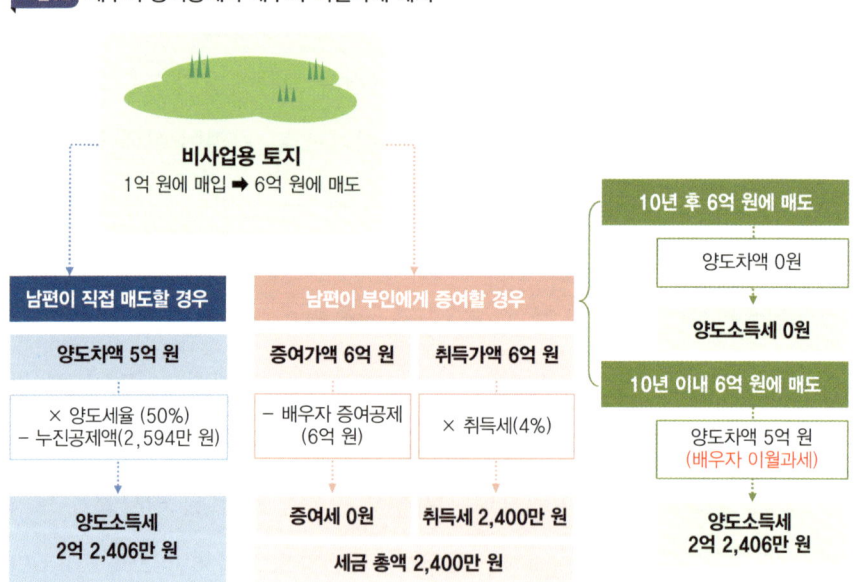

계존비속으로부터 증여받은 부동산 등을 증여받은 날로부터 10년(2023년 증여분부터 적용, 2022년까지 증여분은 5년 이내 적용) 이내에 매도하면, 양도소득세를 매길 때 취득가액을 증여받은 금액이 아니라 증여한 사람이 당초에 취득한 금액으로 보는 것이다. 편법증여를 통해 양도소득세를 내지 않으려는 사람들을 막기 위한 조치다.

자세히 설명하면 이렇다. P씨의 부인이 이 토지를 증여받을 당시의 가격은 6억 원이므로, 이것을 다시 6억 원에 판다면 양도차액이 발생하지 않는다. 당연히 양도소득세는 0원이어야 한다.

그런데 P씨로부터 이 땅을 넘겨받은 지 10년이 되지 않았을 때 팔면 세무당국은 이 토지의 취득가액을 6억 원이 아니라, P씨가 애초 구입한 가격인 1억 원으로 보는 것이다. 이 경우 양도차액은 5억 원이 되며 비사업용 토지이므로 양도소득세율은 50%(40%+10%p)를 적용받게 된다.

부부 공동명의가 세금을 줄여준다

부부 공동명의로 부동산 투자를 하면 다양한 장점이 있다. 일단 재산을 지키는 데 유리하다. 부부 공동으로 등기가 되면 한쪽이 마음대로 부동산을 처분하기 어려울 뿐 아니라, 다른 배우자 몰래 금융기관에 돈을 빌리거나 담보를 제공하려고 해도 배우자의 동의 없이는 어렵다. 친구의 부탁으로 배우자 몰래 보증을 서주는 것도 부부 공동명의라면 불가능하다.

설령 부동산이 경매에 넘어가더라도 부부 공동명의로 되어있으면 소유권 방어에 유리하다. 만약 남편의 사업이 어려워져서 경매가 진행되더라도 경매에는 남편의 지분만큼만 넘어가고, 부인의 지분은 계속 남아있다. 그뿐만 아니라 이럴 때 부인은 공동소유자로서 입찰 시 '우선매수권'을 행사할 수 있다. 우선매수권이란 공유지분을 매각할 때 새로운 사람보다는 기존의 공유자에게 우선적으로 매수할 기회를 주는 것을 말한다.

또한 부부 공동명의일 경우에는 자금출처를 입증하기가 상대적으로 쉽다. 배우자에게 재산을 증여할 때에는 10년간 6억 원까지 증여세를 과세하지 않는다. 배우자가 특별한 소득이 없더라도 일단 배우자 앞으로 6억 원까지 부동산을 취득해 놓으면, 그 후에 추가로 부동산을 취득하는 경우 자금출처를 인정받기가 유리해진다. 종전에 구입한 부동산을 매각해서 발생한 양도대금으로 새로운 부동산을 취득한 것으로 볼 수 있기 때문이다.

가장 큰 장점은 역시 세금을 줄일 수 있다는 것이다. 부부 공동명의일 경우에 절약할 수 있는 세금은 다음과 같은 것들이 있다.

양도소득세

양도소득세는 과세표준의 크기에 따라 6%에서 45%까지 비율이 달라지는 누진세율 구조이기 때문에 양도차익이 많을수록 세금도 많이 내게 된다. 그런데 양도소득세를 포함한 소득세는 개인별로 과세하기 때문에, 주택의 명의가 부부 공동일 경우에는 양도차익이 둘로 나누어져서 세율구간이 낮아지는 효과가 있다.

1억 원의 양도차익이 났다고 가정해 보자. 편의상 공제할 비용이 없다고 할 때, 단독명의일 경우 1억 원에 대한 양도소득세는 1,956만 원이다(양도차익 1억 원 × 양도세율 35% – 누진공제액 1,544만 원 = 1,956만 원).

반면 부부 공동명의일 경우에는 양도차익이 각각 5,000만 원씩으로 쪼개진다. 이 경우 한 사람의 양도소득세는 624만 원이다(양도차익 5,000만 원 × 양도세율 24% – 누진공제액 576만 원 = 624만 원). 부부가 각각 624만 원이므로, 두 사람을 합하면 1,248만 원이 되지만 그래도 단독명의일 때보다 양도소득세가 708만 원이 절약된다.

여기에 1년 단위로 적용받을 수 있는 1인당 기본공제 250만 원도 공동명의일 경우에는 남편과 부인이 각각 250만 원씩 총 500만 원을 받을 수 있다.

임대소득세

전세와 월세 소득에 대한 임대소득세 역시 누진세율이 적용되므로 공동명의일 때 절세 효과가 생긴다. 예를 들어 연봉 1억 원을 받는 직장인 남편의 임대소득이 연간 4,000만 원일 경우 임대소득세율은 무려 35%에 달한다. 그런데 공동명의일 경우에는 임대소득도 둘로 쪼개지므로, 한 사람당 임대수입은 2,000만 원이다. 2018년까지는 임대소득이 연간 2,000만 원 이하일 경우 비과세이고,

2019년부터는 분리과세가 되므로 세금을 대폭 절약할 수 있다.

종합부동산세

보유하고 있는 부동산의 기준시가 총합이 9억 원, 1세대 1주택일 때는 12억 원을 초과하는 경우에 종합부동산세가 과세된다. 1세대 1주택이며 부부 공동명의라면 18억 원까지 과세되지 않는다.

기존에는 고령자세액공제와 장기보유자세액공제 혜택을 받으려면 세대원 중 1명이 단독으로 소유하고 해당 주택에 거주해야 했다, 그러나 2021년 세법이 개정되면서 매년 9월 16일부터 9월 30일까지 공동명의 1주택자 신청서를 제출한 경우, 부부가 공동으로 소유하더라도 고령자세액공제와 장기보유자세액공제 혜택을 받을 수 있게 됐다.

기준시가 합계액이 20억 원인 주택 2채를 단독으로 가지고 있는 것보다 부부 공동으로 가지고 있는 것이 종합부동산세를 절세할 수 있다. 이 경우 단독으로 소유하고 있으면 과세표준이 6억 6,000만 원[(20억 원-9억 원)×60%]이라 세율 1.0%가 적용되지만, 2채를 부부 공동명의로 소유하면 과세표준은 각각 6,000만 원[(20억 원/2-9억 원)×60%]으로 낮아지면서 0.5%가 적용된다. 적용되는 세율구간이 낮아지면서 그만큼 세 부담이 줄어드는 것이다.

상속세

상속세 역시 상속금액에 따라 10%에서 최고 50%까지 누진세율 구조로 적용된다. 따라서 부부 중 한 사람이 모두 소유한 채로 사망하는 경우보다는 부부간에 미리 재산을 분산해 놓았을 때 상속세가 줄어든다.

즉 부부 공동명의라면 부부가 함께 사망하지 않는 이상 상속금액이 절반으로 줄어들기 때문에 상속세도 절반 이상으로 줄어들거나, 전혀 부담하지 않아도 되는 효과가 있다.

참고로 취득세의 경우는 누진세율이 아닌 단일세율을 적용하기 때문에 공동명의를 적용해도 차이가 없고, 재산세는 개인이 아닌 주택별로 과세하기 때문에 역시 큰 차이가 없다.

부부 공동명의가 장점만 있는 것은 아니다. 이번에는 단점에 대해 알아보자.

첫째, 건강보험료가 늘어날 수 있다. 주택임대소득은 2018년까지는 2,000만 원까지 비과세이므로 문제가 되지 않는다. 그러나 상가 또는 수익형 부동산을 전업주부인 아내와 공동명의로 취득하면 아내에게 임대소득이 생기게 된다. 이전에는 남편의 직장보험 피부양자로 등록되어 건강보험료를 내지 않아도 되었다면, 이제부터는 피보험자 자격이 상실되고 지역가입자로 전환되어 건강보험료를 부담하게 될 수 있다.

둘째, 자금출처조사가 이뤄지거나 증여세가 부과될 수 있다. 증여세를 회피하기 위한 것으로 의심받는다면 자금출처를 소명해야 한다. 다만 배우자에게는 10년 동안 6억 원까지 증여해도 증여세를 내지 않으므로 이를 활용하면 좋다.

만약 12억 원을 배우자에게 증여세 없이 증여하려면 얼마의 기간이 필요할까? 정답은 10년 하고도 하루이다. 10년간 6억 원까지 공제를 받으므로, 10년에서 하루가 더 지나면 다시 6억 원을 증여할 수 있는 것이다.

증여와 빌려주는 것,
어떻게 구분할까

성인 자녀에게 재산을 증여할 때는 증여공제액이 10년 동안 5,000만 원까지다. 만약 2억 원을 증여한다면 그중 5,000민 원은 세금을 내지 않고 나머지 1억 5,000만 원에 대해서만 세금을 낸다는 뜻이다.

그런데 만약 자녀에게 증여하는 것이 아니라 빌려주는 것이라면? 이때도 세무당국은 일단 증여로 간주한다. 우리나라의 사회 통념상 부모가 자녀에게 거액을 빌려주는 경우는 거의 없고, 대체로 그냥 주고받는 것이 일반적이라고 보기 때문이다.

부모와 자녀 간 자금 거래는 과세당국에서 원칙적으로 증여로 간주하지만, 납세자가 객관적인 자료를 제시하면 예외적으로 가족 간 금전대여를 인정해주기도 한다. 객관적인 자료란 다음과 같은 것을 말한다.

첫째, 부모와 자녀 간 차용금 증서를 완벽하게 작성해야 한다. 특히 차용금 증서가 사후에 작성된 것이 아님을 입증하려면 공증을 하거나, 해당 내용을 담은 내용증명을 당사자에게 보내거나, 차용금 증서 작성 시의 인감증명서를 첨부하여야 한다. 이때는 상환기일도 구체적으로 기재하여야 한다. 예를 들면 '과천 A아파트 분양권 구매자금으로 차용하며, 아파트 완공 후 2년 내 일시상환 한다' 또는 '매월 원리금으로 50만 원씩을 상환하여 5년 만기 시 나머지 원금을 일시상환 한다'라는 식이다.

둘째, 이자를 지급해야 한다. 이자는 매월 지급하는 것이 좋다. 3개월 단위, 1년 단위도 가능하나 매월 지급하는 것을 추천한다. 원리금 상환이라면 더 좋다. 이자를 수령할 때는 지방소득세를 포함한 27.5%를 원천징수하여 매년 5월 종합소득세 신고를 해야 한다.

셋째, 실제로 돈이 오고 간 금융거래 내역이 있어야 한다. 이는 부모가 빌려줄 때와 자녀가 다시 돌려줄 때 모두 마찬가지다.

넷째, 빌려주는 부모의 자금원이 분명해야 한다.

다섯째, 빌려준 자금을 상환할 때는 자녀도 자금원이 분명해야 한다.

그런데 어떤 사람이 이런 꼼수를 부렸다고 하자. 자녀에게 5억 원을 빌려준다는 차용증을 쓰긴 썼지만, 이자는 월 0.1%만 받기로 하는 것이다. 5억 원의 0.1%은 월 50만 원, 연 600만 원 정도다. 그리고 자녀는 실제로 매달 10만 원을 부모의 통장으로 입금했다. 그렇다면 이 경우에는 앞서 제시한 조건을 모두 충족했으니 증여가 아니라고 인정받을 수 있을까?

결론을 말하자면 인정받지 못한다. 상속세 및 증여세법 제41조의 4에 따르면 "타인으로부터 금전을 무상으로 또는 적정 이자율보다 낮은 이자율로 대출받은 경우에는 그 금전을 대출받은 날에 다음 각 호의 구분에 따른 금액을 그 금전을 대출받은 자의 증여재산가액으로 한다"고 명시하고 있다. 쉽게 말해서 적정한 이자와 실제 지급한 낮은 이자의 차액에 대해서는 증여라고 보는 것이다.

그렇다면 적정한 이자율은 얼마일까? 같은 법 시행령 제31조의 4에 따르면 "적정 이자율이란 당좌대출이자율을 고려하여 기획재정부령으로 정하는 이자율을 말한다"고 되어 있다. 그리고 '기획재정부령으로 정하는 이자율'이란 법인세법 시행규칙 제43조의 2항에 의거하여 연간 1,000분의 46, 즉 4.6%다.

이래저래 어려운 말이 등장했지만 핵심은 이것이다. 개인 간의 금융거래에서는 이자가 최소 연 4.6% 이상이어야 증여가 아니라 빌려준 것으로 보며, 부모와 자식 사이도 마찬가지라는 점이다. 그나마 2015년까지는 6.9%였던 것이 2016년부터 바뀌었다.

그렇다면 내가 자녀에게 매달 용돈으로 주는 10만 원은 증여세를 내지 않아도 될까? 이에 대해서 세법상 명확한 해석이 내려져 있는 것은 아니고, 다만 '사회통념상 인정되는 금액'으로만 규정하고 있을 뿐이다. 하지만 너무 걱정하지 않아도 될 것 같다. 부모가 자녀들에게 주는 일이십만 원의 용돈 때문에 세금 문제가 생겼다는 사례는 들어본 적이 없다. 만약 용돈으로 부동산을 취득할 수 있을 정도라면 '사회통념상 인정되는 금액'은 분명 아닐 것이다. 다만 용돈 형식으로 부모가 자녀 명의로 적립식예금에 가입하는 경우에는 증여세가 과세된다.

만일 용돈을 모아서 부동산을 취득할 수 있을 정도의 자금을 모았다면 1회 수령한 용돈의 액수, 자금의 형성 기간, 통장에 입금된 내용 등을 종합적으로 판단해서 자금출처를 밝혀야 한다. 하지만 사실상 용돈을 모아서 마련했다는 것을 자금출처로 인정받기는 쉽지 않을 것이다.

자녀의 전세금을 대신 내주는 것은 위험하다

자녀의 전세금을 부모가 내주는 경우가 종종 있는데, 이것은 주의해야 한다. 살고 있는 사람이 자녀인데 그 전세금은 부모로부터 나왔다면 그 돈에 대해 증여세를 내야 한다. 그 전세금을 나중에 다시 부모에게 돌려준다고 해도 마찬가지다. 자녀는 부모에게 전세금을 빌린 것이기 때문에 그 대가로 이자를 내야 하는데, 전세를 사는 동안 이자를 내지 않았다면 역시 증여로 간주한다. 아래 기사를 보자.

앞으로는 10억 원 이하의 전세자금도 국세청 세무조사를 받게 된다. 국세청은 그동안 전세자금이 10억 원을 넘는 경우에만 불법 증여 가능성 확인을 위해 자금출처조사를 했지만, 앞으로 10억 원 이하 전세 자금도 세무조사 대상에 포함시키기로 했다고 밝혔다. 또, 그동안 서울 강남과 경기 분당 지역의 고액 전세 거주자를 대상으로 했던 세무조사를 부산과 대구 등 최근 전세가격이 급등한 지역까지 확대하기로 했다.　　　　　　　　「데일리연합뉴스」 2015년 9월 10일자, 김준호 기자

이 건과 관련된 사례를 하나 소개하겠다. 사업가인 L씨는 2017년 결혼한 아들에게 20억 원 상당의 전세를 얻어 주었는데, 이것이 위 사례에 해당되면서 뒤늦게 2022년에 자금출처조사를 받게 됐다.

만약 L씨가 아들에게 20억 원을 그냥 준 것이 아니라 빌려준 것이고, 그 대가로 정당한 이자를 받았다는 것을 소명했다면 문제가 없었을 것이다. 하지만 L씨 부자는 그러지 못했다. 결국 L씨의 아들은 20억 원짜리 전세를 5년간 이용하면서 얻은 실제 이익에 대해 뒤늦게 세금을 내야 했다.

이때 아들이 얻은 이익은 약 4억 6,000만 원으로 추산됐다(원금 20억 원 × 고시이율 연 4.6% × 5년). 아버지에게 받은 이익인 4억 6,000만 원이 아들에게 증여된 것으로 세무당국은 판단한 것이다.

이 중 자녀에 대한 증여세 공제액인 5,000만 원을 뺀 4억 1,000만 원이 과세표준으로 정해졌다. 여기에 세율 20%를 적용해서 L씨의 아들이 내야 할 증여세는 7,200만 원으로 산출됐다(4억 1,000만 원 × 세율 20% − 누진공제액 1,000만 원).

여기서 끝이 아니다. L씨의 아들은 여기에 신고불성실가산세 20%를 추가로 내야 했을 뿐 아니라, 연간 거의 매년 10%씩 납부지연가산세까지 추징되었다.

L씨가 편법증여를 하려는 의도로 일부러 그랬던 것은 아니다. 그저 아들 부부가 부지런히 돈을 모을 수 있도록 잠시 전세금을 빌려주겠다는 좋은 의도였다. 그럼에도 불구하고 별생각 없이 자녀에게 전세를 얻어줌으로써 오히려 아들은 많은 증여세를 납부하게 됐다. 증여세는 비록 우리가 자주 마주치게 되는 세금은 아니지만, 미리 알아둬야 하는 이유가 바로 여기에 있다.

전세나 대출금이 있는 부동산은
부담부증여가 된다

오래 전에 매수한 부동산은 양도할 때 가격이 많이 올라서 차익이 큰 경우가 많다. 양도소득세가 너무 많이 나와서 매도를 주저하는 때도 생긴다. 그래서 어떤 분들은 양도 대신 배우자 증여를 선택하기도 한다. 배우자에게 증여하면 10년 동안 증여재산 중 6억 원까지는 배우자공제를 받을 수 있기 때문이다.

그런데 증여하려는 주택에 대출금이나 전세보증금이 들어있는 경우가 많다. 이런 주택을 증여하면 '부담부증여'에 해당하는 양도소득세가 나온다.

양도소득세와 증여세가 동시 발생하는 부담부증여

부담부증여란 증여자의 재산뿐 아니라 채무(대출금, 전세보증금 등)까지 동시에 넘겨받는 증여를 말한다. 순수 증여와 달리 증여 자체에 의한 무상취득과 채무와 관련된 유상취득이 결합된 형태다. 부담부증여를 하게 되면 부채에 해당하는 대출금이나 전세보증금에 대해서는 양도소득세가, 나머지 부분에 대해서는 증여세가 과세된다.

사례를 보자. 갑돌 씨는 10년 전에 1억 원을 주고 상가를 매수했는데 현 시세가 5억 원을 호가한다. 현재 이 상가에는 대출금 2억 원과 전세보증금 2억 원이 들어있다. 갑돌 씨는 이 상가를 부인 갑순 씨에게 증여하려고 한다.

이 경우 채무액에 상당하는 부분, 즉 전세보증금과 대출금의 합계액인 4억 원은 양도로 봐서 양도소득세가 과세된다. 그리고 이를 세외한 나머지 금액인 1억 원은 증여로 보아 증여세가 과세된다.

양도소득세를 납부해야 할 사람은 양도인, 즉 남편 갑돌 씨다. 하지만 증여세를 납부해야 할 사람은 수증자, 즉 부인 갑순 씨다. 갑순 씨가 증여받은 금액은 전세보증금과 대출금을 뺀 1억 원뿐인데, 배우자증여공제에 따라 납부할 증여세는 없다.

그렇다면 남편 갑돌 씨가 납부해야 할 양도소득세는 얼마일까? 일단 양도가액은 전세보증금과 대출금 합계액인 4억 원이고, 취득가액은 10년 전 매입가인 1억 원이다. 그런데 이 금액을 온전히 양도한 게 아니라 일부는 증여하였으므로, 양도소득세 계산에서는 취득가액과 양도가액에 대해 안분계산을 하게 된다. 총 5억 원 중 채무액 4억 원의 비율만큼만 계산하는 것이다. 따라서 취득가액은 1억 원이 아닌 8,000만 원으로, 양도가액은 5억 원이 아닌 4억 원으로 계산된다.

양도가액 = 실제 증여액 5억 원 × (채무액 4억 원 / 증여재산가액 5억 원) = 4억 원

취득가액 = 실제 취득가 1억 원 × (채무액 4억 원 / 증여재산가액 5억 원) = 8,000만 원

양도차익 = 4억 원 – 8,000만 원 = 3억 2,000만 원

그런데 갑돌 씨는 이 상가를 10년 동안 보유했으므로 장기보유특별공제 20%를 적용받을 수 있다. 따라서 실제 양도소득금액은 약 2억 5,600만 원이다. 따라서 양도소득세는 약 7,734만 원이다.

장기보유특별공제 금액 = 3억 2,000만 원 × 10년간 공제율 20% = 6,400만 원

양도소득금액 = 3억 2,000만 원 – 6,400만 원 = 2억 5,600만 원

양도소득세 = 2억 5,600만 원 × 세율 38% – 누진공제액 1,994만 원 = 약 7,734만 원

이처럼 시세가 많이 올랐으면서 채무비중이 높은 부동산은 증여하더라도 부담부증여가 되어 양도소득세가 많이 매겨져 절세효과가 그다지 크지 않을 수 있다. 절세효과를 최대한 누리려면 여유자금으로 대출금이나

전세보증금을 최대한 상환한 후에 증여하는 것이 좋다.

양도소득세와 증여세 신고가 완료된 후에도 과세당국은 부담부증여 시 수증자가 인수한 채무에 대하여 사후관리를 하면서 사후관리대상 부채를 매년 1회 이상 검증하고 있다. 특히 수증자가 미성년자면 자금출처를 더욱 정밀하게 해 증여세를 탈루했는지 검증한다고 하니 주의하도록 하자.

부담부증여 시 주의해야 할 사항

부담부증여 시에는 충족해야 할 요건들이 있다.

첫째, 증여일 현재 증여재산에 담보된 채무(대출금, 임대보증금 등)가 있어야 한다. 증여를 받고 난 후에 대출이나 전세보증금을 받는 것은 부담부증여에 속하지 않음을 유의하자.

둘째, 채무는 반드시 증여일 현재 증여하려는 부동산을 담보로 하여 증여자 앞으로 발생한 채무(국가·지방자치단체 및 금융기관에 대한 채무, 임차인에 대한 임대보증금)여야 한다.

셋째, 인수한 대출금은 반드시 수증자가 갚아나가야 한다. 앞의 사례에서처럼 대출금 2억 원과 전세보증금 2억 원을 부담부증여로 넘겼는데, 그 상환을 부인이 아닌 남편이 하고 있다면 다시 증여세가 과세된다. 과세당국이 부담부증여에 대해 사후관리를 한다는 점을 기억하자.

참고로 부담부증여를 하더라도 취득세는 증여액 전체에 대해 매겨진다. 앞의 사례에서처럼 상가를 순수 증여로 1억 원을, 유상 취득분으로 4억 원을 부담부증여했다면 순수 증여 1억 원에 대해서는 3.5%의 증여 취득세율을 과세하고, 유상취득분 4억 원에 대해서는 주택 외(토지, 건물, 상가)유상 취득세율 4%를 과세한다.

또한 부담부증여를 하기 전에는 반드시 해당 금융기관을 통해서 수증자가 채무를 인수할 수 있는지 확인해야 한다는 점도 명심하자. 간혹 수증자의 신용 상황이 좋지 않아 대출을 승계하지 못하는 경우가 있기 때문이다. 부담부증여를 하려고 등기까지 마쳤는데 막상 금융기관에서 채무를 승계할 수 없다고 해 낭패인 경우가 종종 있다.

실무에서는 상당수 금융기관들이 대출자를 수증자로 바꾸지 않고, 수증자가 연대보증을 서는 것으로 처리한다는 점도 유의하자. 이 경우 과세당국에서는 대출자의 명의가 바뀌지 않았으므로 부담부증여로 보지 않고 거래금액 전체를 증여로 본다.

그러나 대출자 명의가 변경되지 않았지만 수증자가 실제로 채무를 승계한 사실이 입증되고, 이자지급 및 상환까지 수증자가 하는 경우 부담부증여로 인정해주는 경우도 있다.

마지막으로 이월과세에 대해서도 주의해야 한다. 배우자 등에게 증여한 부동산을 10년 이내에 양도하게 되면 양도소득세를 계산할 때 취득가격을 증여받은 가격이 아닌 증여자가 당초 취득했던 가격으로 산정한다. 이 경우 절세의 효과가 없어지게 되므로 증여 후 10년이 경과하고 양도해야 한다. 자녀의 경우 부모로부터 부담부증여 받은 주택을 2년 후에 양도할 때 만약 1세대 1주택 비과세 요건을 충족했다면 양도소득세 비과세 혜택을 받을 수 있다. 예를 들어 별도세대원인 무주택 자녀에게 비조정대상지역에 있는 주택을 증여한다면, 비과세를 위한 거주요건은 필요 없다.

증여받은 주택을 2년 이상 보유하고 양도가액 12억 원 이하로 양도하면 1세대 1주택 비과세를 받을 수 있으며, 배우자 등 이월과세 규정에서도 배제되므로 자녀는 양도소득세를 내지 않고 온전히 본인의 자금으로 활용할 수 있다.

증여재산은 어떻게 평가할까

증여재산을 평가할 때에는 상속세 및 증여세법 제60조에 따라 먼저 시가로 평가한다. 이때 시가란 불특정다수인 사이에 자유로이 거래가 이루어지는 경우 통상 성립된다고 인정되는 가액인데 주로 다음과 같은 방법으로 평가된다.

① 증여일 6개월 전에서 증여 후 3개월까지 기간 중 당해 재산의 매매 사실이 있는 경우 그 거래가액
② 당해 재산에 대해 공신력 있는 감정기관이 감정가액(증여 당시 기준시가 10억 원을 초과하는 경우 2개 이상의 감정평가기관에서 평가한 감정가액의 평균)
③ 당해 재산에 대해 수용이나 경·공매가 이뤄진 사실이 있는 경우 그 보상가액이나 경·공매가액
④ 증여일 6개월 전부터 평가기간 내 증여세 신고일까지의 기간 중 증여재산과 면적·위치·용도·종목 및 기준시가가 동일하거나 유사한 다른 재산에 대한 매매가액 및 감정가액의 평균액 등이 있는 경우 당해 가액

아파트의 경우에는 주로 네 번째 방법으로 평가가 이루어진다. 만약 위와 같은 금액이 없다면 보충적 평가방법을 사용한다. 주로 다음과 같은 것들이다.

① 토지는 개별공시지가
② 주택은 개별주택가격 및 공동주택가격
③ 건물은 건물의 신축가격, 구조, 용도, 위치, 신축연도 등을 고려하여 매년 1회 이상 국세청장이 산정·고시하는 가액
④ 오피스텔 및 상업용 건물은 국세청장이 토지와 건물에 대하여 일괄하여 산정·고시한 가액

순위에 따라
희비가 엇갈리는 상속 문제

상속 순위를 이해하기 위해 예시 하나를 들어보겠다. S씨의 남편은 30억 원의 자산을 가진 재력가이고, 부부는 미성년자인 아들 하나를 두고 있다. 시부모님은 두 분 다 살아계신다. 그런데 이들 가족에게 불행이 찾아왔다. 남편이 아들을 데리고 캠핑을 떠났는데 그만 자동차 사고로 둘 다 사망한 것이다.

망연자실한 상황이지만 정신을 바짝 차린 S씨는 119 구조대원을 찾아가서 누가 먼저 사망했는지를 물었다. 구조대원은 차트를 뒤적이더니 "남편분께서 5분 먼저 돌아가셨다"고 답했다. S씨는 안도의 한숨을 쉬었다. 왜 그랬을까?

1순위는 배우자와 자녀

법에서 정하고 있는 유산 상속 순위는 1순위가 배우자와 사망자의 직계비속(자녀 및 손자녀)이다. 직계비속이 없을 때에는 배우자와 사망자의 직계존속(부모 및 조부모)이 우선권을 갖는다. 만약 배우자와 직계존비속이 모두 없으면 사망자의 형제자매에게 순서가 돌아간다.**(표67 참조)**

S씨의 경우에는 남편이 5분 먼저 사망했기 때문에 그 5분 동안 남편의 유산은 부인 S씨와 아들에게 상속된다. 비율은 '배우자 : 자녀 = 1.5 : 1'이므로 총 30억 원 중 S씨는 18억 원을, 아들은 12억 원을 상속받게 된다. 그리고 5분 후 다시 아들이 사망했기 때문에 아들의 재산 12억 원에 대한 상속 우선순위 역시 모친(부모)인 S씨에게 있는 것이다. 마음은 아프지만, 남편의 재산 30억 원은 결과적으로 S씨가 모두 물려받게 된다.

그런데 만약 남편이 나중에 사망했거나, 아들과 동시에 사망했다면 이야기가 달라진다. 우선상속인이 배우자와 아들이 아니라, 배우자와 시부모로 바뀌는 것이다. 이 경우 비율은 '배우자 : 시아버지 : 시어머니 = 1.5 :

표67 상속 순서 및 상속 비율

순위	대상자	상속 비율	비고
1	배우자와 자녀	배우자 1.5 자녀 각각 1	
2	배우자와 부모	배우자 1.5 부모 각각 1	자녀가 없는 경우
3	형제자매		1·2순위가 없는 경우
4	4촌 이내 방계혈족		1·2·3순위가 없는 경우

1 : 1'이 된다. 그래서 S씨는 약 12억 8,000만 원을 받게 되는 반면 시부모들은 한 사람당 8억 6,000만 원씩 17억 2,000만 원을 받게 된다.

물론 이 예시는 어디까지나 이론적인 것이고, 실제로는 아들과 아버지 중 누가 먼저 사망했느냐를 밝히기도 어렵거니와 소송이 진행될 경우 법원이 이 사실을 인정해 줄지도 알 수 없다. 여기에서는 상속세의 이론을 설명하기 위해서 제시한 사례라는 점을 이해해 주기 바란다.

대신 상속받는 '대습상속' 제도

상속 순위를 다시 한번 정리해보자. 첫 번째는 고인의 직계비속(아들, 딸, 손자, 손녀 등)과 배우자, 두 번째는 고인의 직계존속(아버지, 어머니 등)과 배우자, 세 번째는 고인의 형제자매, 네 번째는 고인의 4촌 이내 방계혈족 순이다. 앞 순위의 상속자가 없다면 그다음 상속자에게 순위가 돌아가는 형식이다. 만약 네 번째 상속자마저 없다면 국고로 귀속된다.

그런데 대습상속(代襲相續)이라는 제도가 있다. 상속하는 사람(피상속인)보다 상속받는 사람(상속인)이 먼저 사망하거나 동시에 사망해서 상속받을 수 없는 경우, 상속인의 직계비속 또는 배우자가 대신 상속받는 것을 말한다. 과거 왕조 시대에 임금이 왕권을 물려줄 아들이 없는 경우 손자에게 왕권을 물려주었던 것을 생각하면 이해하기 쉬울 것이다. 조선시대에 영조가 왕위를 물려줄 때 아들인 사도세자가 이미 죽었기 때문에 손자인 정조에게 물려준 것처럼 말이다.

대습상속의 유명한 사례 하나를 소개하겠다. 1997년 8월 6일 대한항공 여객기가 괌 공항 착륙 직전에 추락한 비극 속에서 생겨난 일이다. 당시 사고로 탑승자 254명 가운데 229명이 사망했다.

그 비행기에는 모 신용금고 회장의 일가족이 타고 있었는데 사고로 회장은 물론 아들, 딸, 며느리, 손주들이 모두 사망하고 말았다. 단 한 사람, 업무 때문에 다음날 비행기를 타고 따로 합류하기로 한 사위만 살아남았다. 당시 회장이 남긴 재산은 약 1,000억 원이었다. 이 엄청난 유산을 두고 사위와 회장의 형제들 사이에 다툼이 생기게 됐다.

회장의 형제들은 '유일한 직계가족이 사위 혼자이긴 하나, 부인과 부친이 동시에 사고로 숨지고 사위의 두 아들마저 숨졌으므로 장인-사위 관계가 자동으로 소멸돼 법적인 상속권이 없다. 성씨도 다른 완전 남이다'라고 주장했다. 사위를 직계비속으로 인정할 수 없다는 것이다. 만약 그렇게 되면 상속은 3순위인 회장의 형제자매들이 받게 된다.

반면 사위는 자신이 유일한 직계가족임을 주장하며, 회장 딸의 배우자로서 딸의 상속권과 같은 권리를 가진다고 주장했다. 즉 대습상속을 주장한 것이다. 치열한 재판 결과 이 소송은 대법원까지 올라가게 됐고, 대법원은 결국 사위의 손을 들어주었다. 1,000억 원의 유산은 모두 사위에게로 돌아갔다.

대법원은 판결문에서 '대습상속 제도는 헌법에 위반되지 않으며, 피상속인과 피대습자가 먼저 사망하든 동시에 사망한 경우이든 모두 대습상속이 인정된다'고 명시했다. 이러한 대습상속 제도는 대습자의 상속에 대한 기대를 보호함으로써 공평성을 추구하고, 생존한 배우자의 생계를 보장해 주려는 취지가 있다.

전 세계에서 가장 많이 팔리는 음료인 코카콜라는 핵심 제조법을 단 두 명만 알고 있다고 한다. 그 제조법을 보호하기 위해서 이 두 명은 함께 비행기를 타지 못하도록 해놓았다고 한다. 실제로 법인들 가운데에는 임원 전체가 비행기를 타야 할 경우 두 대에 나눠 타도록 제도를 만든 곳도 있다. 이런 사례를 보니 해외여행을 가더라도 온 가족이 한 비행기에 타지는 말아야겠다는 생각도 든다.

상속세를
계산하는 방법

이번에는 상속세를 어떻게 계산하는지 살펴보자. 상속세의 과세표준과 세율은 증여세와 같다. 다만 공제금액은 증여세와 크게 차이가 나는데, 상속이 증여에 비해 공제금액을 더 많이 인정해 준다.

상속공제를 받는 방법은 두 가지다. 하나는 여러 가지 변수를 고려해서 계산하는 일반적인 상속공제이고, 다른 하나는 간단하게 일괄공제하는 방법이다.**(표68 참조)**

표68 상속공제와 일괄공제

	상속공제		일괄공제
배우자 공제	5억 원 ~ 30억 원		
기타 공제	1) 기초공제 : 2억 원 2) 인적공제 – 자녀·연로자 : 1인당 5,000만 원 – 장애인·미성년자 : 1,000만 원 × 잔여 연수		5억 원 (부양가족 수 상관없음)

기초공제, 인적공제, 배우자공제

먼저 일반적인 상속공제 내용을 알아보자. 2016년 2월에 개정된 상속공제 원칙에 의하면 기초공제 2억 원이 우선 공제된다. 그리고 여기에 인적공제라고 해서 상속하는 사람(죽은 사람)에게 딸린 부양가족의 수에 따라 추가로 공제가 이루어지는데, 자녀 또는 65세 이상의 연로자가 있다면 1인당 5,000만 원씩 공제된다. 그런데 부양가족이 만약 장애인이라면 통계청장이 고시하는 기대 여명까지의 잔여 연수에 연 1,000만 원씩 곱한 금액을 추가로 공제받고, 미성년자라면 20세가 될 때까지의 잔여 연수에 역시 연 1,000만 원을 곱한 금액을 추가로 공제받는다.

여기에 더해서 상속받는 사람이 배우자일 경우는 추가로 배우자공제가 이루어진다. 배우자공제는 배우자가 상속받은 금액이 없거나 적어도 전체 상속금액에서 무조건 5억 원은 일단 공제하는 제도다. 그리고 배우자가 상속받은 금액이 5억 원이 넘을 경우에는 배우자가 받을 법정지분을 한도로 최대한도 30억 원 이내에서 전액 공제한다.

이때 상속세는 누가 내야 할까? 상속세는 연대책임이 있다. 가족들이 협의해 납부하지 않으면 상속받은 사람 모두에게 책임이 돌아간다.

한 번에 계산하는 일괄공제

이런 상속공제 방식이 너무 복잡하게 느껴진다면 일괄공제를 받을 수도 있다. 일괄공제는 기본공제가 따로 없고, 부양가족 수에 상관없이 무조건 5억 원이다.

이때도 배우자 상속공제는 별도로 계산한다. 일괄공제를 받게 되면 일괄공제 5억 원과 배우자공제 5억 원을 합쳐서 기본 10억 원은 무조건 공제가 가능하다는 이야기다. 여기에 배우자에게 상속되는 재산이 30억 원 이하일 경우에는 배우자가 받을 법정지분을 한도로 역시 전액 공제된다.

이처럼 상속받는 사람은 상속공제와 일괄공제 중 어떤 쪽이 더 유리한지 각각 계산해 보고, 좀 더 유리한 쪽을 선택할 수 있다. 다만 대부분의 경우는 일괄공제가 유리하고, 배우자가 있는 경우에는 배우자공제를 활용하는 것이 가장 유리하다.

다른 세금도 그렇지만 상속세는 특히 변수가 많고 계산이 복잡하다. 따라서 약은 약사에게, 진료는 의사에게 받듯이 상속세에 대한 것은 세무사와 상담하는 것이 가장 정확하다.

증여세·상속세 절약법
핵심 요약

지금까지 나온 증여세와 상속세 절약 방법 중 핵심만 간추려 보겠다.

〉〉 증여세도 분산하면 줄어든다

증여세는 수증자(증여받는 사람)를 기준으로 하므로 여러 사람으로부터 나누어 증여받으면 높은 누진세율을 피할 수 있다. 또한 증여세는 10년 단위로 합산과세하므로 장기적인 계획을 세워서 증여 시기를 분산하면 좋다.

〉〉 증여할 자산의 미래 가치를 생각하라

증여할 때는 앞으로 가치가 크게 늘어날 것으로 생각되는 자산부터 증여하는 것이 좋다. 자산 가치가 낮을 때 증여하면 세금도 줄어들지만, 나중에 가치가 높아진 후에는 세금도 함께 높아질 것이기 때문이다.

또한 시세가 세법상 평가액보다 높게 평가된 자산을 증여하는 것이 좋다. 세법상 평가액을 기준으로 증여세를 매기기 때문이다. 일반적으로 토지는 공시지가가 시가보다 낮기 때문에 절세효과가 큰 편이다.

비슷한 맥락에서 증여시기를 선택할 때는 공시가격 고시 시점을 감안하는 것이 좋다. 일반건물은 매년 1월 1일, 주택은 매년 4월 말, 토지는 매년 4월 말마다 공시가격이 새로 고시된다. 공시가격이 오를 것 같으면 고시되기 전에 미리 증여하고, 내릴 것 같으면 고시된 후에 증여하는 게 유리하다. 특히 IMF 사태나 리먼브러더스 사태와 같이 자산가격이 크게 내릴 때는 증여하기 좋은 기회가 된다.

〉〉 미성년자에게 증여할 땐 다양한 상황을 고려하라

증여세는 수증자가 납부해야 한다. 만약 자금 여력이 없는 미성년자에게 증여한다면 증여세를 납부할 돈이 없을 것이므로 증여세까지 포함해서 증여해야 한다. 예를 들어 1억 원짜리 빌라를 증여한다면 증여세를 납부할 현금 970만 원도 함께 증여해야 한다.

그렇다고 부동산을 팔아서 현금을 증여하는 것보다는 부동산을 증여한 후 자녀가 매각하는 것이 유리하다. 이때는 증여받은 후 5년 내 양도 시 양도소득세 이월과세가 적용된다는 것에 유의해야 한다.

매입할 때부터 미성년자 명의로 해 준다면 '증여추정·증여의제'를 조심해야 한다. 미성년자 또는 소득이 적은 사람이 고가의 부동산을 샀을 때는 자력으로 취득하였다고 인정하기 어려워 증여받은 것으로 추정하기 때문이다.

자녀를 건너뛰고 손자·손녀에게 바로 증여할 경우는 증여세 산출세액의 30%(수증자가 미성년자인 경우로서 증여재산가액이 20억 원을 초과하는 경우에는 40%)가 할증 과세된다. 하지만 자녀가 상속·증여를 받은 후 다시 손자·손녀에게 상속·증여하는 것보다는 유리할 수 있으니 장단점을 따져보는 것이 좋다.

〉〉 배우자증여공제와 부담부증여를 적극 활용하라

시세차익이 커서 양도소득세 부담이 큰 자산은 배우자공제를 활용하면 절세효과가 크다. 배우자공제는 액수가 크기 때문이다. 또한 주택담보대출이나 전세금 등은 증여세에 포함되지 않으므로, 부담부증여를 적극 활용하는 것이 좋다.

〉〉 신고는 무조건 하자

증여공제가 많이 되어서 실제 내야 할 금액이 없더라도 증여를 했다면 무조건 증여세 신고는 해두는 것이 좋다. 그리고 이 근거서류를 잘 보관해야 한다. 예를 들어 신고하지 않은 자녀명의 예금은 나중에 자금출처로 인정받지 못할 수 있다.

또한 미리 신고해서 증빙자료를 만들어두지 않으면 증여 당시의 과세가액을 입증하지 못할 수 있다. 그러면 나중에 이 자산의 가격이 많이 올랐을 때 과거 취득가액을 증명하지 못해서 불이익을 받을 수 있다. 따라서 납부세액이 있든 없든 증여세 신고는 무조건 하고 근거를 남겨두도록 하자.

〉〉 보상금을 받으면 증빙을 철저히

국세청은 토지가 수용되어 거액의 보상금을 받게 된 사람에 대해 일정 기간 배우자나 직계존비속 등 특수관계인의 재산변동내역을 함께 관리한다. 만약 가족 등 특수관계인에게 매각한 후 처분대금의 사용처가 불분명하거나, 특수관계인이 재산을 취득할 수 있었던 자금출처를 명확히 밝히지 못하면 이 역시 증여로 추정하여 증여세를 물릴 수도 있다. 특히 고령자가 소유한 부동산을 처분하는 경우에는 자금사용처조사를 받을 가능성이 매우 높다.

〉〉감정평가를 적극적으로 이용하자

취득가와 현 시가 차이가 큰 부동산을 증여하는 경우라면 감정평가를 적극적으로 이용해 절세할 수 있다.

예를 들어 오래 전에 취득한 부동산의 취득가액이 굉장히 낮은 반면 현재 호가는 6억 원이라고 가정해보자. 배우자에게 증여하는 경우 배우자 증여공제는 10년간 6억 원까지 공제할 수 있으므로, 감정평가를 받아 증여개시 당시 가액을 6억 원으로 높인다면 증여세 부담도 없을 뿐더러 취득가액이 상승했기 때문에 나중에 처분할 때 납부해야 하는 양도소득세도 줄일 수 있다.

특히 상속의 경우 상속공제액(배우자가 없는 경우 5억 원, 배우자가 있는 경우 최소 10억 원)이 증여공제액보다 상대적으로 크기 때문에 감정평가를 적극적으로 이용하면 상속과 증여 시에 소요되는 감정평가 수수료보다 훨씬 큰 금액을 절세할 수 있다.

혹시 나도
자금출처조사
대상일까

　자산을 취득하고 채무를 상환할 경우, 과세당국에서는 다른 사람으로부터 증여를 받았다고 의심하게 되는데 이를 증여추정이라 한다. 증여추정은 납세자가 입증하면 벗어나게 된다.

　과세당국은 자산을 취득한 사람의 5년 동안의 소득과 자산취득, 양도자료 등을 통해서 자금출처를 분석한다. 그 결과 납세자의 직업·나이·소득·재산 상태를 감안할 때 부동산을 취득한 자금의 출처가 의심스럽거나 부족하다고 판단되면 납세자를 자금출처조사 대상자로 선정해서 해명하라는 안내문을 보낸다. 자금출처해명 안내문을 받은 납세자는 입증자료를 제출할 책임이 있다. 만약 입증자료가 없거나 제출하지 않으면 부모님 또는 제3자로부터 무상으로 증여받은 것으로 간주하여 증여세를 부과받게 된다.

인정받을 수 있는 자금에는 무엇이 있을까

　증여받은 것이 아니라는 소명의 근거로 제시할 수 있는 것은 소득금액, 재산처분금액, 대출받은 금액, 전세 놓은 금액 등이다. 부동산을 취득하기 이전의 대출금과 전세금은 인정하지만, 취득 후에 받은 것은 인정하지 않는다. 자금출처로 인정되는 항목과 증빙서류는 다음과 같다.

표69 자금출처 인정 항목 및 증빙서류

구분	자금출처로 인정되는 금액	증빙서류
근로소득	총급여액 − 원천징수세액	원천징수영수증
퇴직소득	총지급액 − 원천징수세액	원천징수영수증
사업소득	소득금액 − 소득세상당액	소득세신고서 사본
이자·배당·기타소득	총급여액 − 원천징수세액	원천징수영수증
차입금	차입금액	부채증명서
임대보증금	보증금 또는 전세금	임대차계약서
보유재산 처분액	처분가액 − 양도소득세 등	매매계약서

※ 출처 : 국세청

금융기관의 부채는 서류를 발급받으면 되므로 입증이 간단하다. 문제는 개인 간에 발생한 부채다. 거래할 때 흔히 받아두는 차용증이나 영수증만으로는 자금출처를 인정받기 어렵고 예금통장사본, 무통장입금증 등 실제로 금융거래가 이루어졌음을 보여주는 자료를 함께 준비해야 한다. 뿐만 아니라 개인 간에 지급한 이자에 대해서는 원천징수 의무도 이행해야 한다.

배우자나 직계존비속 등 가족 간에 돈을 빌려준 것은 원칙적으로 인정되지 않는다. 예컨대 아버지가 아들의 전세금을 마련해 주면서 아들에게 돈을 준 게 아니라 잠시 빌려준 것이라고 소명해도 좀처럼 인정받기 어렵다는 뜻이다. 그러나 아버지(자금대여자)가 소득과 재산을 처분하여 자금을 가지고 있고, 아들(자금차입자)이 과세당국에서 정한 연 4.6%의 이자(2022년 기준)를 매월 통장을 통해 아버지에게 지급했다면 서로 빌려주었다는 것을 인정받을 수 있다.

자금출처를 소명할 때에는 취득할 때 들어간 재산을 모두 소명할 필요는 없다. 취득한 재산이 10억 원 이하라면 그중의 80%만, 10억 원이 넘는다면 절대금액 2억 원을 뺀 금액만 소명하면 된다. 즉, 10억 원짜리 주택을 취득했다면 80%인 8억 원에 대해서만 소명하고 100억 원짜리 주택을 취득했다면 2억 원을 뺀 98억 원에 대해 소명해야 한다.

일정 금액 이하일 경우에는 의심받지 않는다

물론 모든 부동산 거래가 다 조사 대상이 되는 것은 아니다. 과세당국의 업무량은 상당히 많기 때문에 당국은 '상속세 및 증여세 사무처리규정 제29조 증여추정 배제기준'이란 것을 가지고 있다. 여기에 해당하지 않으면 굳이 증여로 보고 조사를 하지 않으므로, 이 금액 이하로 주택을 거래한다면 의심받을 걱정은 하지 않아도 된다. 증여추정 배제기준은 다음과 같다.

① 재산 취득일 전 또는 채무상환일 전 10년 이내에 취득재산의 경우 주택과 기타 재산의 취득가액 및 채무상환금액이 각각 아래 기준에 미달하고, 총액한도(주택취득자금, 기타 재산 취득자금 및 채무상환자금의 합계액)도 아래 기준에 미달하는 경우에는 법 제45조 제1항과 제2항을 적용하지 않는다.
② 제1항과 관계없이 취득가액 또는 채무상환금액이 타인으로부터 증여받은 사실이 확인될 경우에는 증여세 과세대상이 된다.

표70 자금출처조사 배제기준

구분		취득재산		채무상환	총액한도
		주택	기타재산		
세대주인 경우	30세 이상	1억 5,000만 원	5,000만 원	5,000만 원	2억 원
	40세 이상	3억 원	1억 원		4억 원
세대주가 아닌 경우	30세 이상	7,000만 원	5,000만 원	5,000만 원	1억 2,000만 원
	40세 이상	1억 5,000만 원	1억 원		2억 5,000만 원
30세 미만		5,000만 원	5,000만 원	5,000만 원	1억 원

주택의 경우에는 취득재산의 기준이 매매금액이다. **표70**에서 볼 수 있듯이, 세대주가 주택을 구입하는 경우에는 다른 세대원과 비교했을 때 기준금액이 2배나 많다. 세대주의 경우 기준이 훨씬 덜 까다로운 것이다.

자금출처조사는 미리 대비해야 한다

부모와 자식 간에 증여가 아닌 매매로 부동산을 양도하겠다는 분들이 종종 있다. '상속세 및 증여세법' 제35조를 활용하려는 것이다. 이에 따르면 가족 등 특수관계인으로부터 양수할 경우에는 시가와 양수가의 차이가 시가의 30% 이상이거나(즉 시가의 70%보다 적은 금액으로 양수하거나), 시가와 양수가의 차이가 3억 원 이상이면 안 된다. 이를 어긴다면 저가양수라고 하여 증여세를 과세한다. 양수가와 시가의 차이가 3억 원보다 적으면 이 금액을 기준으로 하고, 3억 원과 같거나 크면 3억 원까지만 기준으로 삼는다.

그런데 이때의 증여세는 시가와 양수가 차액의 전부에 대해서 과세하지는 않는다. 차액 중에서 기준금액을 넘는 금액에 대해서만 과세한다. 즉, 시가에서 양수가를 뺀 차액에서 시가의 30% 또는 3억 원 중 적은 금액을 뺀 후 남은 금액에 대해 과세한다.

예를 들어 김갑돌 씨가 시세 12억 원짜리 아파트를 아들 김철수 씨에게 9억 원에 매매하였다고 하자. 시세와 양도가의 차액은 3억 원으로 시세인 12억 원의 약 25%이다.

그림33 저가양수로 증여세가 부과되는 경우

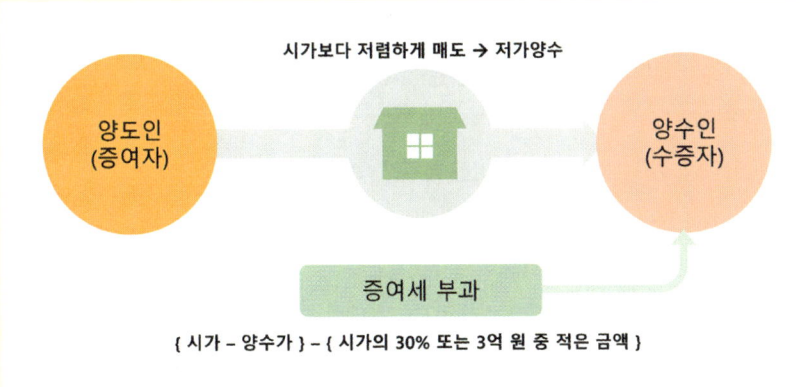

시가보다 저렴하게 매도 → 저가양수

양도인
(증여자)

양수인
(수증자)

증여세 부과

{ 시가 – 양수가 } – { 시가의 30% 또는 3억 원 중 적은 금액 }

차이가 3억 원을 넘지 않으므로 저가양수에 해당되지 않고, 김철수 씨는 증여세 과세 대상이 아니다. 그래서 많은 사람이 증여 대신 매매를 선택하는 것이다.

그런데 간과하고 있는 것이 있다. 증여세에는 해당하지 않겠지만 소득세법 제101조 부당행위계산부인조항에 해당될 수 있다는 것이다. 가족 등 특수관계자에게 시가와 거래가액의 차액이 3억 원 이상이거나 시가의 5% 이상 저가로 재산을 양도하는 경우 양도인에게 양도소득세를 부과한다.

위 사례의 경우 아들 김철수 씨는 증여세 부과대상자가 아니지만, 아버지 김갑돌 씨는 시세의 5%보다 훨씬 저렴한 가격에 양도했으므로 부당행위계산부인에 따른 양도소득세를 부과받게 될 것이다.

그뿐만이 아니다. 이런 행위는 잠자고 있는 국세청 호랑이를 건드리는 셈이다. 세무당국은 일반적인 거래행위에 대해서는 크게 눈여겨보지 않지만, 가족 간의 거래는 증여의 위험성이 있어서 관심을 두기 때문이다. 이것은 세무조사로 이어질 수 있다.

만약 양도금액과의 차액이 시세의 5%보다 적더라도 이것이 증여가 아님을 인정받으려면 다른 조건을 충족해야 한다. 계약금, 중도금, 잔금이 매수인 통장에서 매도인 통장으로 입금되어야 하고, 무엇보다 매수인의 자금출처가 적법해야 한다. 매수인이 이 돈을 어떻게 마련해서 집을 매입한 것인지, 근로소득이나 사업소득금액을 증명해야 한다. 결국 가족 간의 양도거래는 저렴해봤자 시세의 5% 정도뿐이고, 자금출처를 확실히 밝혀야 한다는 점에서 오히려 위험성이 크다.

자금출처조사 대상자로 선정되고 나면 그 많은 입증자료를 갑자기 준비하기가 쉽지 않으므로, 대상자로 선정되면 최대한 빠르게 대응해야 한다. 본격적으로 조사가 시작되기 전에 상속·증여 전문 세무사의 자문을 받는 것이 좋다. 평소에도 다음과 같이 미리 대비해두는 것이 좋다.

첫째, 비과세 한도 내에서 사전증여를 해두면 증여세를 아낄 수 있다. 부부 간에는 10년 동안 각각 6억 원까지, 직계존비속 간에는 10년 동안 5,000만 원까지, 미성년 직계비속에게는 10년 동안 2,000만 원까지 증여세가 면제된다.

둘째, 전세보증금과 대출금 등의 레버리지를 최대한 활용해야 한다.

셋째, 미성년자 명의로 부동산을 구입하는 것은 가급적 자제한다.

넷째, 평소에 통장 관리를 철저히 한다. 자금출처조사의 대부분은 통장 내역에 대한 조사이기 때문이다.

후배 투자자에게
전하고 싶은 3가지 조언

　　2003년 경매에 처음 입문하여 투자를 시작한 지도 어느덧 20년이 지났다. 처음 필자와 함께 경매 투자를 시작했던 사람들 중에서 아직 활동하는 사람은 이제 손에 꼽힐 정도다. 야심차게 시작했던 부동산 투자지만, 시간이 지나면서 하나둘 떨어져나갔다.

　　생각해보면 그 사람들의 투자 방향이 어떠한가에 따라 결과가 극명하게 갈렸다. 시세차익, 특히 단기투자를 주로 노렸던 이들은 얼마간 승승장구하다가도, 불황이 닥치자 매월 지출되는 생활비와 비용을 감당하지 못했다. 그들 중 상당수는 할 수 없이 투자를 그만두고 새로운 직업을 찾거나 과거에 몸담았던 직장으로 돌아갔다.

　　필자가 후배 투자자들에게 해주고 싶은 조언 중 첫 번째는 바로 이것이다. 투자의 방향을 '현재 가지고 있는 투자 원금이 매월 꾸준히 늘어나는 투자'로 잡았으면 좋겠다. 아직 그러한 투자를 제대로 하고 있지 않다면 투자금을 소진하지 않도록 다른 쪽에서 현금을 확보할 수 있는 방안이라도 마련해야 한다.

　　가끔 좋은 직장에 다니는 분들이 직장을 그만두고 전업투자로의 전향을 고민하는 것을 보게 된다. 그럴 때마다 필자는 절대 직장을 그만두지 말고 투자를 병행하라고 조언한다.

1998년 IMF 사태로 인해 25년간 다녔던 직장을 나오게 됐을 때, 필자는 기본 퇴직금과 특별 퇴직금을 합해서 당시에는 꽤 많은 돈인 3억 원을 받았다. 하지만 퇴직 후 첫해에는 아무 일도 하지 않고 제대로 된 직장에 취업도 하지 못했다. 그러자 한 달에 500만 원씩 1년에 6,000만 원이라는 퇴직금이 순식간에 사라져 버렸다. 미래에 대한 걱정 때문에 밤잠을 이룰 수가 없었다. 투자도 중요하지만, 생활을 유지하는 것은 더욱 중요하다. 그렇지 않으면 애써 모아놓은 종잣돈마저 갉아먹게 될 수 있다.

두 번째는 능동적이고 적극적인 사고방식으로 열정을 다해 일하면 반드시 성공한다는 사실을 믿으라는 것이다. 뻔한 이야기처럼 들리겠지만, 모든 것은 여러분의 마음에 달려 있다. 어떤 일을 하든지 어떠한 마음가짐으로 일하느냐에 따라 결과는 엄청난 차이를 보인다. 항상 긍정적이고 적극적이며 도전적으로 생각하고 행동한다면 어떠한 고난과 어려움도 극복할 수 있다고 믿는다.

필자가 첫 번째 투자지로 인천을 선정했을 때 주위의 많은 사람이 '인천은 돈이 되지 않는 곳'이라며 말렸다. 하지만 필자는 확고한 믿음이 있었다. 경매를 통해 인천의 지하 빌라를 1,000만 원대에 사게 되면 토지 평당 취득원가가 100만 원도 채 되지 않는다. 만약 재개발이 된다면 최소

두 배 이상은 값이 오를 것이라고 보았다. 그때까지 수리를 해서 월세를 놓게 되더라도 보증금 500만 원에 월세 20만 원은 충분히 받을 수 있으므로 승산이 있다고 생각한 것이다.

예상대로 몇 년 되지 않아 인천에 200여 개의 재개발 계획이 발표되었고, 필자는 가지고 있는 빌라를 팔아 큰 수익을 얻을 수 있었다. 이 성공을 발판 삼아 의정부와 평택, 대전을 차례로 공략할 수 있었고, 이제는 경제적 자유를 누릴 수 있게 됐다.

마지막으로 언급하고 싶은 것은 인맥의 중요성이다. 많은 투자자들이 이야기하지만, 필자 역시 인맥의 중요성은 아무리 강조해도 지나치지 않나고 생각한다. 최근에는 NQ(Network Quotient), 즉 '공존지수'가 높은 사람이 각광받는다고 한다. 인간관계를 얼마나 잘 유지하고 운영하는지를 나타내는 지수로, '인맥지수'라고도 한다.

최근 온라인에서는 '인맥관리 10계명'이라는 것이 떠돌면서 호응을 얻고 있다. 인맥관리 10계명이란 이것이다.

- 먼저 인간이 돼라.

- 적을 만들지 마라.

- 스승부터 찾아라.

- 생명의 은인처럼 만나라.

- 첫사랑보다 강렬한 인상을 남겨라.

- 헤어질 때 다시 만나고 싶은 사람이 돼라.
- 하루에 세 번 참고, 세 번 웃고, 세 번 칭찬하라.
- 내 일처럼 기뻐하고 내 일처럼 슬퍼하라.
- Give & Give & Forget.
- 한 번 인맥은 영원한 인맥으로 만나라.

모두가 옳은 이야기지만 필자는 특히 'Give & Give & Forget'에 눈길이 간다. 주고, 또 주고, 준 것을 잊어버리라는 뜻이다. 필자 역시 인맥관리의 핵심 원칙은 '먼저 베풀어라'라고 생각한다. 상대방이 원하는 것, 상대방에게 좋은 것들을 내가 먼저 찾아내 건네줄 수 있다면 그분들은 저절로 나의 고객이 되고, 정보통이 되고, 멘토가 되고, 결국 거대한 인맥 네트워크가 형성되는 것이다.

이 책 역시 좋은 인연들 덕분에 나올 수 있었다. 여러모로 부족한 필자가 이렇게 책을 낼 수 있는 것은 주위의 전폭적 지원이 있었기에 가능했다. 마지막으로 이 자리를 빌려 그분들에게 감사의 인사를 전하고 싶다.

가장 먼저 이 책의 가치를 알아보고 출간과 감수를 해주신 도서출판 지혜로의 '송사무장' 송희창 대표님과 이 책의 처음부터 이번 개정판까지 모든 것을 도와준 '록산' 임효진 씨, 그리고 갑작스러운 공동저자 제의를 받아들이고 성심성의껏 본 책의 개정 작업에 참여해준 최왕규 세무사님에게도 감사를 전한다.

453

또한, 개정판을 출고함에 있어 가장 난해한 부분인 다주택자 중과에 대해 아낌없는 지도와 조언을 해주신 세무법인 다솔의 안수남 대표님과 바쁜 시간을 쪼개서 처음부터 끝까지 내용 오류를 살펴봐주신 '자본가' 이승현 회계사님과 다온 세무회계 박나리 세무사님께 이 지면을 빌려 깊은 감사의 말씀을 드린다.

투에이스 김동우 드림

도서출판 지혜로

도서출판 지혜로는 '독자들을 지혜의 길(路)로 안내한다'는 철학을 담은 경제·경영 전문 출판사입니다. 특히 부동산 분야에서 독보적인 전문성을 바탕으로, 출간하는 모든 도서가 베스트셀러를 넘어 꾸준히 사랑받는 스테디셀러로 자리매김하며 그 가치를 증명해 왔습니다.

지혜로는 '사업적 이윤보다 독자의 성장이 우선'이라는 신념 아래, 소장 가치가 충분한 책만을 만든다는 원칙을 고수합니다. 우리는 독자의 소중한 시간을 지키기 위해 다음과 같은 세 가지 약속을 반드시 지켜나갈 것입니다.

첫째, 실전에서 철저히 검증된 저자의 지혜만 담습니다. 단순한 이론가가 아닌, 현장에서 실력이 증명된 전문가의 원고만을 엄선합니다. 독서가 지식을 채우는 소중한 투자인 만큼, 그 시간에 걸맞은 실질적이고 유용한 정보를 제공할 수 있는 저자의 역량을 엄격히 검증합니다.

둘째, 독자의 눈높이에서 가장 읽기 쉬운 책을 만듭니다. 전문적인 지식일지라도 어렵게 전달되면 의미가 없습니다. 저자의 지식을 과시하기보다 독자가 막힘없이 흡수할 수 있도록 불필요한 군더더기는 덜어내고 가독성을 극대화합니다.

셋째, 언제나 '믿고 보는 지혜로'라는 신뢰에 보답하겠습니다. 우리는 독자들이 지혜로의 로고만 보고도 기꺼이 책을 선택할 수 있도록 초심을 잃지 않겠습니다. 철저한 기획과 정교한 편집 과정을 거쳐, 독자의 삶에 실질적인 변화를 일으키는 양질의 도서만을 선보이겠습니다.

여러분의 투자가 확신이 되고 경제적 자유를 얻는 그날까지, 지혜로는 가장 든든한 지식의 동반자로 곁에 머물겠습니다. 한 권의 책에 담긴 진심이 여러분의 밝은 미래를 여는 길이 되기를 소망합니다.

지혜로 추천 베스트&스테디셀러

엑시트 EXIT

당신의 인생을 바꿔 줄 부자의 문이 열린다!
수많은 부자를 만들어낸 송사무장의 화제작!

- 무일푼 나이트클럽 알바생에서 수백억 부자가 된 '진짜 부자'의 자본주의 사용설명서
- 부자가 되는 방법을 알면 누구나 평범한 인생을 벗어나 부자의 삶을 살 수 있다!
- '된다'고 마음먹고 꾸준히 정진하라! 분명 바뀐 삶을 살고 있는 자신을 발견하게 될 것이다.

송희창 지음 | 352쪽 | 17,000원

부동산 계약 이렇게 쉬웠어?

집 고르는 방법부터 전세사기 예방법,
계약 노하우까지 한 권에 정리했다!

- 대한민국의 모든 부동산 계약 초보를 위한 똑똑한 임차인 되는 필수 지식!
- 누구도 알려주지 않아 최고의 부동산 전문가가 나섰다. 20년 부동산 계약 노하우 대공개!
- 임대차 계약뿐만 아니라 매매 계약까지, 책장에 꽂아두고 계약 때마다 봐야 할 책

송희창 지음 | 332쪽 | 22,000원

싱글맘 부동산 경매로 홀로서기(개정판)

채널A 〈서민갑부〉 출연!
경매 고수 이선미가 들려주는 실전 경매 노하우

- 경매 용어 풀이부터 현장조사, 명도 빨리하는 법까지, 경매 초보들을 위한 가이드북!
- 〈서민갑부〉에서 많은 시청자들을 감탄하게 한 그녀의 투자 노하우를 모두 공개한다!
- 경매는 돈 많은 사람만 할 수 있다는 편견을 버려라! 마이너스 통장으로 경매를 시작한 그녀는, 지금 80채 부동산의 주인이 되었다.

이선미 지음 | 308쪽 | 16,000원

박희철 지음 | 360쪽 | 18,000원

경매 권리분석 이렇게 쉬웠어?

대한민국에서 가장 쉽고 체계적인 권리분석 책
권리분석만 제대로 해도 확실한 수익을 남길 수 있다

- 초보도 쉽게 배우고 따라할 수 있는 권리분석 책이 탄생했다.
- 경매 권리분석은 절대 어렵지 않다. 이제 쉽게 분석하고, 쉽게 수익내자!
- 이 책을 읽고 따라하기만 하면 누구나 쉽게 경매에 도전할 수 있다.

송희창 지음 | 308쪽 | 16,000원

송사무장의 부동산 경매의 기술

수많은 경매 투자자들이 선정한 경매분야 최고의 책!

- 출간 직후부터 10년 동안 연속 베스트셀러를 기록한 경매의 바이블이 개정판으로 돌아왔다!
- 경매 초보도 따라할 수 있는 송사무장만의 명쾌한 처리 해법 공개!
- 지금의 수많은 부자들을 탄생시킨 실전 투자자의 노하우를 한 권의 책에 모두 풀어냈다.
- 큰 수익을 내고 싶다면 고수의 생각과 행동을 따라하라!

송희창 지음 | 456쪽 | 18,000원

송사무장의 부동산 공매의 기술

드디어 부동산 공매의 바이블이 나왔다!

- 이론가가 아닌 실전 투자자의 값진 경험과 노하우를 담은 유일무이한 공매 책!
- 공매 투자에 필요한 모든 서식과 실전 사례가 담긴, 이 책 한 권이면 당신도 공매의 모든 것을 이해할 수 있다!
- 저자가 공매에 입문하던 시절 간절하게 원했던 전문가의 조언을 되짚어 그대로 풀어냈다!
- 경쟁이 덜한 곳에 기회가 있다! 그 기회를 놓치지 마라!

송사무장의 실전경매

책을 펴는 순간 새로운 경매의 세계가 열린다
다양한 실전 사례와 기막힌 유치권 해결책까지

- 수많은 투자 고수들의 스승, 송사무장의 완벽한 유치권 해법서
- 저자가 직접 처리한 다양한 사례들을 통한 간접경험은 물론, 실전에서 바로 응용할 수 있는 서식과 판례까지 모두 수록!
- 이 책 한 권이면 경매 특수물건에 대한 이론과 실전을 완벽 마스터 할 수 있다

송희창 지음 | 388쪽 | 18,000원

아파트 청약 이렇게 쉬웠어?(개정판)

가점이 낮아도, 자금이 부족해도
누구나 당첨될 수 있는 청약 전략 대공개

- 5,000명이 넘는 부린이를 청약 당첨으로 이끈 최고수의 실전 노하우!
- 청약이 어렵다는 것은 편견이다. 개인별 맞춤 당첨 전략을 활용하면 누구든 당첨될 수 있다!
- 부동산 시장의 변화된 제도와 최신 당첨 사례를 담아 더욱 생생한 청약 전략을 확인할 수 있다.

김태훈 지음 | 368쪽 | 20,000원

월급쟁이 강남 내집 마련하기

보증금 1,800만 원으로 시작한 월급쟁이가
강남에 사는 60억 자산가가 된 비결 공개!

- 사회초년생도 따라할 수 있도록 종잣돈 모으기부터 실전 갈아타기까지 모두 담았다!
- 저자의 '강남입성 4단계 전략'으로 누구나 쉽게 도전할 수 있다!
- 초보를 위한 기초 지식부터 고수를 위한 갈아타기 비법까지 실전 노하우 대공개!.

조동식 지음 | 312쪽 | 21,000원

절대 실패하지 않는 법인 운영의 기술

법인 설립부터 운영, 상속, 세무조사 준비까지 절세와 실속을 모두 챙긴 법인의 모든 것!

- 1,000여 건의 법인 컨설팅을 시행한 전문가의 무조건 성공하는 법인 운영 노하우
- 법인 설립부터 절세 방법, EXIT까지, 생애주기별 맞춤 전략을 소개한다!
- 창업이나 투자를 계획 중이라면 법인 운영으로 지속 가능한 성장을 이루어라!

오너스경영연구소 · 조기열 · 정초은 지음 | 373쪽 | 22,000원

공장 투자 이렇게 쉬웠어?

대한민국에서 공장 투자를 쉽고, 체계적으로 정리한 첫 번째 책이 나왔다!

- 그동안 1% 고수들만 알던 부동산계의 블루오션, 공장 투자의 기술을 모두 담았다!
- 10년 만에 공장 투자로 자산을 100배 이상 늘린 검증된 실력자의 노하우!
- 콕 짚어 알려주는 공장 필수 지식과 돈 되는 공장 빠르게 골라내는 체크리스트 활용법 수록!

김덕환 지음 | 336쪽 | 20,000원

한 권으로 끝내는 셀프 소송의 기술
(개정판)

부동산을 가지려면 이 책을 소장하라! 경매 특수물건 해결법 모두 공개!

- 내용증명부터 점유이전금지가처분, 명도소장 등 경 · 공매 투자에 필요한 모든 서식 수록!
- 송사무장이 특수물건을 해결하며 실전에서 사용했던 서식을 엄선하여 담고, 변호사의 법적 지식을 더한 완벽한 책!
- 누구나 쉽게 도전할 수 있는 셀프 소송의 시대를 연 바로 그 책! 이 책 한 권은 진정 수백만 원 그 이상의 가치가 있다!

송희창 · 이시훈 지음 | 740쪽 | 55,000원

memo

memo

memo

memo